나의 섬은 저기 바다 건너편에 있네
바다 위 꽃들의 왕관 같이 있네
저 높이 태초의 빛과 함께
생명의 빛으로 찬연히 빛나니
조물주 아버지가 창조하여
우리에게 물려주신 곳
우리의 모국이여, 마샬 제도여
나는 나의 집을 떠나지 않으리

My island lies o'er the ocean;
Like a wreath of flowers upon the sea
With a light of Mekar from far above
Shining with the brilliance of rays of life
Our Father's wondrous creation
Bequeathed to us, our Motherland
I'll never leave my dear home sweet home

마샬 제도의 국가 "Forever Marshall Islands"

태평양
도서국
총서 04

The Republic of Marshall Islands
마샬 제도

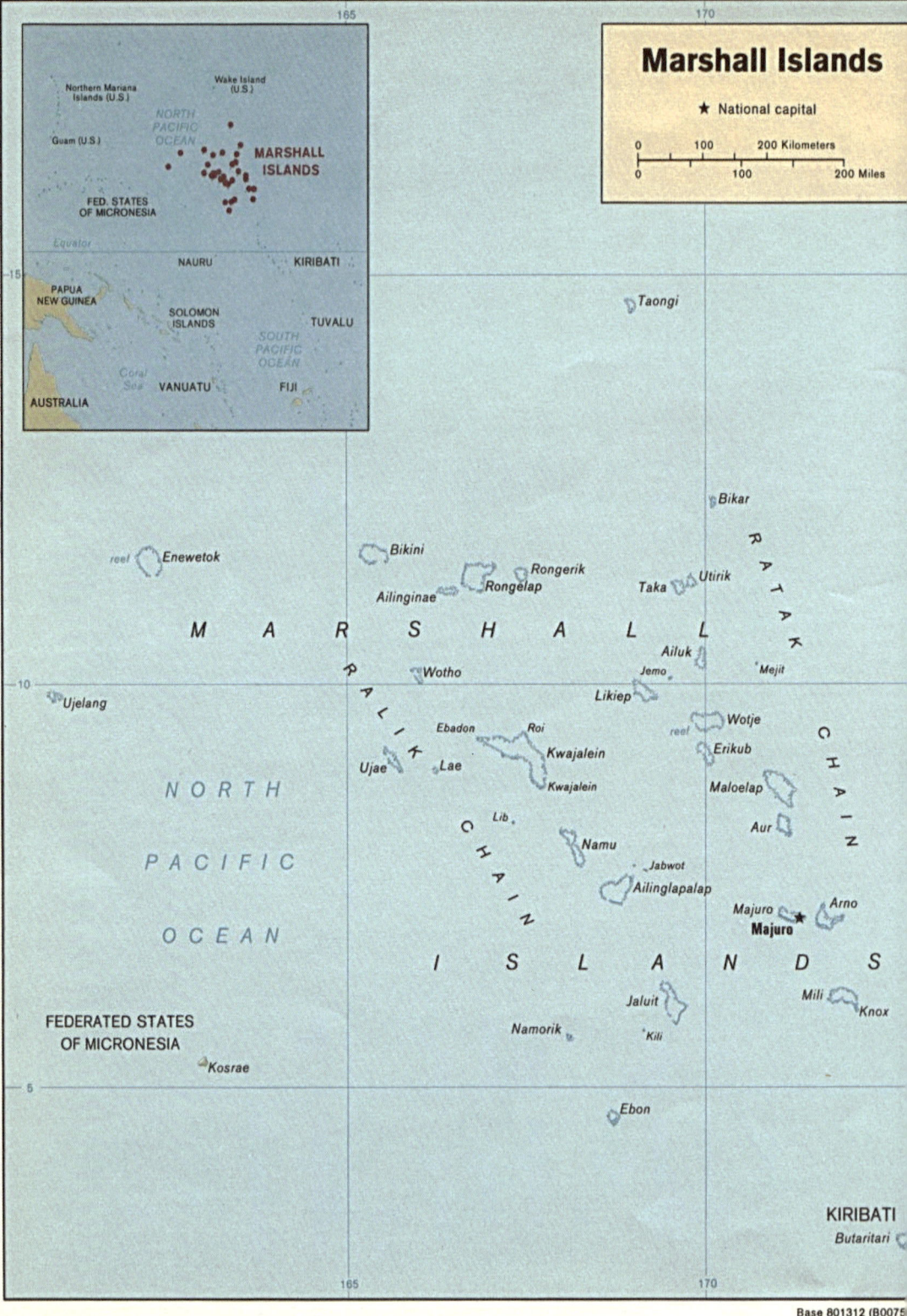

태평양 도서국 총서 발간취지

태평양은 단순한 대양 이상의 대양입니다. 세계 각국이 안보경쟁 및 패권 다툼을 벌이는 국제정치의 장이자 막대한 자연자원을 보유한 경제적 공간이면서, 동시에 기후변화·해양산성화 등의 전 지구적 문제에 극명하게 노출된 위기의 바다입니다. 또한 독특한 해양문화와 토착언어를 간직한 지구의 마지막 오지 중 하나이기도 합니다.

유럽 각국을 비롯하여 미국, 중국, 일본 등은 일찍부터 태평양의 다면적 중요성을 인식하고 태평양에서의 영향력 확대 및 지역협력 강화를 위해 노력해 왔습니다. 이에 비해 우리나라는 아직 태평양의 위상에 대한 인식이 부족하고 관련 전문가나 인프라도 빈약한 상황이며, 국가 차원에서의 정책개발이나 전략수립도 이루어진 적이 없습니다.

이에 태평양 14개 도서국에 대한 기초적인 안내자료를 제공하고, 태평양사회 및 제반문화에 대한 대중인식을 제고하며, 향후 태평양 지역진출 및 동 지역에서의 제반사업 추진을 위한 기본 인프라 마련을 위해 본 총서를 발간하게 되었습니다. 향후 성실한 보완 및 업데이트를 약속드리며 본 총서가 태평양 도서국에 대한 이해를 증진시키고, 궁극적으로는 우리나라의 태평양 진출과 현지 도서민들과의 가치공유에 조금이나마 기여할 수 있게 되기를 바랍니다.

2014년 11월 저자

Contents

chapter 01 마이크로네시아 문화권의 형성과 발전

01. 마이크로네시아 지역 소개 ·············· 14
    명칭 ························ 14
    지리적 범위 ····················· 16
02. 마이크로네시아 문화권의 특징 ············ 17
    마이크로네시아-다움이란 무엇인가 ········· 17
    마이크로네시아 문화권의 특징 ············ 19
03. 마이크로네시아인의 기원 ··············· 26
    인류의 태평양 정착사 ················ 26
    마샬 제도의 역사 ·················· 36

chapter 02 마샬 제도의 이해

01. 국가 일반사항 ···················· 58
02. 자연환경 ······················ 67
    기후 ························ 78
    항해정보 ······················ 71
    마샬 제도의 주요 섬들 ··············· 74
    기타 무인도 현황 ·················· 93
    주요 도시 ······················ 97
03. 정치와 사회 ····················· 99
    정부 구조 ······················ 99
    외교 관계 ······················110
    마샬 제도의 당면과제 ················123

04. 역사와 문화 ·· 128
　전통사회 ·· 128
　신화와 전설 ·· 141
05. 경제와 산업 ·· 156
　마샬 제도 경제구조의 특징 ······················ 157
　마샬 제도의 시장 규모 ···························· 161
　마샬 제도의 산업 인프라 ························· 164
　마샬 제도의 주요 산업 ···························· 168

chapter
03
참고자료

별첨 1. 마샬 제도 주요 경제지표 ················· 180
별첨 2. 마샬 제도 방문 정보 ······················· 187
별첨 3. 마샬 제도의 대 대만 및 중국 관계 ···· 196
별첨 4. 일본과의 관계 ································ 198
별첨 5. 마약 및 국제범죄 ··························· 202
별첨 6. 마샬 제도의 비즈니스 관련 법 목록 ··· 204
별첨 7. 마샬 제도의 성별 인구 현황 (1978~1999) ········ 206
별첨 8. 마샬 제도 개황 ······························· 207
별첨 9. 태평양 도서국별 200해리 배타적 경제수역 현황··· 208
별첨 10. 산호초 보전 이니셔티브(CRI) ········· 209
별첨 11. 태평양 국가들의 대륙붕확장 신청현황(2002년 기준)·· 211

참고문헌 ··· 212
색인 ··· 221

일러두기

- 책에 실린 사진과 지도, 그림 등은 저작권이 없거나 소멸된 공유 저작물(Public domain)을 주로 활용하였고 저작권이 있는 경우에는 저작자를 별도로 표기하였다.
- 본 총서는 한국해양과학기술원 "개발도상 연안 소도서국 해양개발 인프라 구축연구(PE99187)"의 일환으로 기획, 발간되었다.

chapter 01

마이크로네시아 문화권의 형성과 발전

01 마이크로네시아 지역 소개

명칭

태평양은 일반적으로 폴리네시아, 멜라네시아, 마이크로네시아라는 세 지역으로 구분된다. 지역 구분의 근거는 그 지리적 위치였으나 그 후 각 지역별로 언어, 풍습, 인종 등의 공통점이 있다는 해석이 덧붙여졌다. 현재는 태평양의 지리적·문화적 경계를 나누는 개략적인 틀로 자리 잡았지만, 보편적으로 받아들여지는 것은 아니고 이러한 구분에 반대하는 학자들도 있다. 각 지역 명칭은 그리스어에서 기원했으며, 그 의미는 멜라네시아(검은 섬들), 폴리네시아(많은 섬들), 마이크로네시아(작은 섬들)이다.

멜라네시아[“μέλας : melos”(검은) + “νῆσος : nesos”(섬들)]
폴리네시아[“πολύς : poly”(많은) + “νῆσος : nesos”(섬들)]
마이크로네시아[“μικρός : micros”(작은) + “νῆσος : nesos”(섬들)]

폴리네시아라는 명칭은 1756년 프랑스 탐험가인 샤를 드 브로스(Charles de Brosses)가 태평양 도서국 전체를 지칭하는 용어로 처음 사용했다. 그러다 1831년 프랑스 해군장교이자 탐험가였던 쥘 뒤몽 뒤르빌(Jules Dumont d'Urville)[1]이

---

1) 쥘 뒤몽 뒤르빌(Jules Dumont d'Urville, 1790~1842)
   태평양, 호주, 남극대륙 등을 탐험한 프랑스 해군 장교. 1826~1829년까지 피지, 뉴칼레도니아, 파푸아뉴기니, 솔로몬 제도, 마이크로네시아 등을 방문하고, 폴리네시아 지역과 구별되는 섬 그룹들을 지칭하기 위해 말레이시아(Malaysia), 마이크로네시아(Micronesia), 멜라네시아(Melanesia)라는 용어를 고안했다.

오늘날과 같은 세 지역 구분을 제안했다. 멜라네시아라는 용어는 이 지역주민들의 피부색이 검다는 데서, 마이크로네시아는 작은 섬들이 넓은 바다에 흩어져 있는 데서, 폴리네시아는 섬들이 많다는 데서 유래했다.

오늘날 멜라네시아 지역의 주요 국가로는 파푸아뉴기니, 솔로몬 제도, 바누아투 등이 있으며, 폴리네시아 주요 국가로는 사모아, 통가, 프랑스령 폴리네시아, 하와이 등이 있고, 마이크로네시아 주요 국가로는 팔라우, 마이크로네시아 연방국, 마샬 제도 등이 있다. 피지는 멜라네시아 지역에 속해 있지만 폴리네시아 지역과의 경계에 있어 양쪽 문화의 특징을 모두 지니고 있다고 평가받는다.

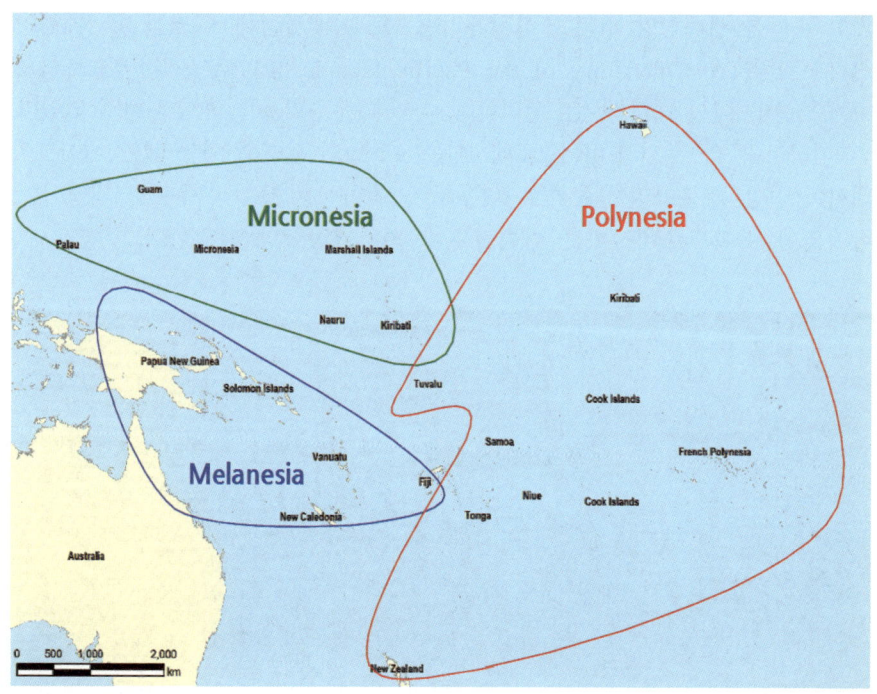

태평양의 지역구분

지리적 범위[2]

우리말에서 '마이크로네시아'라는 용어는 두 가지 의미로 사용된다. 하나는 지역명이며, 다른 하나는 국가명이다. 지역으로서의 마이크로네시아는 태평양의 세 문화권(폴리네시아, 멜라네시아, 마이크로네시아) 중의 하나를 가리키며, 국가로서의 마이크로네시아는 오늘날 서태평양상에 동서로 길게 배열된 섬들인 마이크로네시아 연방국(FSM)을 가리킨다.

영어에서는 지역으로서의 마이크로네시아를 Micronesia, 국가로서의 마이크로네시아를 Federated States of Micronesia(FSM)로 구분해서 쓰기도 한다. 과거 미국은 오늘날의 마리아나 제도, 팔라우, 마이크로네시아, 마샬 제도 등을 모두 포함한 서태평양 지역을 신탁통치령으로 지배했는데, 이러한 미 "태평양 신탁통치령(Trust Territory of the Pacific Islands: TTPI)"은 지역으로서의 마이크로네시아와 대략적으로 일치한다. 다만 나우루와 키리바시가 빠져 있었다.

따라서 지역으로서의 마이크로네시아는 오늘날의 팔라우, 마샬 제도, 마이크로네시아 연방국, 북마리아나 제도, 나우루, 키리바시를 모두 아우르는 개념이며, 국가명인 마이크로네시아는 마이크로네시아 연방국만 지칭한다.

마샬 제도의 소녀들   ⓒ 박흥식

---

2) Patrick V. Kirch, Roger C. Green, History, Phylogeny, and Evolution in Polynesia, Current Anthropology, Vol. 28, No. 4, August ~ October, 1987.

02
마이크로네시아 문화권의 특징

마이크로네시아-다움이란 무엇인가

국가나 지역의 문화를 언급하면서 보통 우리는 '한국적인 것', '아시아적인 것', '미국적인 것' 등의 표현을 사용한다. 그렇다면 우리가 김치, 판소리, 한복 등을 일컬어 '한국적이다'라고 말하듯이, 마이크로네시아 지역의 어떤 특징들을 두고 '마이크로네시아-답다' 또는 '마이크로네시아적인 것이다'라고 이야기할 수 있을까?

데이비드 핸런(David Hanlon)과 같은 학자들은 '마이크로네시아'라는 개념 자체가 허구라고 주장한다. 이것은 인류학자들의 '민족지적 서술'에 의해 외부로부터 덧씌워진 날조된 개념이라는 것이다. '마이크로네시아-다움'이란 서구인들이 만들어 낸 창작품이며, 실제 마이크로네시아 지역 사람들은 그러한 정체성을 널리 공유하고 있지 않다는 것이다.

고고학자인 폴 레인버드(Paul Rainbird) 역시 "응집된 '마이크로네시아 문화'라는 것은 존재하지 않는다. 이 지역은 지리적으로도 매우 다양할 뿐 아니라, 지도상에서 직선으로 구획된 영역 바깥 지역과의 매우 뚜렷한 연계성을 가지고 있다"고 언급했다.

펠릭스 키싱(Felix Keesing) 같은 인류학자 역시 태평양을 3개의 문화권으로 나누는 것에 대해 "이 명칭들은 순수하게 학구적인 것들이다. 그것들은 실제 그곳에 거주하는 주민들에게는 거의 의미가 없다. 많은 태평양 도서국 주민들은 여전히 그들의 지역적 지평 안에서 살며 그들 스스로를 출신지, 부족, 마을의 이름으로 부른다"고 말한 바 있다.

그러나 1993년 한 학회에서 데이비드 슈나이더(David M. Schneider)와 디볼이 마이크로네시아 지역을 연구한 2대 인류학자로 꼽히는 워드 구디너프(Ward H. Goodenough)는 몇 가지 요소가 마이크로네시아 지역에 통일성을 부여한다고 주장하며 핸런의 주장을 반박한 바 있다.

이는 ① 마이크로네시아 전역에서 널리 퍼져 있는 언어적 통일성, ② 유럽인들의 도착 이전 마이크로네시아 연방국의 섬들 사이에서 널리 퍼져 있던 쌍방향 항해, ③ 섬들 간 교환체계 및 토지소유제의 유사성, ④ 뚜렷하게 드러나는 모계 중심적 사회 [그래서 마이크로네시아를 '모계의 바다(matrilineal sea)'라고 표현하기도 한다], ⑤ 시각예술의 빈약함과 공연예술의 풍부함 등이다.

한편, 마이크로네시아적인 본질을 '느슨한 연계(partial connection)'에서 찾는 학자들도 있다. 마이크로네시아는 단일한 한2개의 섬이 아니며, 광대한 서태평양상에 흩어져 있는 파편화된 자잘한 섬들로 구성되어 있다. 이들 사이에 유대가 있다면 그것은 오직 '느슨한' 수준에서만 그러하다는 것이다. 마이크로네시아의 주민들은 여전히 출신 섬이나 마을 단위, 부족 단위의 삶을 영위하고 있다. 그들 스스로의 정체성 역시 그러한 섬이나 마을 등에서 찾고 있다. 이러한 상황에서 마이크로네시아 전역을 아우르는 공통된 정체성이라든지 문화특질 등은 충분히 발전하지 못했다.

또한 마이크로네시아는 엄청난 해양관할권 면적에 비해 육지면적이 턱없이 좁은 곳이다. 마이크로네시아의 육지면적, 고유언어 숫자, 인구 등을 전부 더해도 멜라네시아 몇몇 섬의 통계에 미치지 못한다. 마이크로네시아는 실제 태평양의 3개 문화권 중에서 문화영역(고유언어, 인구, 부족 숫자 등을 고려하여) 이 가장 작은 지역이다.

또한 앞서서 살펴본 것처럼 마이크로네시아 지역은 태평양 문화권 중에서 독립, 국제사회 진출, 지역기구 창설, 공통된 정체성 창출 등의 움직임을 가장 뒤늦게 보여 준 지역이다. 쉽게 말해 가장 뒤처진 지역이다. 유럽인들과의 접촉으로 범태평양적인 정체성이 싹트기 시작하면서 폴리네시아와 멜라네시아 사이에 알력 다툼이 불거졌고, 그런 와중에 마이크로네시아는 약 20~30년간 태평양의 정치적 구도 속에서 소외되어 있었다. 마이크로네시아는 독립에서도 가장 늦었는데, 마샬 제도와 마이크로네시아 연방국(FSM)은 1986년, 팔라우는 1994년이 되어서야 미국과의 자유연합협정을 체결한 독립국이 되었다.

또 지역기구 창설에서도 1996년 마이크로네시아 국가들(북마리아나 제도, 마이크로네시아 연방국, 괌, 키리바시, 나우루, 팔라우, 마샬 제도)의 수장이 괌에 모여 역사상 최초로 마이크로네시아 정상위원회(Council of Micronesian Chief Executives)를 창설했다. 이것이 마이크로네시아 지역의 이익을 대변하는 최초의 지역기구 창설이다.

한편, '마이크로네시아적인' 정체성 확립 역시 매우 뒤처져 있었다. 1940년대부터 이 지역에 대한 신탁통치를 시작했던 미국은 마이크로네시아 전역의 공통된 정체성을 확립하기 위해 노력했다. 처음에는 이 지역을 효율적으로 통치하기 위하여, 나중에는 이 지역에 서구식 민주주의 및 국가개념을 도입시키기 위해서였다. 그렇지만 마이크로네시아 전역을 관통하는 공통된 정체성이나 리더십 등은 쉽사리 발견되지 않았다. 각 섬 주민들은 자신들을 마이크로네시아 연방국이나 축 주, 얍 주 등의 구성원으로 여기기보다는 자신의 부족, 마을, 지역의 구성원으로 간주했다. 그래서 미국은 교육 프로그램을 활용해 '마이크로네시아인'이라는 정체성과 국제적 시각을 동시에 갖춘 새로운 세대의 인재들을 기르기 위해 Pacific Islands Central School이나 Xavier High School과 같은 명문고등학교를 설립하고 마이크로네시아 전역에서 학생을 모집했다. 미국의 의도는 마이크로네시아적 정체성을 가진 다음 세대의 정치가와 지도자를 양성하는 것이었다.

마이크로네시아 문화권의 특징

마이크로네시아 지역 고유의 문화적 특징, 즉 '마이크로네시아적인 것'의 존재 여부에 대해서는 인류학자들이 열띤 논쟁을 벌인 바 있다. 먼저 마이크로네시아가 넓은 지역에 산재한 많은 섬으로 구성되어 있고, 각 섬들의 문화적 정체성이 뚜렷하며, 섬들 간 거리가 멀기 때문에 '마이크로네시아적인' 공통 요소가 그리 많지 않다는 주장이 있다. 마이크로네시아 지역주민들이 아직 '국가'나 '주정부'라는 개념에 익숙지 않은 것도 이러한 주장의 한 근거가 된다.

한국이나 프랑스처럼 단일한 대륙국가의 경우, 통일된 국가적 정체성 구축이 더 쉬울지 모른다. 그러나 앞서 소개했던 '느슨한 연계'라는 개념으로 마이크로네시아의 여러 섬을 살펴보면, 이 지역에 공통되는 몇 가지 문화적 요소를 찾아낼 수도 있다. 특히 친족 및 사회조직과 같은 사람들 간의 관계를 규정하는 문화요소들은 공통된 것이 많다. 이러한 공통된 특징들은 마이크로네시아 연방국, 마샬 제도, 팔라우 등에서 폭넓게 발견된다. 다만 북마리아나 제도의 경우는 예외이다. 17세기부터 스페인이 이 지역을 점령하면서 지역 고유의 차모로 문화(Chamorro culture)가 급격한 변화를 겪었기 때문이다.

아이오와 대학의 인류학과 교수인 맥 마샬(Mac Marshall)은 50년 이상 마이크로네시아 지역에서 행해진 연구를 정리하여 친족 및 사회조직의 측면에서 공통적으로 발견되는 마이크로네시아의 문화적 특징으로 다음과 같은 일곱가지를 들었다. ① 형제자매 관계의 중요성, ② 모계 중심의 친족 구조, ③ 빈번한 입양 및 대리양육, ④ 친족과 토지, 음식의 연계, ⑤ 결혼제도 ⑥ 근친상근 금지 ⑦ 결혼 후 거주방식. 여기서는 이 중 세 가지 정도를 자세히 소개하려고 한다.

모계 중심 사회

마이크로네시아 전역의 전통사회 씨족들은 매우 뚜렷한 모계제를 따른다. 재산 및 토지는 대부분 여성 구성원이 소유하고, 각 세대의 전승 및 승계 역시 여성을 중심으로 이루어진다. 마샬 제도, 폰페이 섬, 축 섬, 축 주의 모든 외곽 섬들, 얍 주 등은 모계제를 채택하고 있으며, 그래서 조셉 웨클러(Joseph Weckler)와 같은 학자는 마이크로네시아를 "모계의 바다(matrilineal sea)"로 지칭하기도 했다.

그러나 몇몇 예외 지역도 있는데 그중 하나는 마이크로네시아 폰페이 주의 외곽 섬들이며, 다른 하나는 팔라우와 얍 주의 몇몇 섬이다. 폰페이 주에는 사람이 거주하는 5개의 외곽 섬이 있는데 그중 누쿠오로(Nukuoro) 및 카핑가마랑기(Kapingamarangi) 섬은 폴리네시아 문화권의 끄트머리에 속한 섬들이다. 따라서 이 섬들은 모계제라는 단선적 계통을 따르지 않고 폴리네시아 지역처럼 부계와 모계가 혼합된 형태를 보인다.

한편, 팔라우와 얍 주의 몇몇 섬은 조금 복잡한 출계 시스템을 보여 준다. 여기에 대해서는 학자들 간에 논란도 많지만 대체로 팔라우에서는 부계와 모계를 동시에 인정하는 양계제, 부계와 모계가 독특하게 결합한 조금 복잡한 출계 시스템이 나타난다. 팔라우에서는 기본적으로 혈족 구성은 모계에 기반하지만, 부계 쪽 구성원이 정식 친족 구성원으로 편입되는 경우도 있다.

얍 주 역시 모계제 쪽에 조금 더 비중이 실려 있지만, 여러 복잡한 교환체제(특히 결혼 교환체제)를 통해 사람과 토지가 복잡하게 얽혀 있고, 그 결과 부계와 양계 모두가 혼합된 형태로 나타난다.

따라서 대부분의 마이크로네시아 전통사회(구조)는 함께 거주하는 모계 출신의 친족 구성원들을 중심으로 이루어진다. 이는 종종 모계 친족들로 구성된 확대가족의 형태를 띠는데, 마이크로네시아 지역의 모계 씨족들은 재산과 직함, 토지와 음식을 공유하며, 친족 내 여성의 지위 및 나이를 따져 자체적인 정치적 위계('씨족 내 추장')를 형성하기도 한다. 이 모계 확대가족은 마이크로네시아 주민들의 사회경제적·정치적 삶에 중대한 영향을 미친다.

아래에 소개되는 형제자매 관계의 중요성, 토지와 음식의 공동소유, 입양과 대리양육의 빈번함 등도 모두 마이크로네시아가 모계사회라는 점과 관련이 있다.

마이크로네시아의 친족구조 및 출계 시스템에서 또 다른 중요한 요소는 친족 구조를 확립하는 데 생물학적 혈통뿐 아니라 개인의 행동이 매우 중요하다는 것이다. 하와이에서처럼 마이크로네시아에서도 "친족은 타고나는 것이면서 동시에 만들어지는 것이다." 지금까지 여러 학자의 연구를 보면 맥 마샬(1977)은 축 주 및 외곽 산호섬들에서는 토지, 음식, 아이 양육의 공유가 단순히 핏줄보다 친족 형성에 더 중요하다는 점을 밝혔다. 또 데이비드 슈나이더(1984)는 얍 주의 친족조직인 타비나우(tabinau)를 재연구하면서 주민들이 친족 구성원이냐 아니냐를 결정할 때 '핏줄'보다는 '행위'가 더 큰 역할을 한다는 점을 밝혔다.

형제자매 관계가 중요

대부분의 태평양 사회에서처럼 전통적인 마이크로네시아 친족 및 사회조직에서는 형제자매 관계가 매우 중요하다. 이는 전통사회를 굴러가게 하는 핵심이라고 말해도 무방하다. 이렇게 형제자매 관계가 중요해진 것은 마이크로네시아 지역이 대부분 모계사회이기 때문이다. 부족 및 집단을 이끌 남성 지도자(권력자)가 부재하는 상황에서 공동체의 생존은 형제자매들 간의 상호의존 및 협력에 달려 있었기 때문이다.

부계사회의 경우 친족의 여성 구성원들(딸이나 여자 조카 등)은 결혼을 하고 나면 외부집단 소속이 된다. 따라서 부계사회에서는 친족의 여성 구성원들에 대한 통제가 매우 제한적이다. 그러나 모계사회에서는 여성 구성원들이 결혼을 해도 외부인이 되지 않기 때문에 자매들의 역할도 고스란히 보존되며, 모계사회의 특성상 형제와 자매 간의 유대가 강화된다. 데이비드 슈나이더는 "모계사회에서는 어떤 남성도 친족 내의 다른 여성 구성원과의 유대 없이는 자신의 세력(새로운 가족 등)을 구축하지 못하며, 또 어떤 여성도 친족 내의 다른 남성 구성원의 도움 없이는 자신의 기반을 마련하지 못한다"고 언급했다. 그만큼 형제자매 관계는 마이크로네시아 전통문화에서 핵심적인 요소라고 할 수 있다.

형제자매들은 서로 성관계를 맺지는 않고 상호 간에 근친상간을 회피하게 하는 엄격한 제한요소들이 존재한다. 그러나 이들은 이 외의 것들, 즉 토지나 음식, 기타 재산 등을 서로 공유한다. 그리고 같은 성의 형제자매들(특히 자매들)은 결혼 후에도 같은 집에서 생활한다. 한편, 다른 형제자매들의 자녀를 입양하거나 대리양육해 주는 것도 대부분 형제자매들이다. 이들은 토지를 공동으로 소유하며, 더 넓은 의미에서 토지를 공동으로 소유한 관계의 사람들은 모두 '형제자매'라고 지칭하기도 한다.

마이크로네시아 축 섬에서 현지조사를 한 뒤 지금은 고전이 된 『축 섬의 소유권, 친족, 커뮤니티(Property, Kin, and Community on Truk)』(1951)에서 워드 구디너프는 "(축 섬의) 혈족 가계도의 핵심부, 또는 혈족 구성원 전체는 종종 모계 출신의 형제자매, 또는 사촌 형제자매들로 이루어져 있다"고 썼다. 그는 더 나아가 "혈족 조직은 형제자매 그룹으로 구성되어 있으며, 공동체라는 측면에서, 혈족의 모든 구성원들은 형제자매로 간주된다. 형제자매를 지칭하는 친족 용어들은 비혈족 구성원들(아버지나 배우자 등)과 구별되는 혈족 구성원들의 활동 및 책임을 지칭할 때 광범위하게 사용된다."고 했다. 이 외에도 혈족 내 정치적 위계 및 권력의 구성 역시 '형제자매 관계를 바탕으로' 수행된다. 마이크로네시아 축 섬 사회에서, 형제자매 관계는 친족 및 사회 조직의 핵심을 차지하고 있는 것이다.

빈번한 입양 및 대리양육
마이크로네시아 지역에서 공통된 특징 중 하나는 아이의 입양 및 대리양육이 매우 빈번하게 일어난다는 것이다. 마이크로네시아 전역에서는 아이들이 매우 가치 있게 평가되며 결혼한 커플들은 아이를 갖고자 하는 '거의 보편적인 욕망'을 가지고 있다. 이때 입양 및 대리양육의 대상이 되는 아이들은 보통 친족이나 형제자매의 아이들이다.

　마이크로네시아, 폰페이 주의 외곽 섬인 모킬(Mokil) 섬에서 수행된 연구를 보면, 이곳 커플들은 아이를 갖고자 하는 욕망이 매우 강하며, 아이가 없을 경우 거의 대부분 한두 명의 아이를 입양한다. 마이크로네시아 축 주의 로모눔(Romonum) 섬에서 행해진 연구(Ruth Goodenough, 1970)에서도 매우 높은 입양아 비율(약 10명 중 1명꼴)을 보이는데, 결혼한 커플에게 아이가 없거나 어떤 아이가 갑자기 고아가 되었을 때 이러한 입양이 발생했다.

　마이크로네시아 지역에서는 입양 및 대리양육이 왜 흔할까? 여기에 대해서는 두 가지 설명이 제시되었다. 하나는 생물학적인 것이다. 즉, 불임 또는 고아의 발생이다. 다른 한편으로 사회학적 설명이 있다. 입양 및 대리양육이 친족 간의 유대를 돈독히 하고 재화를 공유하는 일종의 나눔의 실현이라는 것이다.

　이러한 점을 살펴볼 때, 마이크로네시아에서 활발하게 이루어지는 아이들의 입양 및 대리양육에는 결혼한 부부들의 불임, 부모의 갑작스러운 사망 등으로 고아가 된 아이의 발생 등 생물학적인 이유와 친족 간의 유대 및 결합을 더욱 공고히 하려는 사회학적인 이유가 동시에 작용하는 것으로 추정된다.

제프리 마크의 마이크로네시아 방언 연구[3]

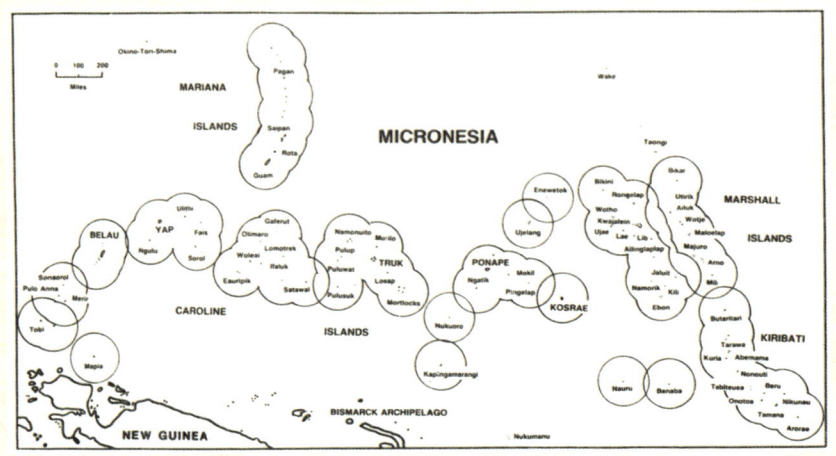

호주국립대학의 언어학자인 제프리 마크(Jeffrey Marck)는 마이크로네시아 지역의 방언 분포에 대한 흥미로운 가설을 제안한 바 있다. 제프리 마크 이전에 미국 인류학자인 토머스 글래드윈(ThomasGladwin, 1970)은 오늘날 마이크로네시아 지역 주민들이 하룻밤 사이에 카누로 이동할 수 있는 거리의 한계가 약 160km(100마일)라는 연구결과를 발표한 적이 있다. 즉, 카누를 타고 해질 무렵 출발하여 별을 보고 밤새 항해해 다음날 도착할 수 있는 거리의 한계가 대략 160km 라는 의미이다. 제프리 마크는 여기에 착안해 하룻밤 사이에 카누로 항해할 수 있는 거리 내의 섬들에서는 서로 비슷한 방언을 쓴다고 주장했다. 이 경우 두 섬의 주민들은 상대의 말을 이해할 수 있다는 것이다.

위 지도는 제프리 마크가 제안한 마이크로네시아 지역의 방언 분포를 나타낸다. 여기서 둥근 원은 하룻밤 항해로 도달할 수 있기 때문에 서로 이해 가능한 방언을 사용하는 영역을 나타낸다.

최근의 연구에 따르면 제프리 마크의 가설은 항상 옳은 것은 아니다. 한 섬에서도 10~20개의 서로 다른 방언이 사용되는가 하면, 아주 가까운 두 섬에서도 서로 다른 언어를 사용하는 경우도 있다. 그러나 제프리 마크의 가설은 카누 항해를 통한 섬들 간 교류를 언어 연구와 접목시켰다는 점에서 제프리 어윈(Geoffrey Irwin) 등의 고고학자들에게 참신하다는 평가를 받았다.

---

[3] J. C. Marck, Micronesian dialects and the overnight voyage, The Journal of the Polynesian Society, Vol. 95, No. 2, 1986. (지도 출처)

마주로의 거리 풍경

마샬 제도의 경찰서. 우리나라에서 지원한 차량 2대가 보인다.

03 마이크로네시아인의 기원

인류의 태평양 정착사

마이크로네시아 문화권의 역사를 살펴보기 전에 태평양 지역으로의 인류 이주 및 정착사를 간단히 소개하려 한다. 인류의 태평양 이주사는 '태평양을 향한 동진(東進)'으로 요약할 수 있다.

약 500만~200만 년 전 사이에 동아프리카에서 현생 인류의 조상들이 출현했다. 이들은 약 200만~100만 년경에(아직 이 연대에 대해서는 의견이 분분하다) 아시아 지역으로 이주해 오늘날의 중국 및 인도네시아 자바 섬에 정착했다. 그 후 약 6만 년~3만 5천 년 전 사이에 이들은 당시에는 육지로 노출되어 인도네시아 동부 해안을 건너 뉴기니 섬과 호주 대륙으로 들어갔다. 이들이 오늘날 태평양 원주민들의 조상인 오스트라네시아인들이다. 동남아시아를 거쳐 인도네시아 및 뉴기니 섬, 호주에 정착한 오스트라네시아인들은 계속해서 동진하며 오늘날의 태평양 섬들에 정착한 것이다.

파푸아뉴기니 지역만 따로 놓고 보면, 방사성 동위원소 검사 결과 파푸아뉴기니 해안에는 최소한 3만 5천 년 전에 사람이 거주한 흔적이 발견되었다. 그리고 하이랜즈(Highlands)라 불리는 파푸아뉴기니 내륙지역에는 약 3만 년 전부터 주민이 살기 시작했다.

인류의 태평양 정착사		
1기 (4만 년 ~ 3만 5천 년 전)		최초의 원주민들이 오늘날의 뉴기니 섬, 호주에 정착. 파푸아뉴기니 섬 근해와 솔로몬 제도까지 진출.
2기 (3,500년 ~ 2,000년 전)		오늘날의 동부 멜라네시아 지역(바누아투, 뉴칼레도니아 등)과 서폴리네시아(피지, 통가, 사모아) 지역까지 진출.
3기 (1,500~500년 전)		동폴리네시아(하와이, 타히티, 쿡 제도, 이스터 섬 등) 지역으로 진출. 뉴질랜드 지역으로의 이주도 이 시기에 일어남.

파푸아뉴기니 동부로 눈을 돌리면, 약 3만 5천 년 전에 인류는 파푸아뉴기니 본토 동쪽의 비스마르크(Bismark) 제도(뉴브리튼 섬, 뉴아일랜드 섬 등)로 건너갔고, 약 3만 년 전에는 오늘날의 솔로몬 제도에 정착한 것으로 추정된다. 솔로몬 제도 바로 옆에 붙어 있는 부카(Buka) 섬(현재는 파푸아뉴기니령)에서는 약 3만 년 전의 유적이 발견되기 때문이다. 그리고 파푸아뉴기니 북부의 마누스 섬으로는 약 1만 4천 년 전에 이주가 이루어졌던 것으로 보인다. 태평양 지역에서의 인류 이주 및 정착의 역사는 크게 세 단계로 나뉜다.

제1기 : '항해통로'의 시기(4만 년~3만 5천 년 전)

태평양 이주 역사에서의 제1기는 약 4만 ~ 3만 5천 년 전이다. 이 시기에 인류는 오늘날의 파푸아뉴기니 연안, 호주 대륙에 정착했다. 그 후 이 선사인들은 '항해통로(voyaging corridor)'[4]라 불리는 지역(그림의 파란색 네모)까지 진출했다. 이들은 여기서 동태평양 지역으로 더 전진하지 못하고 거의 3만 년 정도를 머물렀다. 솔로몬 제도 동쪽, 즉 '항해통로' 바깥으로는 섬들이 더 이상 육안에 들어오지 않고, 넓은 바다에 드문드문 흩어져 있는 본격적인 태평양이 펼쳐졌기 때문이다.

학자들은 초기 태평양 주민들이 거의 3만 년 동안 이 지역에 머무르며 태평양을 횡단할 수 있을 만큼의 항해기술과 항해도구를 발전시킨 것으로 추정하고 있다. 이 안전한 근해에서 항해경험과 기술을 쌓고 나서 먼 대양으로 진출했다는 것이다. 이 '항해통로' 지역은 비교적 이주가 쉬웠을 뿐 아니라, 태평양인들이 광활한 중앙 태평양으로 진출하기 위해 항해기술과 항해도구를 연마하는

---

4) 뉴질랜드의 탐험가, 고고학자인 제프리 어윈(Geoffrey Irwin)이 제안한 명칭. 파푸아뉴기니, 비스마르크 제도, 솔로몬 제도 등이 포함된 지역으로, 이 지역에서는 섬들이 비교적 가깝고 육안식별이 가능해 항해가 상대적으로 수월했을 것으로 추정된다. 또한 6만 년 ~ 3만 년 전의 빙하기에는 해수면이 지금보다 낮아 육로로 이어진 섬도 훨씬 많았을 것이다.

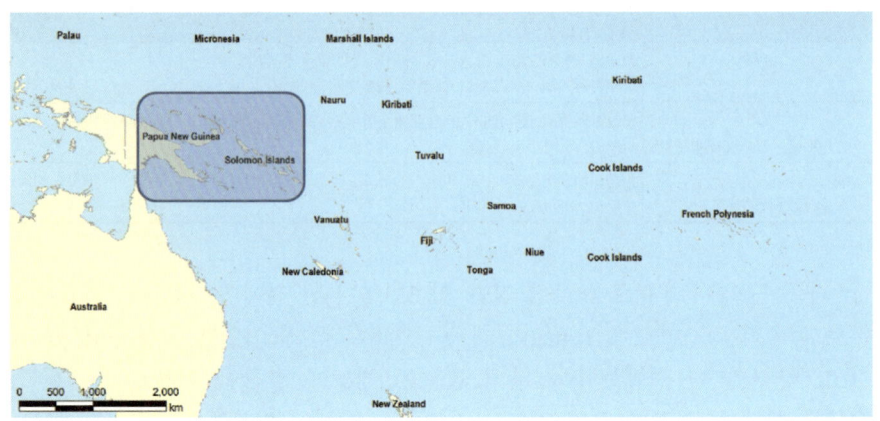
항해통로(voyaging corridor)의 위치   ⓒ KIOST

일종의 '항해 교육장 (Voyaging Nursery)' 역할을 했다고 평가받는다. 이 지역 너머로는 거대한 진짜 대양이 펼쳐지는데, 거기서는 더 이상 육안으로 섬들을 볼 수 없고, 추측항법(dead-reckoning)에 의지해 항해해야 했다. 또 쉽게 돌아올 수 있는 가까운 섬도 더 이상 존재하지 않았다.

제2기 : 라피타 문화의 등장 및 서폴리네시아로의 진출(3,500~2,000년 전)

오늘날의 파푸아뉴기니 동부 해안, 비스마르크 제도, 솔로몬 제도 서부 등을 총칭하는 '항해통로' 지역에서 인류는 3만 년이 넘게 머물렀다. 이 지역의 섬들은 대체로 상호 식별이 쉬웠다. 특정한 2개의 섬이 있다면, 두 섬 모두에서 상대 섬을 육안으로 관측할 수 있었다. 그래서 새로운 섬을 발견하는 것도, 위험에 처했을 경우 다시 고향 섬으로 돌아오는 것도 상대적으로 쉬웠다.

그러다 기원전 1,500년경 원주민들은 '항해통로' 구역을 떠나 서폴리네시아로 진출하기 시작한다. 이러한 이주가 밝혀진 것은 20세기 중반부터 본격적으로 발굴되기 시작한 '라피타 도기(Lapita Pottery)'라는 고고학적 유물 덕분이었다. 이 라피타 유적은 서쪽으로는 파푸아뉴기니 동부 해안에서부터 동쪽으로는 서폴리네시아의 피지, 사모아에 이르는 광범위한 지역에서 발굴되었다. 그리고 거기서 발굴된 유적 및 도기들 사이에 일종의 연관성이 있다는 것이 밝혀지면서

'라피타 문화(Lapita Culture)'라는 개념이 확립되었다. 이 문화가 대략 기원전 1,500년 ~ 기원후 0년 사이에 태평양 전역으로 퍼져 나갔으며, 이는 주민들의 이주 및 항해를 뒷받침하는 증거가 되었다.

로저 그린(Roger Green) 등의 학자에 따르면 이 시기에 동쪽으로의 대규모 이주를 가능하게 한 요인은 크게 두 가지였다. 하나는 원양 항해를 가능하게 했던 카누의 발전(아웃트리거 카누나 쌍발식 카누)이었고, 다른 하나는 영양분이 풍부해 배에 싣고 오래 저장할 수 있는 새로운 구근류, 열매류가 동남아시아에서 파푸아뉴기니로 유입되었다는 것이었다. 여기에 단순히 도기류뿐만 아니라, 각종 항해도구나 기술, 장식 등도 발전했다.

여기서 인상적인 사실은 라피타 문화가 처음 등장하고 나자 매우 빠른 시간에 폭발적으로 팽창했다는 것이다. 현재 가장 오래된 라피타 도기 유적은 파푸아뉴기니 동부 해안의 비스마르크 제도에서 발견된다. 이들의 연대는 대략 기원전 1,500년 정도의 것이다. 그런데 서폴리네시아의 피지, 사모아 등에서 발견되는 가장 오래된 라피타 유적의 연대는 대략 기원전 1,000년경의 것이다. 즉, 처음 라피타 문화가 출현하고 500년 사이에 이것이 서폴리네시아로 전파되었다는 뜻이다. 500년이란 기간은 사람의 일생으로 약 20세대 정도가 거칠 수 있는데, 이 기간에 항해 및 이주가 대단히 빨리 이루어졌음을 보여 준다.

라피타 도기의 기원이 어디인가 하는 점에 대해서도 오랜 논란이 있었다. 큰 2개의 흐름은 이 문화가 최초로 출현한 지역이 ① 파푸아뉴기니 동부 해안(비스마르크 제도)을 포함한 멜라네시아, 또는 ② 동남아시아라는 의견이었다. 이것은 폴리네시아인들의 기원이 멜라네시아인이냐, 동남아시아인이냐 하는 문제와도 관련이 있었는데, 학자들은 언어학적·유전학적·고고학적 증거들을 들며 한쪽을 지지했지만 아직 라피타 문화의 기원지('homeland')가 어디인지는 정확히 밝혀지지 않았다. 다만 더 발전된 경작기술, 축산기술, 도구 등을 가진 사람들이 동남아시아에서 비스마르크 제도로 왔고, 이것이 라피타 문화의 기원이 되었다는 설이 더 넓은 지지를 받고 있다.

라피타 문화란?

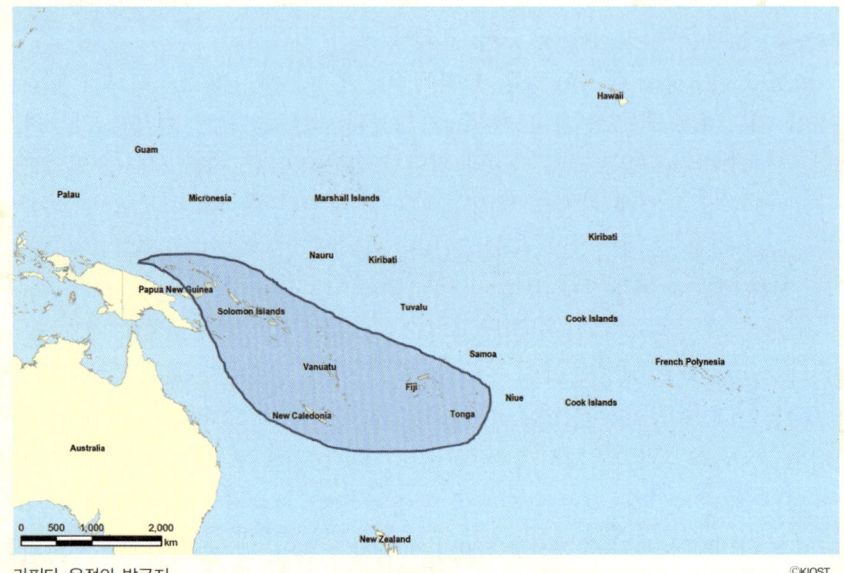

라피타 유적의 발굴지 ©KIOST

라피타 문화의 존재는 정교한 '라피타 도기'들이 발굴되면서 처음 알려졌다. 지역과 시대에 따라 조금씩 다르지만 대체로 라피타 도기들은 문신용 바늘처럼 작고 뾰족한 도구로 작업한 것처럼 정교한 문양을 갖추고 있다. 또 도기에는 얇은 점토를 발랐는데, 보통 붉은색 점토를 주변에 바르고, 그 사이에 찰흙이나 석회질로 된 하얀 문양을 상감해 넣은 것이 특징이다. 이 도기는 1909년 파푸아뉴기니 북동부 뉴브리튼(New Britain) 섬 근처의 와톰(Watom) 섬에서 가톨릭 사제를 지낸 메이어 주교(Father Meyer)에 의하여 처음으로 보고되었다. 1917년에는 뉴칼레도니아의 라피타(Lapita) 지역에서 더 많은 도기가 발굴되었다(현재 라피타라는 이름도 이곳 지명을 딴 것이다). 그러다 1948년 뉴칼레도니아의 파인스(Pines) 섬에서 비슷한 도기들이 발견되면서 이 도기들 사이에 연관성이 있다는 사실이 밝혀졌다. 이후 1952년 글리포드(Glifford) 및 tu틀러(Shuttler)와 같은 고고학자들이 뉴칼레도니아에서 발굴작업을 벌였고, 이것이 1920~1921년, 통가에서 수집된 도자기들과 비슷하다는 사실이 확인되면서 '라피타 양식'이라는 도자기 양식이 태평양 전역에 퍼져 있었다는 내용이 처음으로 확립되었다. 이 도기가 널리 퍼져 있던 시기는 대략 기원전 1,500~500년 사이로 추정되며 18세기에 서양 선교사들이 태평양을 방문했을 무렵에는 라피타 도기의 명맥이 거의 끊겨 있었다.

현재 라피타 유물들은 서쪽으로는 파푸아뉴기니 마누스 섬과 비스마르크제도부터 동쪽의 사모아 통가에서까지 발견된다. 현재 이러한 라피타 문화의 전파와 오스트라네시아 언어의 전파 사이에 긴밀한 연관성이 있다는 사실은 학계에서 널리 인정받고 있다. 오늘날 폴리네시아 언어는 라피타 문화가 동쪽으로 전파되면서 형성된 것으로 추정하고 있다.

라피타 문화는 정교하고 아름다운 도기뿐 아니라, 태평양 지역에서 발전된 농경문화의 증거들을 보여 준다. 라피타 유적지에서는 경작용 텃밭 또는 작물을 길렀을 것으로 추정되는 토지구역이 발견되었다. 이 외에도 태평양에서 가축화된 세 동물, 즉 돼지, 개, 닭의 흔적이 발견되어 태평양 지역에서 최초로 가축을 기른 사실을 알려 준다. 또 돌로 만든 손도끼, 조개껍데기 장식, 고리, 원반형 유물 등이 발견되었고, 파푸아뉴기니의 뉴브리튼 섬 및 어드미럴티 제도(Admiralty Islands)에서만 발견되는 검은 흑요석이 라피타 문화권 전역에서 발견되었다. 이러한 것이 과거 인류의 이주 및 정착역사를 보여 주는 광대한 라피타 문화권의 증거가 되고 있다.

바누아투에서 발견된 라피타 도기(포트빌라 박물관 소장)   ⓒ 위키피디아

제3기 : 동폴리네시아 및 뉴질랜드로의 진출(1,500~500년 전)

솔로몬 제도, 바누아투 등이 속한 멜라네시아와 피지, 통가, 사모아가 있는 서폴리네시아를 지나 동쪽으로 가면 광대한 동폴리네시아가 펼쳐져 있다. 서폴리네시아에서 동쪽으로 가면 현재 프랑스령 폴리네시아인 소시에테(Society Islands) 제도와 이스터 섬(Easter Island) 등이 있고, 북쪽으로 가면 하와이, 남서쪽으로 가면 뉴질랜드가 나온다. 이 섬들은 전부 제3기에 발견된 것으로 추정된다. 동폴리네시아로의 이주 시기나 각 섬들의 정착 순서에 대해서는 논란이 많지만, 동폴리네시아의 최초 거주민들이 서폴리네시아에서 왔다는

것만큼은 의심의 여지가 없어 보인다.

동폴리네시아의 정착과 관련된 학계의 중요한 세 가지 쟁점은 다음과 같다.

① 서폴리네시아 정착과 동폴리네시아 정착 사이에 긴 휴지기('long pause')가 존재했는가?
② 동폴리네시아 어딘가에 최초의 주민들이 모였다가 퍼져 나간 집결지('homeland')가 있었는가?
③ 동폴리네시아 정착의 순서와 시기는 어떻게 되는가?

지금까지의 전통적인 학계 주장에 따르면 ① 서폴리네시아 정착과 동폴리네시아 정착 사이에는 약 1,000년 정도의 긴 휴지기가 존재했고, ② 오늘날의 프랑스령 폴리네시아에 속하는 마르키즈 제도(Marquesas Islands)에 인류가 처음 정착하여 이 섬들을 향후 하와이, 이스터 섬, 소시에테 제도 등으로 진출하는 요충지로 삼았으며, ③ 대략 300~800년 사이에 마르키즈 제도-이스터 섬-하와이 섬-소시에테 제도-뉴질랜드의 순으로 정착이 이루어졌다.

이 주장들 속에는 문화란 특정한 문화 중심지(culture center)에서 주변부로 동심원을 그리듯 퍼져 나간다는 문화 전파주의(Diffusionism)적 시각이 깔려 있다. 특정 문화권에서 핵(core)이 되는 지역을 상정하고, 그곳에서 문화가 형성된 다음 주변으로 퍼져 나갔다고 보는 시각이다. 이러한 전통적 주장들은 고고학적 유물(라피타), 탄소동위원소 연대측정, 언어학적 증거 등에 의해 뒷받침되었다.

그러나 최근에는 이러한 견해들과 달리 서폴리네시아와 동폴리네시아의 정착 시기가 그렇게 분리되어 있지 않았으며, 또 뚜렷한 문화 중심이 존재하지 않았을지도 모른다는 주장이 제기되고 있다.

동폴리네시아-서폴리네시아 정착 사이의 불연속에 대한 전통적인 증거는 라피타 유적이다. 동쪽으로 갈수록 라피타 도기의 연대가 점점 늦어지기 때문이다. 그러나 여기에 대해서는 최초 주민들의 동쪽으로의 이주는 계속되었지만 동폴리네시아로 갈수록 점토의 질이 나빠지자, 도기를 예전처럼 왕성하게 만들지 않았으리라는 반박이 제기되었다. 지대가 낮은 환초섬들에서는 양질의 점토가 생산되지 않기 때문이다.

이 외에도 동폴리네시아 지역에서의 발굴 조사가 체계적으로 진행되지 않은 측면과 태평양판의 운동으로 인한 유적의 침수 가능성도 제기되었다. 라피타 유적이 태평양판이 호주판 아래로 섭입되는 통가 해구 너머(동쪽)로 가면서 전혀 발견되지 않은 것은 지질운동으로 유적이 보존될 수 없었기 때문이라는 것이다. 여기에 지대가 낮은 환초섬이라는 환경이 더해져 밖으로 드러난 유적들이 없다는 설명이다. 또 최근의 유적 발굴 및 탄소동위원소 연대측정 결과를 보면, 서폴리네시아와 동폴리네시아 유적 간의 연대 차이가 점점 좁혀지고 있다.

지금까지의 탄소동위원소 측정결과를 요약하면, 최소한 기원전 100년경에는 인류가 동폴리네시아로 진출했던 것으로 보인다. 현재는 마르키즈 제도에서 가장 오래된 유물 증거가 발견되었지만, 향후 쿡 제도, 소시에테 제도, 투아모투 제도 등에서 더 오래된 증거가 발견될 가능성이 있다. 특히 위치상으로 보면 쿡 제도가 사실상 가장 최초로 발견된 섬들일 가능성도 있다.

동폴리네시아 정착 역사는 인류가 태평양에서 바람이 불어오는 방향(동쪽)으로 항해했고 이에 따라 순차적으로 정착했다는 기본 패턴을 그대로 보여 준다. 피지, 사모아, 통가 등의 서폴리네시아에서 동쪽의 소시에테 제도, 이스터 섬 등으로 진출한 것이다.

그렇지만 동폴리네시아의 정착 역사에서는 매우 흥미로운 예외적인 것도 있다. 북쪽의 하와이 제도와 남쪽의 뉴질랜드가 그것이다. 이를 보면, 인류가 태평양 섬들을 발견하고 정착한 순서가 지리적 근접성 또는 접근의 용이성과 완벽하게 맞아떨어지지는 않음을 알 수 있다.

뉴질랜드는 라피타 문화의 기원지에서 동폴리네시아 지역보다 훨씬 가까이 있었지만, 현재 밝혀진 바에 의하면 동폴리네시아 지역보다 약 1,000년 후에 인류가 이주했다. 또한 하와이는 동폴리네시아 가장 끝쪽의 이스터 섬보다 2,000마일이나 가까운 위치에 있지만 두 섬은 모두 서기 400년경이라는 비슷한 시기에 발견되었다.

하와이와 뉴질랜드 중 먼저 발견된 것은 하와이인데 대략 300~400년경에 인류가 이주했던 것으로 보인다. 바람 부는 방향으로 거슬러 항해하는 기존의 위도항해와 달리, 하와이로 가기 위해서는 적도의 남동무역풍 지대를 벗어나 적도무풍대와 북동무역풍 지대를 통과해 북쪽으로 항해해야 했다. 하와이는 적도에서 북위 약 20도 시섬에 위치해 있다.

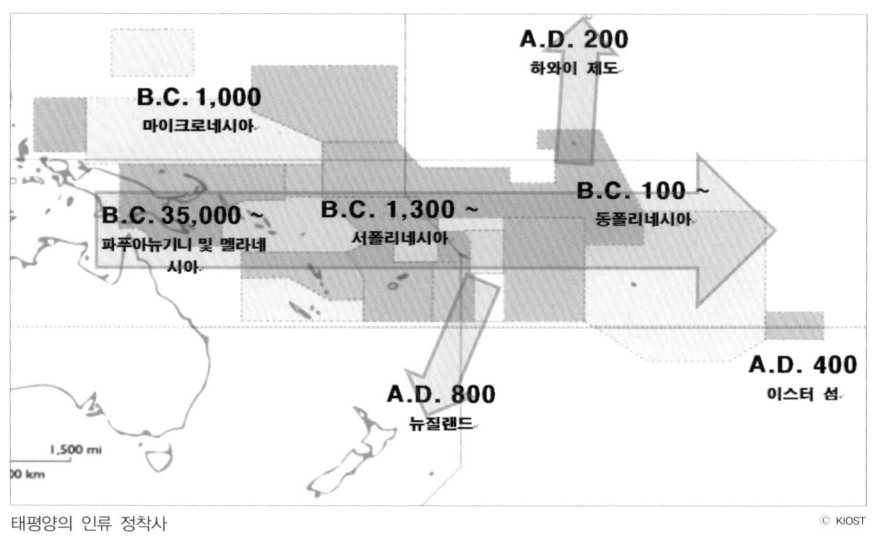

태평양의 인류 정착사 © KIOST

뉴질랜드로의 항해는 더 어려웠는데, 뉴질랜드 최북단의 위도가 남위 34도이기 때문에 적도로부터 남쪽으로 상당한 거리를 항해해야 했다. 또 맞바람이 아니라 뒷바람을 타고 항해했기 때문에 훨씬 더 위험했으며, 전형적인 뉴질랜드 근처의 기압분포를 보면, 뉴질랜드 서쪽과 동쪽에 고기압이 형성되어 있고 뉴질랜드 위에 저기압이 형성되어 서풍과 북풍이 강하게 분다. 그리고 쿡 제도나 소시에테 제도 같은 동폴리네시아에서 뉴질랜드 사이의 약 650km 정도의 공간에는 사람이 정박할 수 있는 섬이 하나도 없다. 따라서 뉴질랜드는 라피타 문화의 기원지에서 훨씬 가까운데도 이주가 제일 늦었으며, 약 서기 800년경에 인류가 최초로 정착한 것으로 보인다. 오늘날의 피지, 통가, 쿡 제도 남부에 살았던 주민들이 뉴질랜드로 이주했던 것으로 보이지만 동폴리네시아 지역의 주민들이 뉴질랜드로 이주했을 가능성도 있다.

태평양의 인류 정착사는 바람을 거슬러 가는 '동진'이라는 말로 요약할 수 있다. 동남아시아에서 뉴기니 섬 및 호주 대륙에 정착한 초기 태평양 주민들은 약 3만 년이라는 긴 시간이 걸쳐 단계적으로 적도 지역의 무역풍(동쪽에서 서쪽으로 부는)을 거슬러 동태평양으로 진출했다. 이러한 동진은 비교적 제한된 위도 구역 내에서 이루어졌고, 400년경에는 태평양 동쪽 끝의 이스터 섬에도 사람들이 도착했다. 이러한 동진 패턴에서 벗어나는 예외가 둘 있는데 하나는 하와이 제도로의 북진이고, 다른 하나는 뉴질랜드로의 남진이다.

　이는 적도 지역을 벗어난 고위도(대략 하와이는 북위 20도, 뉴질랜드는 남위 34도 부근에 위치함)로의 항해였기 때문에 더 발전된 항해기술과 항해도구가 필요했다.

마주로의 연안 모습　　　　　　　　　　　　　　　　　　　　　　ⓒ 박흥식

마샬 제도의 역사

고대[5]

마이크로네시아 지역의 초기 역사는 거의 알려져 있지 않다. 이 지역의 가장 오래된 거주지 유적은 남부 마리아나 제도(사이판)에서 발견된 것으로 대략 기원전 1,600년경의 것이다. 지금까지 연구된 바에 의하면 마이크로네시아 지역으로의 이주는 2개의 방향에서 이루어졌던 것 같다. 하나는 남쪽에서 북쪽으로의 이주였고, 다른 하나는 서쪽에서 동쪽으로의 이주였다.

마이크로네시아 지역 동부에 속하는 마이크로네시아 축 주, 폰페이 주, 코스레 주와 마샬 제도 등은 남쪽에 살던 주민들(솔로몬 제도 남동부나 바누아투 북부)이 북쪽으로 항해해 정착한 것으로 추정된다. 반면 마이크로네시아 지역 서부에 속하는 팔라우, 얍 주 등은 서쪽에 살던 주민들(동남아시아나 인도네시아 등)이 동쪽으로 항해해 정착한 것으로 추정된다.

마샬 제도의 콰잘렌 섬과 마주로 섬에서는 대략 2,000년 전의 고고학적 유물이 발견되었다. 또 마이크로네시아 연방국에 속한 얍 주, 축 주, 폰페이 주, 코스레 주에서도 최소한 2,000년 전부터 사람들이 살았던 것으로 추정된다. 얍 주에서는 늪지대의 진흙 코어 분석(고기후 분석)을 통해 약 기원전 1300년경에 대규모 화재로 이 지역의 숲이 감소했음이 확인되었지만 이것이 인간활동에 의한 것인지는 아직 알 수 없는 상황이다.

현재로서는 약 2,000년 전인 0 ~ 500년 사이에 오늘날의 마이크로네시아 연방국을 이루는 여러 섬에 인류가 정착해 살기 시작한 것으로 추정할 수 있다. 고고학자들은 마이크로네시아의 여러 섬 중에서도 비교적 지대가 높은 화산성 기원의 폰페이, 코스레 섬 등에 가장 먼저 인류가 정착한 것으로 보고 있다.

유럽인들의 출현

마이크로네시아 지역을 방문한 것으로 알려진 최초의 유럽인은 유명한 항해자 페르디난드 마젤란(Ferdinand Magellan)이다. 마젤란은 1521년 오늘날의 마리아나

---

5) J. R. Dodson, M. Intoh, Prehistory and palaeoecology of Yap, federated states of Micronesia, *Quaternary International* 59, 1999, pp.17~26.

오토 본 코체부(Otto Von Kotzebue) (1787-1846) 에스토니아 출신의 러시아 탐험가. 세계 여러 지역을 탐험하며 다양한 지리학, 자연학, 민족학적 기록을 남겼다.

제도 및 괌에 도착했다. 당시 마젤란 함대의 연대기 작가였던 안도니오 피가페타(Antonio Pigafetta)는 당시 이곳의 차모로인들(Chamorro people)이 외부인들에 대해 완벽하게 무지한 것 같다고 기록했다. 그렇지만 동일한 마젤란의 항해에 관한 포르투갈인의 기록에 따르면 차모로 주민들이 "아무런 부끄러움 없이, 친한 사람한테 하듯이" 선원들에게 인사를 했다고 한다. 따라서 마젤란의 방문 이전에도 외부인들과 접촉했을 가능성이 있다. 또 1525년에는 포르투갈 탐험가인 디오고 다 로차(Diogo da Rocha)가 캐롤라인 섬들을 발견하고, 얍 주의 울리시(Ulithi) 섬 등에 상륙했을 것으로 추정된다.

마샬 제도의 경우 1526년 스페인 탐험가 알론소 데 살라자(Alonso de Salaza)가 처음으로 방문한 것으로 추정된다. 1529년에는 역시 스페인 탐험가 알바로 데 사베드라(Álvaro de Saavedra)가 마샬 제도를 방문해 원주민들과 선물 및 식수를 교환했다. 이들이 착륙한 섬은 오늘날의 에니웨톡(Eniwetok) 섬 또는 비키니 섬으로 보인다.

1788년에는 영국의 존 마샬 선장[6]이 마샬 제도를 방문했다. 1816년에는 러시아의 유명한 탐험가 오토 본 코체부(Otto von Kotzebu)가 루릭(Rurik)호를 타고 마샬 제도를 방문해 한동안 섬에 머물면서 다양한 박물학적 기록을 남겼다. 이 외에 루릭호에 함께 승선했던 화가, 자연학자들이 마샬 제도의 섬들에 대한 수로학적·식물학적·민족지적 기록을 남겼다. 특히 화가 코리스(Choris)가 마샬 제도인들의 전통적 생활방식을 석판화로 만든 것은 현재 하와이 호놀룰루의 비숍 박물관(Bishop Museum)에서 볼 수 있다.

---

[6] 오늘날 마샬 제도의 명칭은 그의 이름을 딴 것이다. 존 마샬은 1748년 영국에서 태어나 10세 때부터 배를 탔다. 1788년도에는 스카보로(Scarborough)호의 선장이 되어 영국에서 호주로 죄수를 수송하는 임무를 맡았다. 그 후 호주에서 중국으로 이어지는 새로운 항로를 개척했고 현재의 키리바시, 마샬 제도 근해의 해도를 만들었다. 그는 미국 독립전쟁과 나폴레옹 전쟁에도 참여하였으며 1819년 71세의 나이로 생을 마감했다.

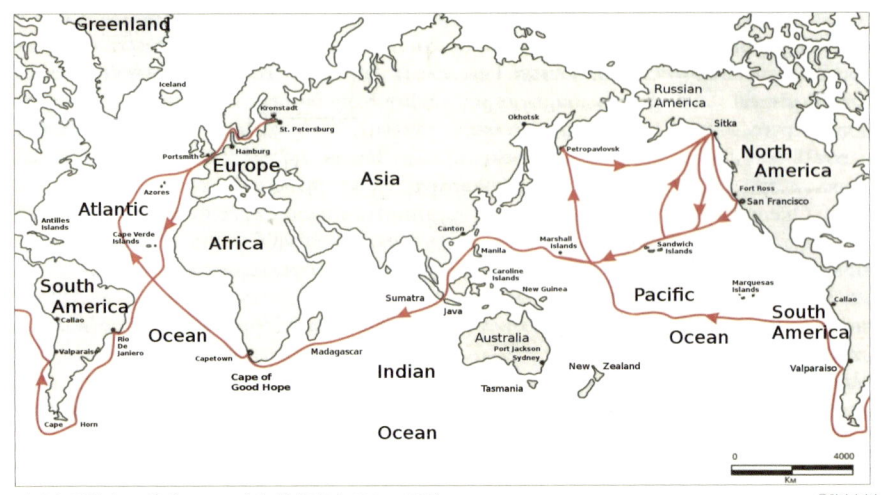
러시아 탐험가 코체부(Kotzebue)의 항해경로(1823~1826) ⓒ위키피디아

식민통치

20세기 말까지 마샬 제도는 여러 국가의 식민통치를 겪었다. 시간 순으로는 스페인, 독일, 일본, 미국이 각각 마샬 제도를 식민지로 삼았다. 여기서는 명목상으로 마샬 제도를 지배한 스페인을 제외하고 독일, 일본, 미국의 식민통치 역사를 소개하기로 한다.

독일

스페인은 1874년 마샬 제도를 자국령으로 삼았으나 실질적으로 통치하지는 않았다. 한편, 독일은 1850년대에 사모아에 무역본부를 설치하여 태평양에서 세력을 넓혀 가고 있었다. 1859년에는 독일인 아돌프 카펠레(Adolph Capelle)가 마샬 제도의 에본 섬(Ebon Atoll)에 이주하여 무역지구를 만들었다.

 1885년 10월, 독일의 뢰트거(Rotger) 선장은 마샬 제도의 잴루이트 섬으로 독일의 특사를 데려왔다. 독일 특사는 마샬 제도의 추장들과 조약을 체결하고 마샬 제도를 공식적으로 '독일 황실 보호령'으로 삼았다. 그 후 1887년부터 1905년까지 독일 무역회사인 잴루이트 게젤샤프트(Jaluit Gesellschaft)가 마샬 제도를 행정적으로 통치했다. 1899년의 독-스 조약 이후에는 독일이 국제적으로 캐롤라인 제도(현재 팔라우, 마이크로네시아 연방, 마샬 제도, 마리아나 제도를 포함하는 지역)의 지배권을 획득했다. 그 후 독일은 마샬 제도를 포함해 마이크로네시아 전역의 섬들을 독일령 뉴기니 총독의 관할하에 두었다.

 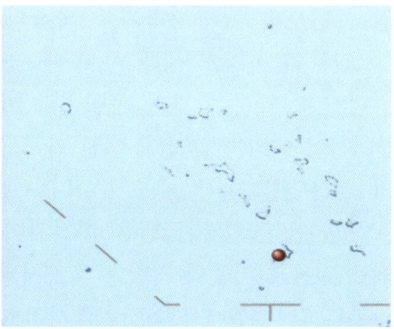

독일이 식민통치 시 행정중심지로 삼았던 잴루이트(Jaluit) 환초의 사진(NASA)과 위치 ⓒ 위키피디아

독-스 조약을 계기로 마이크로네시아 지역의 지배권은 스페인에서 독일로 넘어갔다. 스페인은 17세기 초부터 1899년까지 마이크로네시아 지역을 자국의 식민령으로 두었으나, 마리아나 제도를 제외하면 실질적인 통치는 거의 실시하지 않았다.

일본

그다음 마샬 제도를 지배한 국가는 일본이었다. 독일이 주둔하기 전부터 일본 무역상과 어부들은 마샬 제도를 종종 방문했으나 제1차 세계대전 발발 이후 이 지역을 본격적으로 지배했다.

1902년 일본은 영국과 영일동맹(Anglo-Japanese Alliance)을 체결하는데, 이는 영국과 일본이 러시아의 확장을 저지하고 동아시아에서의 양국 이권을 수호하기 위해 체결한 조약이었다. 이 동맹을 계기로 1914년 제1차 세계대전이 발발하자 일본은 독일과의 전쟁을 선포했다. 일본은 중국의 '칭다오 전투'에서 영국군과 연합해 독일군을 무찌르고 중국 산동성에 있던 독일인들을 붙잡았다. 그 후 일본 해군함대는 당시 독일이 보유하고 있던 동아시아의 함대를 공격하고, 태평양 및 인도양에서의 연합군 측 무역로를 보호하기 위해 애썼다.

일본 해군은 1914년 9월부터 독일이 점유하고 있던 마리아나 제도, 캐롤라인 제도, 마샬 제도, 팔라우 등 마이크로네시아 지역을 무력으로 점령했다. 1914년 9월 29일에는 마샬 제도의 에네웨탁 섬(Enewetak Atoll)을 점령했고, 9월 30일에는 쟬루이트 섬을 점령했다. 그 후 일본은 쟬루이트 섬과 마주로 섬에 행정적·상업적 인프라를 구축하기 시작했다.

일본의 통치기 내내 마샬 제도의 행정 중심지 역할을 했던 것은 쟬루이트 섬이었다. 일본은 과거 독일처럼 마샬 제도에서 얻을 수 있는 경제적 이익에 눈독을 들이지는 않았다. 대신 자국의 빠른 인구증가를 해소하기 위해 약 1,000명의 일본인을 마샬 제도로 이주시켰다.

일본은 직접 자국민을 파견하여 마샬 제도를 통치했는데, 이를 통해 마샬 제도 전통 리더들의 역할을 축소시키고자 했다. 일본은 마샬 제도의 모계사회를 일본과 같은 부계사회로 변환시키고자 했으나 성공하지 못했다. 1930년경에는 마샬 제도 섬들의 1/3이 일본 정부의 소유가 되었으며, 현지 도서민들은 일본식 학교에서 일본 언어와 문화를 공부했다.

제1차 세계대전이 끝나고 체결된 베르사유 조약에서 일본은 전쟁 전에 독일이 점령하고 있던 적도 이북 마이크로네시아 지역의 식민지를 공식적으로 넘겨받았다. 이 지역은 국제연맹 위임통치령 C 영역(League of Nations Class C mandate)으로서, 일본은 1919년 이 지역을 통합적으로 관리하기 위해 팔라우의 코로르(Koror)에 남양청(南洋廳)을 설립하고 관할 지역의 주요 섬들에 항공로, 부두, 학교 등 기본적인 인프라를 구축하기 시작했다.

1930년대에 일본 해군은 본격적으로 '남양 군도'에 비행장, 방호시설, 항구 및 기타 군사시설 등을 건설하기 시작했다. 일본은 이 섬들을 '가라앉지 않는 항공모함'이라 부르며, 일본 본토 방어에 핵심적인 역할을 하는 전략적 요충지로 간주했다. 이 시기에 일본이 구축한 여러 시설은 태평양 전쟁 시 일본 공군 및 해군의 중요한 거점이 된다. 1930년대에 행해진 일본의 군사설비 건설은 비밀리에 행해졌는데, 서방 국가들은 일본이 남양군도에서 무언가를 계속 짓고 있다는 것 정도는 알았지만 구체적인 사항은 확인할 수 없었다. 또한 이러한 일본의 활동은 군비 증강을 제한하는 워싱턴 해군협약을 위반하는 것도 아니었다. 국제연맹 위임통치령 영토에 대해서는 그 조약의 요건이 적용되지 않았기 때문이다.

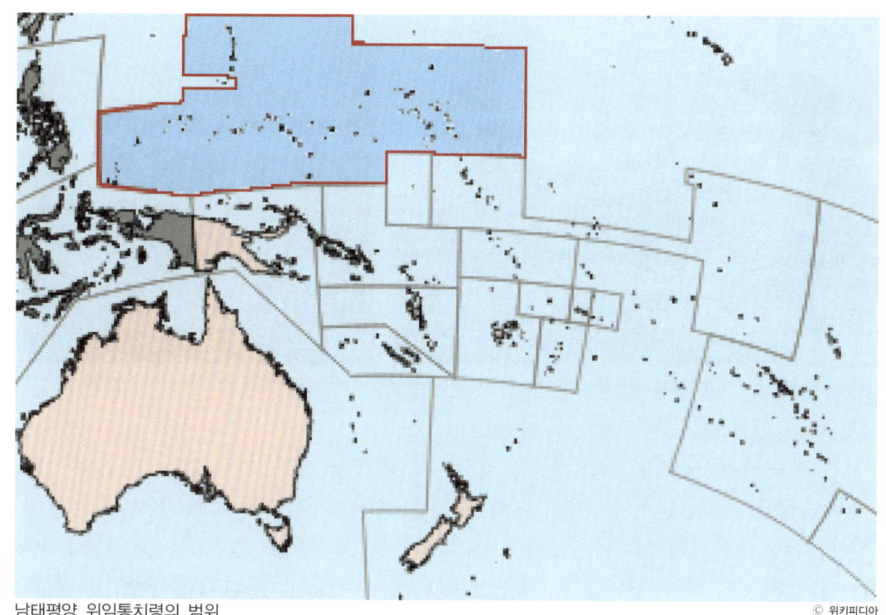

남태평양 위임통치령의 범위
국제연맹이 일본의 지배를 승인했던 지역으로, 일본은 1919년부터 1945년까지 이 지역을 실질적으로 지배했다.

미국

제2차 세계대전

일본이 진주만 공격을 몇 달 앞두고 있던 시기에 마샬 제도에 주둔하던 일본군의 거점기지는 콰잘렌 섬에 있었다. 일본은 1930년대부터 마샬 제도의 콰잘렌, 잴루이트, 에네웨탁 등의 섬에 군사시설을 건설한 상태였다.

미국은 1942년 2월 1일 마샬 제도에 대한 첫 공습을 시작했는데, 마샬 제도는 태평양 전쟁의 가장 치열한 격전지 중 하나였다. 1944년 미국은 길버트 및 마샬 제도 전투에서 일본군을 물리치고 섬들을 정복했다. 그 후 이 섬들은 미국 신탁통치령에 포함되었다.

마샬 제도는 전쟁과 폭격으로 심각한 피해를 입었다. 일본군뿐 아니라 현지 원주민들도 식량 부족과 부상으로 고통을 받았다. 미국은 1943년도 중반부터 집중적으로 마샬 제도를 공격했는데, 1945년 8월에 마샬 제도의 밀리 섬(Mili Atoll)에 주둔하고 있던 5,100명의 일본 주둔군은 식량부족으로 굶어 죽고 말았다.

1944년 콰잘렌 섬에서 일본군의 벙커를 수색하는 미군들(좌)과 1945년 콰잘렌 섬 근처를 순찰하는 항공기들(우) ⓒ위키피디아

전쟁 후의 핵실험

마샬 제도의 비극적인 현대사를 말할 때 빼놓을 수 없는 것이 핵실험이다. 1946년부터 1958년까지 미국은 마샬 제도에서 67차례 핵실험을 진행했다. 특히 비키니 환초와 에네웨탁 환초 지역에서 집중적으로 실시했는데, 1952년에는 미국 최초의 수소폭탄 실험 때문에 에네웨탁 환초군 내의 엘루겔랍(Elugelab) 섬이 통째로 파괴되기도 했다.

또 미국이 시도한 최대 규모의 핵실험인 캐슬 브라보(Castle Bravo)작전도 마샬 제도 비키니 섬에서 수행되었다. 캐슬 브라보 핵실험은 1954년 3월 1일에 수행되었는데 이때 쓰인 수소폭탄은 1945년 일본 히로시마와 나가사키에 떨어진 핵폭탄보다 1,000배 정도 더 강한 것이었다. 그 결과 1956년에는 핵에너지위원회(Atomic Energy Commission)가 마샬 제도를 "지구에서 가장 오염된 장소"라고 선포하기도 했다.

1954년 3월 '캐슬 브라보' 작전에 사용된 수소폭탄(좌)과 폭발 모습(우) ⓒ위키피디아

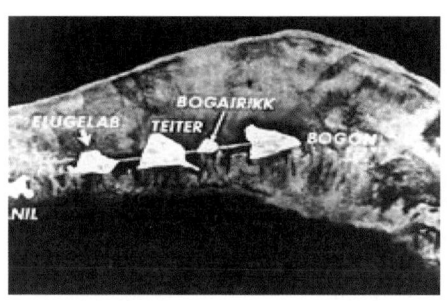 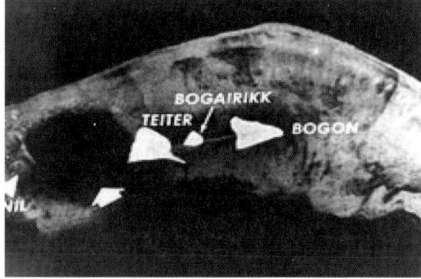

핵실험 전(좌)과 후(우)의 에네웨탁 환초군. 엘루겔랍(Elugelab) 섬이 통째로 파괴된 것에 주목할 것   ⓒ위키피디아

이 핵실험으로 마샬 제도 주민들은 각종 상해, 신체 변형, 기형아 출산 등의 후유증에 시달리게 되었다. 그 후 비키니 섬 주민들을 대상으로 방사능 낙진의 피해 정도를 조사하는 Project 4.1이라는 의학조사 프로젝트가 실시되었다. 또 1956년부터 1998년까지 약 8,000억원 이상의 피해보상액이 마샬 제도인들에게 지급되었다. 마샬 제도 주민들과 미국간의 소송은 지금도 진행 중이다.

미 태평양 신탁통치령의 탄생

마샬 제도를 포함해 일본이 지배하던 마이크로네시아 도서국들을 넘겨받은 미국 정부는 이 섬들을 어떤 식으로 통치해야 할 것인가를 고민하기 시작했다. 미국 국방부와 여러 의회의원은 공개적인 합병(annexation)을 지지했고, 미 국무부와 내무부는 전쟁으로 얻은 새 영토를 그런 식으로 취득하는 것은 부끄러운 일이라고 주장했다. 3개의 정부 부처는 한동안 갑론을박을 벌였다.

그러던 와중에 1944년 마이크로네시아를 점유한 이후 1947년 유엔신탁통치조약이 체결될 때까지 미 해군이 이 지역을 다스리기로 했다. 미 해군의 마이크로네시아 통치 정책은 '비간섭주의'였다. 1945년 미 해군에서 발표한 정책보고서에 따르면 "마이크로네시아 주민들이 자신들의 국내 사안을 처리하고, 독자적으로 정부를 운영할 수 있도록 격려, 지원해야 한다"는 것이 기본 입장이었다.

언뜻 마이크로네시아의 자율권을 존중하는 정책 같지만 이는 당시 미 정부의 현실적인 필요에서 나온 것이었다. 전쟁이 끝나고 그때까지 태평양에 배치되어 있던 많은 인력과 물자, 설비 등은 미국으로 빠져나갔고, 그래서 사실상 미 해군 본부가 방대한 마이크로네시아 지역을 직접 통치할 인적·물적 자원이 턱없이 부족했다. 그래서 이들은 비간섭주의를 내세우며 일종의 간접통치 전략을 표방했다. 그러다 1947년, 유엔은 마이크로네시아 지역을 미국의 신탁통치령으로 승인하는 조약을 체결했다. 미국으로서는 마이크로네시아 지역에 발붙일 수 있는 조금 더 확실한 명분이 생긴 것이다.

1940년대 미국이 마이크로네시아를 넘겨받으면서 맞닥뜨린 문제는 미국이 (영국이나 프랑스처럼) 판이한 문화를 가진 해외 영토를 행정적으로 통치해 본 경험이 별로 없다는 것이었다. 과거 니카라과, 아이티 등 카리브해의 몇몇 작은 나라를 지배한 적은 있지만 이는 단순히 에피소드적인 것에 불과했고 1,000개 이상의 섬으로 구성된 광대한 서태평양 지역을 통치하는 것은 다른 문제였다.

1944년부터 실질적으로 북마리아나 제도, 팔라우, 마이크로네시아 연방국, 마샬 제도의 광대한 영역을 통치하기 시작한 미 해군은 마이크로네시아 현지문화 및 전통적 사회구조를 무시한 강압적인 통치 방식으로 비판을 받았다.

20세기 초부터 일본에 넘어가지 않고 줄곧 미국의 통치를 받았던 괌의 차모로(Chamorro) 커뮤니티를 조사한 뒤, 유명한 보고서를 냈던 사회학자 로라 톰슨(Laura Thompson)은 미 해군의 일방적인 괌 지배가 현지문화를 파괴하고, 자생적인 민주주의 및 자치정부 구성 능력을 심각하게 훼손했다고 비판했다. 또한 당시 태평양 지역에 파견된 미 해군 소속의 사회학자였던 존 유심(John Useem)은 미국이 마이크로네시아 도서민들을 일본의 압제에서 해방시킨 해방자라고 주장하지만, 그와 동시에 매우 불필요한 강압적 통제를 하고 있다고 비판하기도 했다. 그는 마이크로네시아 도서민들이 미국인들을 해방자라고 보고 있지도 않을 뿐더러, 자신들의 전통적인 삶의 양식을 훼손하는 방해자라고 느끼고 있다고 지적했다.

마샬 제도의 에네웨탁섬에서 행해졌던 구술 인터뷰에 따르면 도서민들은 미 해군의 막강한 위용에 깊은 인상을 받았지만 미군의 태도와 각종 통제에 불쾌해하고 있었다. 그들은 미국인들을 강하고 지적이며, 부유한 사람들로 여겼지만 동시에 자신들의 절박한 문제에 아무 관심이 없는 이들이라고 생각했다.

그 후 미국 정부는 대략 1945년 말부터 마이크로네시아의 사회구조, 문화, 자연환경 등에 대한 조사를 실시한다. 그 목적은 마이크로네시아 지역에 대한 이해를 통해 이 지역을 효율적으로 통치, 관리하기 위해서였다. 이 조사에는 인류학자들이 대거 투입되었는데, 이때 미국에서 수행한 프로젝트 중 가장 중요한 것으로는 USCC 프로젝트와 CIMA 프로젝트가 있다. 당시 미국이 마이크로네시아 지역의 자연, 지리, 문화, 사회구조 등을 이해하기 위해 실시했던 주요 프로젝트는 USCC(1946.5~8), CIMA(1947.7~1949.1), 인류학자 행정직 파견, SIM(1949~1951) 등이다.

1946년 5월부터 8월까지 미 해군의 지원하에 미 상업회사(US Commercial Company)에서는 마이크로네시아 지역에 대한 경제조사를 실시했다. 당시 하버드 대학의 인류학자였던 더글러스 올리버(Douglas Oliver)가 총 책임을 맡았고 약 20명의 인류학자와 사회학자가 참여해 마이크로네시아 지역의 경제 현황 및 다양한 민족지적 자료들을 수집했다. 이렇게 완료된 USCC 보고서는 총 20권 분량이 되었으며 1947년 5월 21일 태평양 군 사령부 사령관에게 전달되었다.

공식 기록에 따르면 미국 해군본부는 이 프로젝트 결과에 만족했지만 "마이크로네시아 주민들에 대한 행정 통치에서 불거질 장기적인 문제들을 고려할 때, 마이크로네시아의 여러 문화적 측면에 대한 더 방대한 연구와 조사가 필요하다"는 평가를 내렸다.

그 결과 1946년 태평양과학위원회(Pacific Science Board)가 설립되어 태평양과학과 관련된 연구장려, 정부 자문, 국제협력 강화 등을 수행하게 된다. 1947년에는 태평양과학위원회가 주축이 되고, 당시 해군 소속의 인류학자였던 머독(Murdock)을 총 책임자로 하는 '마이크로네시아 인류학 공동조사(CIMA: Coordinated Investigation of Micronesian Anthropology) 프로젝트가 실시된다.

CIMA 프로젝트(1947.7~1949.1)

CIMA는 미국이 마이크로네시아에서 실시한 사회문화 및 인류학 연구 프로젝트로, 개별 정부가 주도했던 세계 최대의 인류학 현지조사 프로젝트이다. CIMA 프로젝트는 1947년 7월부터 1949년 1월까지 실시되었으며, 조사기금은 해군연구사무소(Office of Naval Research), 바이킹 기금, 기타 기관들에서 모집했다. 이 프로젝트에 참여한 연구진은 총 41명이었으며, 25명의 문화인류학자, 4명의 체질인류학자, 4명의 언어학자, 3명의 지리학자, 2명의 사회학자, 2명의 외과의, 1명의 식물학자로 구성되어 있었다. 이들은 각각 약 20개의 대학 및 박물관 등 출신으로 약 2년간 마이크로네시아의 여러 분야에 대한 광범위한 현지조사를 실시하게 된다.

CIMA 프로젝트는 기본적으로 미 해군 본부의 마이크로네시아 통치를 위한 행정적 목적으로 실시되었다. 이 프로젝트에서 최종적으로 32권의 보고서와 100편이 넘는 논문이 발표되었는데 그 안에는 각가 마이크로네시아의 친족구조, 정치조직, 인지빙식, 경제직 교환 패턴, 이 외의 다양한 민족지적 사실이 포함되어 있었다.

연구자들은 '미국의 안보'에 영향을 미치지 않는 한도에서 연구주제를 자유롭게 선정할 수 있었지만, '연구비는 기본적으로 미 정부의 마이크로네시아 행정통치에 도움이 되는 순서에 따라 차등적으로 분배'되었다. 정부에서 실시한 프로젝트였기 때문에 '학문의 자유'를 어느 정도 행정적 요구에 맞춰야 할 필요성이 있었고, CIMA 프로젝트에 참가한 학자들과 미 해군 본부의 직원들 사이에 약간의 갈등이 일어나기도 했다. 그러나 참여한 연구진들의 규모나 조사기간, 결과물 등을 놓고 볼 때 CIMA 프로젝트는 미국이 마이크로네시아에서 주도한 최대의 인류학적 현지조사 사업이었다. 현대 인류학의 역사에서 한 지역이 이렇게 체계적으로 조사된 적은 없었다고 볼 수 있다. 또한 CIMA 프로젝트에 참여한 인류학자들이 미국으로 돌아와 대학 등에서 후진을 양성하면서, 마이크로네시아 지역 대상 인류학자들을 꾸준히 길러 냈다는 점에서도 그 영향력이 가장 컸던 프로젝트이다.

CIMA 프로젝트가 완료된 후, 미 해군본부는 마이크로네시아 지역의 사회문화뿐 아니라 자연과학 분야에 대한 연구도 실시하기 위해 마이크로네시아 과학조사(SIM : Scientific Investigation of Micronesia) 프로젝트를 실시한다. 여기서는 31명의 연구자가 각각 인류학·식물학·삼림학·지리학·지질학·해양생태학·척추동물 생태학 등의 여러 분야에 초점을 맞추어 마이크로네시아 지역을 연구했다.

CIMA 프로젝트에서 방대한 양의 보고서가 작성되는데, 곧 이 보고서를 어떻게 식민지 행정에 적용할 것인가 하는 문제가 발생한다. CIMA 보고서들은 "행정가들이 아니라 전문 사회과학자들을 대상으로 작성되었기"(J. Fisher, 1979) 때문이다. 그래서 미국 정부는 CIMA 자료들을 식민지 행정에 적합하도록 분석·정리하고, 미 태평양도서국 신탁통치령의 행정 지원을 할 수 있는 인류학자들을 채용하여 마이크로네시아의 각 지역에 파견하기로 한다. 이들은 지역 인류학자(district anthropologist)로 불렸는데 각 지역에 파견되어 그 지역의 행정관들을 보조했다. 이 지역 인류학자들은 1950년부터 파견되어 1950년대 내내 활동하게 되는데, 총 11명의 인류학자들이 각 지역으로 파견되었다. 몇몇 사례를 들면, 마샬 제도의 비키니 섬에는 레오나드 메이슨(Leonard E. Mason)와 로버트 키스테(Robert C. Kiste), 에네웨탁섬에는 잭 토빈(Jack A. Tobin)과 로렌스 카루치(Lourence M. Carucci)가 파견되었고, 마이크로네시아 연방국의 축과 폰페이 주에는 잭 피셔(Jack Fisher), 폰페이 주는 앨프리드 파이팅(Alfred Whiting), 리처드 에머릭(Richard Emerick), 팔라우에는 해리 우에하라(Harry Uyehara), 로버트 맥나이트(Robert McKnight), 사이판에는 로버트 솔렌버거(Robert Solenberger) 등이 파견되었다.

1950년대 마이크로네시아에 파견된 지역 인류학자들의 기록에 따르면, 그들과 행정관료들의 사이는 썩 좋지 못했다. 몇몇 행정관료는 인류학자들이 현지 조사를 위해 주민들과 스스럼없이 가깝게 지내는 것을 이해하지 못했다. 또한 실제 식민지를 다스릴 때 행정관료들은 인류학자들의 충고나 제안을 달가워하지 않았고, 기본적으로 '원주민들은 원주민들이 속한 땅에 두어야 한다' 는 믿음을 가지고 있었다. 원주민들은 철저한 타인이라는 생각이 우선이었던 것이다. 이 외에 인류학자와 주요 정보제공자(원주민) 사이의 대화와 관련된 기밀성 문제도 제기되어 미 태평양도서국 신탁통치령 헌법 342조에 기밀성 관련 조항이 추가되기도 했다.

안보거점으로서의 인식

1947년에 마이크로네시아를 유엔 신탁통치령 자격으로 획득한 미국은 마이크로네시아를 공개적으로 합병하는 대신 이 지역의 안보 및 국방의 전략적 중요성에 주목하기 시작했다. 1947년 '해외영토에 대한 미 상원위원회' 회의에서 아이젠하워 장군은 마이크로네시아 지역에 대한 미국의 속내를 매우 분명하게 표현했다. 그는 "이 섬들은 모래톱(sandspit) 외에 아무것도 아니다. 경제적 가치도 거의 없다. 우리의 유일한 관심은 안보적인 것이다"라고 언급했다.

그러다 1950년대 미국과 소비에트 연방 사이의 냉전체제가 형성되기 시작하면서, 서태평양의 지정학적 중요성을 이미 오래전에 인식한 미국은 마이크로네시아 전역을 삼엄하게 통제하기 시작했다. 미국은 1950년대 내내 (그리고 1960년대 초반까지) 마이크로네시아 지역으로의 외부인 접근을 엄격히 차단했다. 미국인 중에서도 마이크로네시아로 갈 수 있었던 사람들은 미 연방정부 관료, 군 관계자, 몇몇 인류학자 등이었고, 일반 미국 시민들도 이 지역으로 여행하려면 허가증을 얻어야 했다. 이러한 접근 제한은 미 해군의 삼엄한 경비 속에 수행되었다. 국제안보상의 이유로 미국이 마이크로네시아에 부과했던 모든 제한조치는 결과적으로 미국령 마이크로네시아를 더 큰 태평양 지역사회 및 국제사회로부터 고립시키는 결과를 가져왔다.

미 태평양 신탁통치령의 공식 인장 ⓒ위키피디아

그러나 냉전시대가 도래하고 이와 더불어 미국이 마이크로네시아의 전략적·안보적 중요성을 인식했다고 해서 마이크로네시아에 많은 관심과 공을 들인 것은 아니다. 1950년대 미국의 태도는 '젠틀한 방치 Benign Neglect'에 가까웠다. 마이크로네시아가 가져다주는 전략적 이익이 계속 유지되는 한 미국에게 마이크로네시아는 중요한 관심 대상국가가 아니었다. 물론 1950년대에 몇몇 의료, 교육 설비가 마련되고 기본적인 지방 입법기관이 만들어졌지만 미국이 마이크로네시아에 배정한 예산이 너무 적었기 때문에 지역 경제발전은 거의 이루어지지 않았다. 또 당시 미국 식민 행정부는 임시 과도정부와 비슷해서 지역 발전을 위한 계획은 거의 존재하지 않았다. 물론 1950년대 미국은 마샬 제도에서 핵실험을 실시하기도 했고, 북마리아나 제도에서 CIA 직원들이 중국 국민정부 요원들을 극비리에 훈련시키기도 했다.

거의 방치에 가까운 행정통치, 외부인의 출입을 엄격히 통제했던 전략적 폐쇄 정책, 인류학자들의 현지 임용 등 여러 사항을 종합해 보면, 1950년대에 마이크로네시아는 심하게 표현해 미국의 '인류학적 동물원'으로서 기능하고 있었다는 평가도 있다.

급격한 미국화의 진행

1960년대는 마이크로네시아 지역에 중요한 전환점이 되는 시기였다. 미국이 태평양신탁통치령 섬들에 대한 통치 정책을 크게 변화시켰기 때문이다. 그 계기가 된 것은 1961년 유엔(UN) 시찰단의 마이크로네시아 방문이었다. 시찰단은 미국이 신탁통치 중이던 여러 섬을 둘러보고 미국의 식민지 현황을 격렬하게 비판했다. 여기에 대한 대응으로 당시 케네디 행정부는 미 태평양 도서국 신탁통치령에 배정되던 연간 예산을 2배로 증액시켰다. 그리고 곧 마이크로네시아 지역의 서구화(미국화) 작업이 잇따랐다. 이로 인해 마이크로네시아는 사회적·경제적으로 더 깊이 미국에 의존하게 되었다.

케네디의 뒤를 이은 존슨 내각에서도 신탁통치령에 대한 예산은 증가했다. 태평양과 카리브해에 있던 미국의 신탁통치령은 존슨 대통령이 말한 "커다란 미국사회(Great Society)"의 범주 안에 포함되었다. 당시 미 신탁통치령에서 행해지던 미국 정부의 프로젝트들은 160여 개 이상이었다. 1980년대 중반에 이르면 미 신탁통치령에 배정되는 연간 예산이 1억 1천만 달러에 달하게 된다.

1961년 유엔(UN) 시찰단의 비판은 정치 영역에서의 변화도 불러일으켰다. 1950년대에 마이크로네시아 지역 추장들이 미 신탁통치 행정부의 자문을 몇 번 해 준 적이 1961년경에는 이들이 미국식 민주주의 및 자결권 원칙을 염두에 두고 태평양신탁통치령 전역에 걸친 입법기관 설립을 위해 로비 활동을 벌였다. 그 결과 1965년 마이크로네시아 의회(Congress of Micronesia)가 출범했다. 다음해 이 의회의 지도자들은 미국 존슨 대통령에게 청원을 보내 미 신탁통치령의 정치적 미래를 탐구하기 위한 위원회를 설립해 달라고 건의했다. 그러나 존슨 대통령은 대답하지 않았고 1967년 마이크로네시아 의회 의원들은 자체적으로 마이크로네시아 정치현황위원회(Micronesian Political Status Commission)를 설립했다. 그 과정에서 하와이 대학의 정치학 박사였던 노먼 멜러(Norman Meller)가 위원회의 자문 및 교육 위원으로 선임된다. 그는 향후 마이크로네시아 연방국의 초기 헌법제정에서도 자문위원으로 참여한다.

1960년대에 미국이 태평양 신탁통치령에서 행했던 여러 프로젝트는 조그만 섬나라 커뮤니티에는 적합한 것이 아니었다. 이들은 마이크로네시아 고유 문화와 사회를 훼손시켰다는 평가를 받는다. 미국식 교육 시스템은 태평양 신탁통치령 최대 산업이 되었고, 정부 관료조직 역시 비대하게 성장하기 시작했다. 도시화도 급속히 진행되어 섬 주민들은 원래 살던 마을을 떠나 취직, 교육, 여가, 의료 및 기타 현대문명의 혜택을 누리려고 도시로 빠져나가기 시작했다. 전체적으로 볼 때 미국에 대한 마이크로네시아의 의존도는 더욱 커졌다. 태평양에서 피지배국이 지배국에 극도로 의존하게 된 두 사례를 들자면 프랑스령 폴리네시아(프랑스)와 마이크로네시아(미국)를 꼽을 수 있다.

독립

1960년대 중반부터 미국은 베트남전에 참여하고 서태평양 지역에서의 방위 계획을 수립하게 되었다. 이 과정에서 1969년 미 태평양신탁통치령의 미래에 대한 협상이 시작되었다. 처음에 미국은 신탁통치령으로 다스리던 섬들을 미 연방(commonwealth)으로 편입시키는 안을 선호했다. 그러면 사실상 이 섬들은 미국의 해외영토에 편입되어, 미국이 전략적 이유든 다른 이유로든 어떤 식으로든 이 섬들에 대한 지배권을 유지할 수 있었다. 그러나 이 안은 몇몇 마이크로네시아 리더들이 거부했다. 대신 그들은 그 뒤에 자유연합협정(Free Association)이라 불리게 될 안을 지지했다.

1971년과 1972년 미국은 신탁통치령 내의 태평양 도서국들과 자유연합협정에 대해 논의했지만 이 섬나라들의 독립을 결코 진지하게 고려하고 있지는 않았다.

한편, 이 시기에 미국은 광대한 신탁통치령 지역에서도 더 중요한 지역과 덜 중요한 지역을 구분해서 인식하기 시작했다. 미국에 이익이 되는 무언가를 가진 지역('Haves')과 그렇지 못한 지역('Have Nots')을 나누어서 인식한 것이다.

미국 입장에서 '무언가를 가진 지역'은 세 지역이었다. 하나는 콰잘렌 환초의 미사일 기지 덕분에 매우 높은 전략적 가치를 갖게 된 마샬 제도이며, 나머지

둘은 미국의 서태평양 방위선에서 핵심 역할을 하는 북마리아나 제도와 팔라우였다. 그 뒤 이 세 지역은 조금 더 우월한 입장에서 미국과 향후의 정치적·경제적 향방에 대해 협상을 하게 된다.

반대로 미국 입장에서 그다지 흥미로울 게 없는 '가지지 못한 지역'은 모두 네 곳으로, 즉 오늘날 마이크로네시아 연방국으로 묶여 있는 축 주, 코스레 주, 폰페이주, 그리고 얍 주이다.

그러나 1960년대에 미국이 급속하게 진행시키려 했던 마이크로네시아의 미국화는 여러 지식인에게 실망을 안겨 주었다. 특히 미국의 전략적 이익만 생각해 태평양 섬나라들의 정치적 향방을 결정하려는 태도는 많은 사람의 비판을 불러일으켰다. 미국의 베트남전 개입에 대한 반대운동이 거세게 벌어지던 무렵이었다.

과거 미 정부 소속으로 마이크로네시아에 파견된 인류학자들 사이에서도 비판의 목소리가 터져 나왔다. 토머스 글래드윈(Thomas Gladwin) 같은 인류학자는 1950년대 마이크로네시아 미 식민 행정부에서 했던 작업을 후회한다고 말했고, 그 뒤 젊은 인류학자들도 미국에서 1940~1950년대 마이크로네시아에서 수행했던 국가 주도의 인류학 사업을 비판했다. 그 사업들이 마이크로네시아 주민들의 피지배 상태와 종속성을 강화시키는 데 기여했을 뿐이라는 것이다.

그러던 중 1975년에 북마리아나 제도에서 미 연방제 편입 여부를 두고 주민투표가 실시되었다. 그 결과 1976년 북마리아나 제도는 미 연방으로 편입되어 북마리아나 제도연방(CNMI: Commonwealth of the Northern Mariana Islands)이 되었다.

한편, 마샬 제도, 마이크로네시아 연방국, 팔라우에서는 1983년경에 주민투표를 통해 미국과의 자유연합협정 체결이 이루어졌다. 자유연합협정이란 태평양 도서국들이 미국에 몇 가지 특혜를 주는 대신, 미국은 반대로 이 도서국들에게 국내 및 외교 문제를 모두 처리할 수 있는 자치정부를 허용하고, 재정적 지원과 이 외의 여러 서비스를 제공하는 관계를 말한다. 이때 태평양 도서국들이 미국에 베푸는 특권 중 가장 큰 것은 미국이 이 섬나라들의 국방을 책임지고, 유사시 외부인 출입을 금지시킬 수 있으며, 섬에다 군사기지를 설치하고 군사훈련을 실시할 권리를 갖는다는 것이었다. 마샬 제도와의 협정에서는 콰잘렌 섬의 미국 미사일 기지를 그대로 유지하기로 했다. 결국 마이크로네시아 연방국과 마샬 제도의 자유연합협정은 1985년, 미 의회에서 비준되어 두 나라는 1986년부터 독립국이 되었다.

팔라우의 행보는 조금 달랐다. 마이크로네시아 연방국이나 마샬 제도처럼 팔라우 역시 주민투표 후 과반수 이상이 찬성하면 자유연합협정을 체결할 수 있었다. 그러나 팔라우에 핵무기 배치를 금지한다는 팔라우 헌법이 자유연합협정의 조항과 충돌을 일으켰다. 협정에 따르면 미국은 전략적 이유를 근거로 핵무기를 자유연합협정국에 배치할 수 있어야 하기 때문이다. 팔라우에서는 헌법을 수정하려면 주민투표를 실시하여 주민의 3/4 이상의 동의를 얻어야 했다. 1983년 첫 주민투표가 실시되었고, 그 후 10여 년에 걸쳐 7차례 주민투표가 실시되었지만 헌법 수정을 위한 3/4 득표수를 얻는 데 실패했다. 그러다 1993년에 극적으로 팔라우 헌법이 수정되었고, 그다음에 팔라우는 미국과 자유연합협정에 근거한 자치국이 되었다.

태평양 정체성(pacific identity)의 형성

드넓은 대양에 광대하게 펼쳐져 있는 태평양의 섬 주민들 사이에서 '태평양 도서민(Pacific Islander)'로서의 정체성이 싹트기 시작한 것은 유럽인들의 진출 이후이다. 유럽인들이 태평양으로 진출하면서 '태평양 도서민'과 '비도서민(Non-Islander)'이라는 개념 구분이 생겼고 서구 열강들의 식민지배가 끝난 뒤에도 이러한 구분은 이어졌다.

제2차 세계대전이 끝날 무렵에도 태평양 도서민들 사이에 공유되는 정체성은 아직 없었다. 오히려 에펠리 하우오파(Epeli Hau'ofa) 같은 학자들이 지적하듯 서구 열강들의 식민지배는 태평양 도서민들을 서로에게서 고립시키는 효과를 낳았다. 가장 대표적인 예가 마이크로네시아이다.

처음에 독일이 지배하던 마이크로네시아 지역은 1919년, 국제연맹 위임통치령(League of Nations Mandated Territory)이 되어 일본이 넘겨받았다. 그 후 마이크로네시아 섬들은 일본과 긴밀하게 연결되었고, 나머지 태평양 지역과는 거의 교류를 하지 못했다. 그보다 20년 전에는 괌 역시 미 해군의 영토가 되어 다른 태평양 지역과의 교류를 차단당했다.

마이크로네시아 지역의 고립은 세계대전이 끝난 후에도 20년 이상 지속되었다. 이 지역은 1947년부터 약 40년간 미국의 신탁통치령(Trust Territory of the Pacific Islands)[7]이 되었는데 미국과 소련의

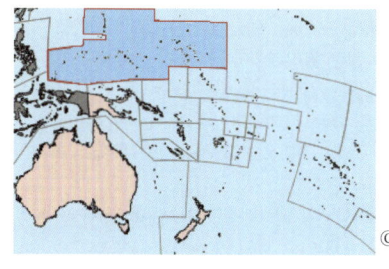

7) 이 지역은 미국이 1947~1986년까지 지배했던 서태평양, 마이크로네시아 지역의 섬들로, 정식 명칭은 태평양 도서국 신탁통치령(TTPI : Trust Territory of the Pacific Islands)이다. 이전에는 국제연맹 위임통치령(League of Nations Mandated Territory)으로서 일본이 1919년부터 1944년까지 지배했으나, 1944년 미국으로 지배권이 넘어갔고 1947년부터 미국의 신탁통치령이 되었다. 신탁통치령의 범위는 약 770만 km²의 광대한 바다에 흩어진 2,000개 이상의 섬인데, 오늘날의 마이크로네시아 연방국, 팔라우, 괌, 사이판, 마샬 제도를 포함하고 있었다.
태평양 도서국 신탁통치령(TTPI)

ⓒ 위키피디아

냉전시대에 매우 중요한 미국의 전략적 요충지로 여겨졌고, 그 결과 1960년대까지 마이크로네시아 지역으로의 외부인 출입이 엄격히 금지되었다. 이 시기에는 미국인들조차 마이크로네시아로 자유롭게 드나들지 못했는데, 해외 신탁통치령을 관리하는 미국의 공무원, 해군, 미국 정부가 허가를 내준 인류학자들 정도가 이 시기에 마이크로네시아로 드나들었다. 당연히 마이크로네시아 주민들은 다른 태평양 주민들과 접촉하지 못했고 그 무렵 태동하던 태평양 지역의 지역적 흐름에서 소외되었다. 그러다 1947년 당시 태평양 지역을 식민통치하던 6개의 서구 열강, 즉 호주, 프랑스, 네덜란드, 뉴질랜드, 영국, 미국이 "남태평양 도서민들의 복지 증진 및 사회경제적 개선을 위한 국제적 협력강화"를 목표로 남태평양위원회(South Pacific Commission)을 창설했다. 1950년에 위원회에서 개최한 제1회 남태평양학회가 열렸는데, 여기서 그동안 한 번도 한자리에 모인 적이 없던 여러 태평양 국가들의 대표가 서로 얼굴을 맞대고 모이게 되었다. 범태평양적인 어떤 것, 우리가 태평양 정체성이라 부르는 무엇인가가 처음으로 싹을 틔운 것이다. 하지만 안타깝게도 이 학회에는 여전히 미국 신탁통치령 마이크로네시아의 대표자는 참석하지 못했다.

폴리네시아와 멜라네시아 간의 알력다툼과 마이크로네시아의 소외

유럽인들과의 접촉으로 범태평양적인 정체성이 막 싹트기 시작하면서 동시에 태평양 지역 간의 알력 관계도 불거졌다. 주요 대상은 폴리네시아와 멜라네시아였고, 여전히 마이크로네시아는 약 20~30년간 태평양 지역의 전체적 정치적 구도 속에서 제외되어 있었다.

폴리네시아인들은 오랫동안 자신들이 멜라네시아인보다 우월하다고 생각했다. 그건 유럽인들과의 접촉에서 생겨난 상대적인 자기상(self-image)이었는데, 유럽인들은 얼굴색이 멜라네시아인들보다 밝고, 덩치도 훨씬 더 큰(쉽게 말해 유럽인들과 조금 더 닮은) 폴리네시아인들을 선호했고, 폴리네시아 지역 특유의 문화와 엄격한 추장 통치 시스템을 높이 평가했다. 마리아나 제도의 차모로 주민들을 제외하면 태평양에서 가장 먼저 기독교로 개종한 지역도 폴리네시아였다. 그래서 유럽인들이 멜라네시아 지역에 기독교를 전파할 때 폴리네시아 원주민들을 같이 데려간 것도 이러한 우월감의 근거가 되었다.

서구 열강들로부터의 독립에서도 폴리네시아가 한 발 빨랐다. 1962년 폴리네시아에 속한 웨스턴 사모아(오늘날의 사모아)는 태평양 지역 최초의 독립국이 되었다. 그 뒤 약 10년 사이에 5개 나라가 독립했는데 그중 3개가 폴리네시아 지역(쿡 제도-1965, 통가-1970, 니우에-1974)이었고, 1개가 마이크로네시아 지역(나우루-1968)이었으며, 나머지 하나는 폴리네시아와 멜라네시아의 경계에 있는 피지(1970)였다. 그 뒤 1970년대 들어와서 대부분의 멜라네시아 국가들이 독립했다.(파푸아뉴기니-1975, 솔로몬 제도-1978, 바누아투-1980).

마이크로네시아는 독립에서도 가장 늦었는데 마이크로네시아 연방국(FSM)은 1986년, 팔라우는 1994년이 되어서야 미국과의 자유연합협정을 체결한 자치국이 되었다.

독립 후 각 지역별 연합체 창설 움직임도 활발해졌는데 여기서도 제일 빨랐던 것은 폴리네시아였다. 1940년대 만들어진 남태평양위원회가 시대에 뒤처지자 갓 독립한 폴리네시아 국가들은 호주와 뉴질랜드를 끌어들여 1971년 남태평양포럼(South Pacific Forum)을 창설했다. 창립 멤버는 피지, 나우루, 통가, 사모아, 호주, 뉴질랜드였고, 그 후 멜라네시아 국가들이 대거 참석했다. 이 포럼은 곧 태평양의 가장 중요한 지역기구로 부상했는데 오늘날 태평양 지역의 가장 영향력 있는 지역기구인 태평양국도서포럼(PIF)의 전신이 바로 이 남태평양포럼이다.

1986년에는 파푸아뉴기니, 솔로몬 제도, 바누아투의 수상들이 모여 멜라네시아 선진그룹(Melanesian

Spearhead Group)을 창설했다. 이들은 남태평양포럼과 같은 태평양 지역의 장에서 멜라네시아 국가들 끼리의 연대를 표현하고 그들의 이익을 수호하고자 했다.

마이크로네시아는 지역기구 창설에서도 가장 늦었다. 1996년, 마이크로네시아 국가들(북마리아나 제도, 마이크로네시아 연방국, 괌, 키리바시, 나우루, 팔라우, 마샬 제도)의 수장들이 괌에 모여 역사상 최초로 마이크로네시아 정상위원회(Council of Micronesian Chief Executives)를 창설했다. 이것이 마이크로네시아 지역의 이익을 대변하는 최초의 지역기구 창설이다.

마샬 제도의 아이들   ⓒ 박흥식

태평양 문화권의 특징

구 분		멜라네시아	폴리네시아	마이크로네시아
신체적 특징		− 키가 작고 피부색이 검어 아프리카 흑인들과 흡사함 (남성 평균 신장이 약 160cm) − 머리칼이 곱슬곱슬함	− 골격과 덩치가 크고(특히 통가, 사모아, 하와이 인들) 피부색이 태평양 도서민 중 제일 밝음 − 머리칼은 직모이거나 곱슬곱슬함	− 멜라네시아인들보다 키가 크고 피부색이 엷음 − 팔라우나 마이크로네시아 얍 주의 주민들은 멜라네시아인과 용모가 비슷함 − 마리아나 제도 주민들은 아시아인과 용모가 비슷함
		현 솔로몬 제도 수상 고든 다르시 릴로 (Gordon Darcy Lilo)	현 사모아 수상 아이오노 투일라에파 (Aiono Tuilaepa)	현 팔라우 대통령 토미 레멩게사우 (Tommy Remengesau)
지리적 특징		− 국토면적이 넓고 다양한 지형 존재 − 풍부한 광물자원 존재	− 외딴 태평양상에 위치 − 화산기원 및 산호기원섬들로 구성됨	− 크기가 작은 섬들이 넓은 바다에 흩어져 있음 − 작은 환초섬들이 많음
문화적 특징		− 다양한 부족과 언어 − 주술, 마나 등 초자연적 힘에 대한 믿음이 강함	− 강력한 추장제와 엄격한 위계적 사회 − 혈통과 가문의 중시	− 뚜렷한 모계사회 전통 − 섬들 간의 느슨한 연대
주요 국가		파푸아뉴기니, 솔로몬 제도, 바누아투 등	사모아, 통가, 하와이 등	팔라우, 마이크로네시아 연방국, 마샬 제도 등
총인구		500만 이상	약 50만	약 20만
토착어		1,000개 이상	약 20여 개	약 10여 개
지역기구		멜라네시아 선진그룹(Melanesian Spearhead Group, 1986)	남태평양포럼(South Pacific Forum, 1971)	마이크로네시아 정상위원회 (Council of Micronesian Chief Executives, 1996)
독립시기		1970년대	1960~1970년대	1980~1990년대
공통점		1. 토지 및 친족, 마을 커뮤니티가 개인의 삶에 매우 큰 영향을 미침(개인의 정체성은 그 자신의 것이 아니라, 그가 거주하는 지역과 그가 다른 사람들과 맺고 있는 관계의 산물이라는 인식이 강함) 2. 전통적 권력 시스템(추장제)과 서구적 정치제도(의회 또는 공화제)가 공존하며, 때로 갈등을 일으킴(전통적 권력이 서구 정치제도에 서서히 흡수되는 경향) 3. 영국, 미국, 프랑스 등 서구 열강들의 식민 지배를 경험(통가는 예외) 4. 광대한 해양관할권 및 해양수산자원 보유(열수광상, 망간단괴 등 심해저 자원의 개발 가능성이 막대할 것으로 예상되며, 오늘날 전 세계 참치 생산량의 약 60%가 태평양에서 생산됨[Western and Central Pacific Fisheries Commission 통계(2012)[8]] 5. 국제적 기준으로 볼 때 대부분이 저개발된 국가들로, 주요 경제수입원은 해외원조 및 참치 조업권 판매임		

---

8) http://www.daff.gov.au/fisheries/international/wcfpc

chapter 02

마샬 제도의 이해

01 국가 일반사항

1. 명칭
- 공식명칭 : 마샬 제도 공화국(Republic of the Marshall Islands)
- 일반명칭 : 마샬 제도 (Marshall Islands, Aolepān Aorōkin Ṃajeḷ)

마샬 제도의 국기와 국장

마샬 제도의 국기는 가로 세로 비율이 19:10으로 거의 2:1이다. 짙은 파란 배경은 태평양을 뜻하며 왼쪽에서 오른쪽 위로 펼쳐지는 사선은 적도를 의미한다. 왼쪽 위에 있는 하얀 별은 북반구의 섬들을 표현하고 있다. 상징적인 의미에서는 사선의 하얀색과 주황색은 각각 일출과 일몰, 그리고 평화와 용기를 의미한다. 또 하얀 별은 그리스도교의 십자가를 나타내며 24개의 광선들은 마샬 제도의 24개 행정구역, 4개의 큰 광선들은 마샬 제도의 주요 도시인 마주로(Majuro), 잘루잇(Jaluit), 워트제(Wotje), 이베예(Ebeye)를 나타낸다. 마샬 제도의 첫 번째 영부인 에믈라인 카부아(Emlain Kabua) 여사가 디자인했으며 1979년 5월 1일에 채택되었다.

마샬 제도의 국장은 1986년에 채택되었다. 바다를 상징하는 파란색 배경을 바탕으로 천사가 날개를 펼치고 있는데 이것은 평화를 상징하는 것이다. 천사 뒤에는 2개의 섬이 표현되어 있고 아웃 트리거 카누와 야자나무가 그려져 있다. 천사의 오른쪽 날개 위에는 마샬 제도의 전통 해도가 나와 있고, 국장 위에는 "마샬 제도 공화국"이라는 글자가 새겨져 있다. 국장 아래에는 마샬 제도어로 "Jepilpin ke Ejukaan"(공동의 노력을 통한 성취) 라는 국가의 모토가 새겨져 있다.

2. 지리

- 경위도 : 9°00´N 168°00´E
- 수도 : 마주로(Majuro)
- 위치 : 북반구 서태평양에 위치해 있고 서쪽으로는 마이크로네시아 연방국, 북쪽으로는 웨이크 섬(Wake Island), 남동쪽으로는 키리바시(Kiribati), 남쪽으로는 나우루(Nauru)와 경계를 접하고 있음.
- 면적 : 182㎢(우리나라 제주도의 약 1/10 크기)
- 연안 길이 : 370.4km
- 구성 : 34개의 섬(29개의 환초섬과 5개의 기타 섬)으로 이루어져 있으며, 이 외에 사람이 거주하지 않는 1,000여 개의 작은 섬이 있음.
  - 29개의 환초섬은 크게 동쪽의 'Ratak(일출) 제도'와 서쪽의 'Ralik(일몰) 제도'로 구성됨.
- 토양 : 산호초 기원 석회질 토양 또는 모래
- 농지 비율 : 11%
- 평균 해발고도는 약 2m. 최고 해발고도는 리키엡(Likiep) 섬의 10m
- 시간대(Time Zone) : GMT+12(한국보다 3시간 빠름)

3. 주민

- 인구 : 5만 3,158 명(2011년 기준)
  - 남자 2만 7,243명, 여자 2만 5,915명
  - 수도 마주로의 인구는 약 2만 500명
  - 마샬 제도의 인구는 외부 질병으로 인해 급격히 감소했다가 제2차 세계대전 후 의료 시스템 구축으로 다시 증가함.
  - 마주로와 이베예(Ebeye)에 인구 집중(약 74%, 3만 9,337명)

Ratak 제도의 섬 인구 3만 925명(1999)	Bokak(Taongi) • Bikar • Utirik • Toke • Mejit • Ailuk • Jemo • Likiep • Wotje • Erikub • Maloelap • Aur • Majuro • Arno • Mili • Knox(Nadikdik)
Ralik 제도의 섬 인구 1만 9,915명(1999)	Bokak(Taongi) • Bikar • Utirik • Toke • Mejit • Ailuk • Jemo • Likiep • Wotje • Erikub • Maloelap • Aur • Majuro • Arno • Mili • Knox(Nadikdik)

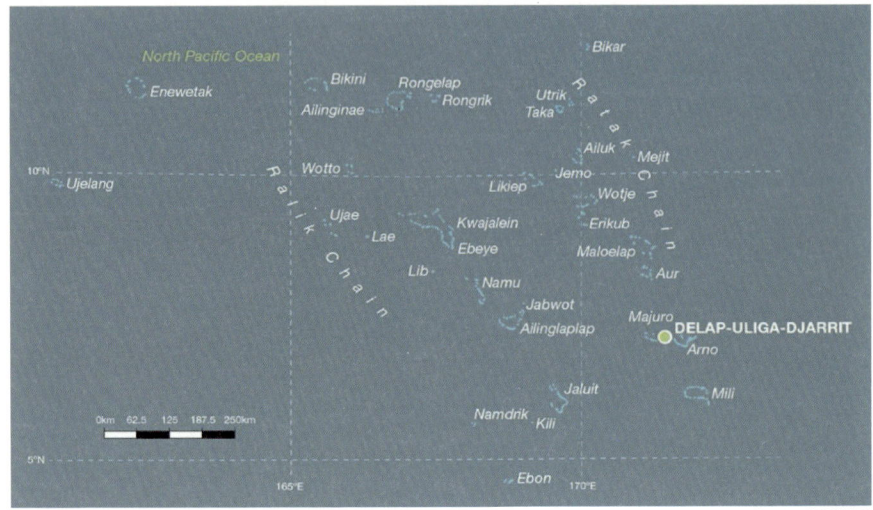
마샬 제도의 섬들[9]

- 외곽 섬의 인구는 1999년부터 지속적으로 감소 중임.
- 경찰 인력 : 163명(2005년 기준)
- 상선 규모 : 1,049척(2008년 기준)
- 공식언어 : 마샬어와 영어(마샬어가 98%. 일본어도 많이 사용됨. Ratak 제도와 Ralik 제도의 방언 사이에 약간의 차이가 있음)
- 인종 : 마이크로네시아인(마샬인 92.1%, 혼합 마샬인 5.9%, 기타 2%). 대부분은 마샬 혈통이며 기타 태평양 도서국, 필리핀 등지에서 온 사람들도 있음.
- 종교 : 대부분 기독교(55%)이며 가톨릭(8%), 몰몬교 (2%), 여호와의 증인(26%), 바하이교(3%), 유대교, 이슬람교도 있음. 종교는 마샬 제도 주민들에게 아주 중요한 생활요소 중 하나임.

---

9) http://www.pacificclimatechangescience.org/wp-content/uploads/2013/09/Marshall-Islands.pdf (지도출처)

섬	인구		
	1988	1999	2011
Marshall islands	43,380	50,840	53,158
Ailinglaplap	1,715	1,959	1,729
Ailuk	488	513	339
Arno	1,656	2,069	1,794
Aur	438	537	499
Bikini	10	13	9
Ebon	741	902	706
Enewetak	715	853	664
Jabat	112	95	84
Jaluit	1,709	1,669	1,788
Kili	602	774	548
Kwajalein	9,311	10,902	11,408
Lae	319	322	347
Lib	115	147	155
Likiep	482	527	401
Majuro	19,664	23,676	27,797
Maloelap	796	856	682
Mejit	445	416	348
Mili	854	1,032	738
Namdrik	814	772	508
Namu	801	903	780
Rongelap	–	19	79
Ujae	448	440	364
Ujelang	–	–	–
Utirik	409	433	435
Wotho	90	145	97
Wotje	646	866	859

마샬 제도의 인구 현황[10]

---

10) RMI Economic Policy, Planning and Statistics Office 2013, https://www.spc.int/prism/country/mh/stats/

4. 정부
- 정부 형태 : 미국과 자유연합협정(Compact of Free Association)을 맺은 제헌 정부로서 단일 대통령제 민주공화국임.
- 헌법 제정 : 1979년 5월 1일 헌법 제정과 함께 마샬도서 공화국 선포
- 독립 : 1947년부터 미 태평양 신탁통치령에 포함되어 있다가 국민투표를 통해 1986년 10월 21일 독립
- 주재국 : 미국, 중국 일본이 마주로에 대사관을 두고 있음.

5. 경제
- 공식 화폐 : 미국 달러($)
- 경제지표[11]
  - 1인당 GDP : 3,284불(2012)
  - GDP : 1억 4,800만 달러(2012년 기준)
  - 실업률 : 36%(2006년)
  - 국가예산 : 1억 540만 달러(2009)
  - 경제성장 : 1.9%(2009년)
  - 국가세무부담 : GDP의 54.6%(2009)
  - 총 급여 노동인력 : 1만 480명
  - 노동력 구성요소 : 농업(11%), 산업(16.3%), 서비스업(72.7%)(2011)
- 주요 자원 : 수산자원(참치), 코코넛, 인(phosphate) 퇴적물, 해양 관련 자원, 심해저 광물
  - 한국해양과학기술원에서 1997년 8월, 1998년 8월에 온누리호를 사용하여 마샬 제도 근해의 해저광물자원 탐사를 실시함.
- 주요 산업 : 코프라, 참치가공, 관광업, 공예 산업
- 수출 : 3,400만 달러(2009)
  - 수출품목 : 코프라, 야자기름, 공예품, 참치, 조개 등
  - 주요 수출대상국 : 미국, 일본, 호주

---
11) Department of Interior. http://www.doi.gov/oia/islands/marshallislands.cfm

- 수입 : 1억 5,800만 달러(2009)
  - 수입품목 : 식품, 장비류, 연료, 음료, 담배류 등
  - 주요 수입국 : 미국, 일본, 호주, 뉴질랜드, 괌, 싱가포르
- 은행 : Bank of the Marshall Islands와 Bank of Guam이 있음.
- 외부부채 : 8,700만 달러(2008)

6. 기타

- 병원 : 수도인 마주로에 사립/공공병원 위치. 대부분의 섬에는 의무실이 설치되어 있음.
- 전기 : 110V, 미국식 콘센트 사용
- 교육 : 6~14세까지는 의무교육이며 1991년에는 남태평양 대학의 12번째 분교가 마주로에 세워짐.
- 공항 : 마주로 국제공항을 포함하여 총 15개의 공항이 있음.

마주로 국제공항 표지판

- 우편 : 미국 우편서비스 사용. 우체국은 마주로와 이베예에서 운영하고 있으며 우편물은 5일 동안만 보유하고 반송
- 미디어 : Marshall Islands Journal(주간 신문), 2개의 AM 라디오국(공공 채널 1, 사립 채널 1), 2개의 FM 라디오국, 1개의 TV 방송국 위치

- 통신 : 외부 섬들과의 통신은 대부분 라디오로 진행. 킬리(Kili), 잴루이트(Jaluit), 롱겔랍(Rongelap), 위트제(Wotje), 비키니(Bikini) 등 주요 섬에서는 휴대폰, 위성폰, 팩스, 인터넷 활용가능. 호텔이나 인터넷 카페에서도 인터넷 사용 가능.
- 국가 전화번호 : +692번

마샬 제도 국가

- 마샬 제도의 국가는 "마샬 제도여 영원하라(Rammon Aelin Kein am)"로 마샬 제도의 전 대통령인 아마타 카부아(Amata Kabua)가 작사, 작곡하였으며 1991년에 채택되었다. 이전의 국가는 "사랑하는 나의 조국 (Ij Yokwe Lok Aelon Eo Ao)"으로 1979년부터 1991년까지 불렀다.

사랑하는 나의 조국(Ij Yokwe Lok Aelon Eo Ao)		
마샬 제도어	영어	한국어
Ij yokwe lok ailin eo ao, ijo iar lotak ie, melan ko ie, im ial ko ie, im iaieo ko ie, Ij jamin ilok jane, bwe ijo jiku emol, im ao lemoron in dreo. Emon lok ne inaj mij ie.	I love the islands where I was born. The surroundings, the paths, and the gatherings. I cannot leave here because this is my rightful place. My family heritage is forever here, it is best for me to die here.	나는 내가 태어난 이 섬들을 사랑하네 풍경, 거닐던 길, 함께 같이 있는 사람들. 이곳을 떠날 수 없네 이곳은 내가 있어야만 하는 곳이므로 내 동족의 핏줄이 있는 곳, 나는 이곳에서 눈을 감아야만 하네

마샬 제도여 영원하라(Rammon Aelin Kein am)		
마샬 제도어	영어	한국어
Aelon eo ao ion lometo; Einwot wut ko loti ion dren elae; Kin meram in Mekar jen ijoilan; Erreo an romak ioir kin meramin mour; Iltan pein Anij eweleosim woj; Kejolit kij kin ijin jikir emol; Ijjamin Ilok jen in aolemo ran; Anij an ro jemem wonakke im kej rammon Aelin kein am.	My island lies o'er the ocean; Like a wreath of flowers upon the sea; With a light of Mekar from far above; Shining with the brilliance of rays of life;. Our Father's wondrous creation; Bequeathed to us, our Motherland; I'll never leave my dear home sweet home; God of our forefathers protect and bless forever Marshall Islands.	나의 섬은 저기 바다 건너편에 있네 바다 위 꽃들의 왕관같이 있네 저 높이 태초의 빛과 함께 생명의 빛으로 찬연히 빛나니 조물주 아버지가 창조하여 우리에게 물려주신 곳, 우리의 모국이여. 나는 나의 소중한 집을 떠나지 않으리 우리 조상들의 신이여, 마샬제도를 영원히 축복하고 보호하소서

- 마샬 제도의 역사, 문화, 정치, 경제, 환경 개요

구분	내용
역사	• 약 2,000년 전에 마이크로네시아 이주자들이 마샬 제도에 정착하기 시작함. • 마이크로네시아는 유럽인들이 1520년경부터 탐험했는데 스페인 탐험가인 알론소 데 살라자(Alonso de Salaza)가 1526년 8월에 마샬 제도를 처음 발견했다고 되어 있음. 그 뒤 스페인, 영국 선박들이 다녀갔으며 현 제도의 명칭을 제공한 영국 탐험가인 존 마샬(John Marshall)이 1788년 섬들을 방문함. • 1884년 동인도 스페인령에 포함됨. • 1884년 독일에 매각되어 1885년 독일 뉴기니령(German New Guinea)이 됨. • 일본이 제1차 세계대전 시 점령함. • 1919년 일본 남양청 관할의 남양군도에 포함됨. • 제2차 세계대전 말에 미국이 점령한 후 미 신탁통치령에 포함됨. • 1979년 독립적 정부구성 • 1986년 미 신탁통치로부터 독립하여 미국과 자유연합협정을 체결하고 독립국가가 됨.
정치	• 새로운 민주주의 정치 시스템과 전통 문화가 공존하며 비교적 안정되어 있음. • 대통령제 공화국이며 미국과의 자유연합협정 아래 미국이 국방, 재원, 사회공공서비스 등을 제공
경제	• 천연자원이 부재함. • 어업 및 농업도 행해지지만 서비스업이 주요 경제기반임 • 대부분의 GDP는 미국 지원을 통해 조달 • 외부 원조에 크게 의존하는 경제이며 세계 경제의 영향을 많이 받으므로 자립 경제를 위해 정부가 노력 중임 • 공공부문의 비중이 큰 경제로 GDP의 20%가 정부 공무원 급여로 지출됨 • 관광업의 노동력 비중은 아직 10% 미만이지만 향후 잠재력이 큰 산업임
외교	• 미국과 아주 긴밀한 관계 유지 마샬 제도의 국방은 미국이 책임지며 미국 역시 마샬 제도에 군사적·산업적 이해관계를 가지고 있음(미국이 핵실험을 실시하기도 했고 그에 관한 보상 문제가 양국 관계의 중요한 이슈 중 하나임). • 태평양 전쟁 시 마샬 제도에 주둔했던 일본 역시 마샬 제도와 긴밀한 관계를 가지고 있음. • 대만이 마샬 제도에 깊은 관심을 가지고 지원과 투자를 하는 중이며, 마샬 제도도 이에 호응해서 대만을 외교 대상으로 인정하고 있음. 그러나 중국이 반발하면서 마샬 제도는 양측을 자극하지 않도록 조심스럽게 행동하고 있음
환경	• 마샬 제도는 국토의 대부분이 지대가 낮은 환초섬 또는 산호섬이어서 해수면 상승 문제에 아주 민감함. 특히 평균 해발고도가 2~3m밖에 되지 않아 해수면 상승이 국가적 차원에서 위협이 되고 있음. • 전체 국토면적이 좁고 천연자원이 부족하며 경작 가능한 토지도 부족함. • 유럽, 일본, 미국의 식민통치 탓에 전통적인 빵나무와 타로 재배에서 수출용 코코넛 재배로 전환하면서 식량 자생력이 더욱 감소함. • 생선과 해산물은 풍부하지만 남획 가능성이 있음. • 샘물, 호수, 지하수 등으로부터 나오는 담수가 극히 부족하여 빗물 집수가 필수적이며 식수 부족이 마샬제도의 큰 문제임. • 수도 마주로의 인구과잉 및 환경오염 역시 문제가 되고 있음. • 마샬 제도의 환경관할 기관은 환경보호국(EPA : Environmental Protection Agency)임 • 마샬 제도가 비준한 협정 : 생물다양성, 기후변화, 사막화, 해양법, 오존보호, 선박오염 등
문화	• 서구화가 진행되고 경제가 발전하고 있지만 여전히 사회는 계층화되어 있어서 사회적 지위나 친족관계가 중요하며 추장이 부족의 중요한 일들을 결정함. • 나뭇조각과 조개껍데기로 만든 전통 해도와 카누 만들기가 중요한 문화유산임. • 이들의 전통 인사말은 '사랑해요'라는 뜻을 가진 요크웨 역(Yokwe Yuk)
방문 시 에티켓	• 지역 주민 사진을 찍기 전에 항상 허락을 맡아야 함. • 여성들은 허벅지를 가리는 옷을 입어야 함. • 수영복은 해수욕장과 수영장에서만 입어야 함. • 집에 들어갈 때 신발을 벗어 달라는 요구를 받을 수 있음. • 마을 어른들을 항상 존중해야 함.

마샬 제도의 아이들 © 박흥식

마샬 제도의 호텔 © 박흥식

02 자연환경

개요[12]

마샬 제도는 29개의 환초섬과 고립된 5개의 섬으로 이루어져 있는데, 전체 섬들은 크게 두 그룹으로 나뉜다. 하나는 Ratak Chain(Ratak은 일출이라는 뜻)이라고 불리는 동쪽의 섬 그룹이고, 다른 하나는 Ralik Chain(Ralik은 일몰이라는 뜻)이라 불리는 서쪽의 섬 그룹이다. 마샬 제도에서 가장 발달한 두 섬은 수도가 있는 마주로 섬과 이베예 섬으로, 두 섬에 마샬 제도 인구의 2/3가 모여 산다. 마주로와 이베예 섬을 제외한 외곽 섬들은 인프라 부족, 일자리 부족 등으로 인구가 적은 편이다. 마샬 제도에는 34개의 주요 섬 외에도 약 1,000여 개의 작은 무인도가 있어 전체 섬들의 개수는 1,225개이다.

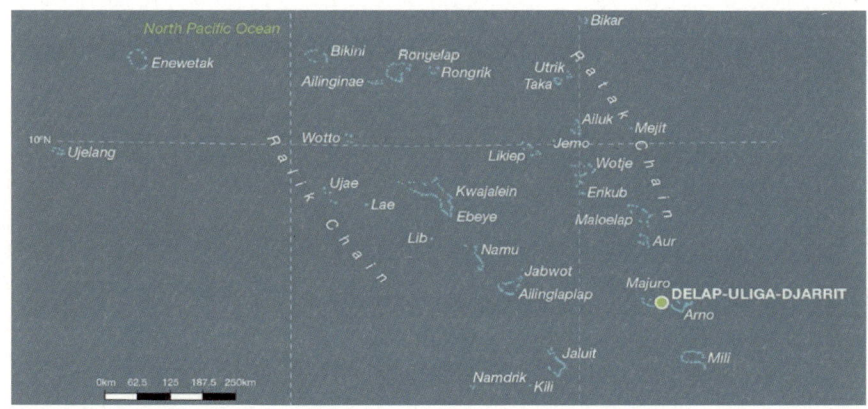

---

12) http://www.pacificclimatechangescience.org/wp-content/uploads/2013/09/Marshall-Islands.pdf (지도 출처)

마샬 제도의 환초섬들은 생물기원 석회암 및 모래로 되어 있는데, 이 석회암은 과거의 해저화산 주변에 수백만 년 동안 산호를 비롯한 해양 유기체들이 퇴적되면서 만들어진 것이다. 그 후 해저화산의 중심부는 바닷속으로 가라앉고 주변부의 환초대만 남아 오늘날과 같은 섬들이 만들어졌다.

마샬 제도는 전체 육지면적이 181.3 km² (우리나라 제주도의 1/10 정도)밖에 되지 않으며 천연자원이나 경작 가능한 토지도 많지 않다. 그래서 예부터 마샬 제도인들은 외부 섬들과의 교류 및 무역을 중요하게 여겨 왔다. 또 마샬 제도의 섬들은 대부분 지대가 낮아 평균 해발고도가 2~3m밖에 되지 않는다. 그래서 해수면 상승이 국가적 차원의 위협이 되고 있다.

마샬 제도의 해양 환경을 보면, 1,000 개가 넘는 섬들로 구성된 마샬 제도의 배타적 경제수역은 면적이 200만km²가 넘는다. 이는 마샬 제도 육지면적의 1만 배가 넘는 광대한 영역이다. 또 적은 인구와 고립된 위치로 인해 마샬 제도 근해에는 세계에서 가장 때 묻지 않은 산호초 해역 중 하나가 펼쳐져 있다.

마샬 제도 근해에는 1,000종 이상의 어류, 362종 이상의 산호, 40종의 해면, 1,655종의 연체동물, 728종의 갑각류, 128종의 극피동물, 27종의 해양포유류와 5종의 바다거북이 서식하고 있다. 육지생물의 경우, 약 700여 종이 확인되었는데 그중 대부분은 곤충류이고 약 80종은 마샬 제도 고유의 토착 식물들이다.

마샬 제도의 산호초[13]

---

13) NOAA Report, http://ccma.nos.noaa.gov/ecosystems/coralreef/coral2008/pdf/marshalls.pdf (사진 출처)

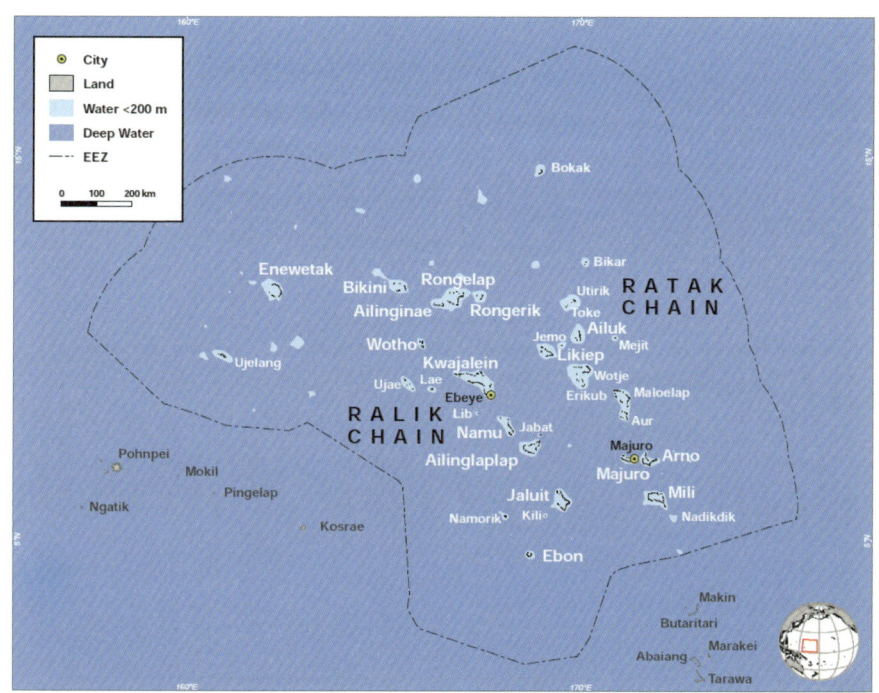

마샬 제도의 섬들 및 배타적 경제수역(EEZ) 14)

상어보호구역 설정

2011년 10월, 마샬 제도는 약 199만㎢의 해역을 상어보호구역(Shark Sanctuary)으로 지정하였다. 이는 2012년까지 세계 최대 규모의 상어보호구역이었으나 2013년 1월, 쿡 제도가 자국 해역 내에 199만 7천㎢의 상어보호구역을 지정하면서 1위 자리를 빼앗기게 되었다. 마샬 제도의 상어보호구역에서는 어떠한 상어낚시나 포획도 금지되어 있으며 혹시라도 상어가 우연히 잡히면 즉시 풀어주어야 한다.

마샬 제도의 상어보호구역 © Pew Environment Group

---

14) NOAA Report, http://ccma.nos.noaa.gov/ecosystems/coralreef/coral2008/pdf/marshalls.pdf (지도 출처)

기후[15]

마샬 제도의 기후는 열대 해양성으로 1년 내내 덥고 습한 편이다. 수도 마주로는 5월 ~ 11월이 우기이며 1월 ~ 3월은 건기이다. 여름에는 덥고 습하지만 무역풍으로 인한 바람이 많이 불며, 가을에는 바람 방향이 바뀌고 풍속도 감소하지만 비는 증가한다. 평균 온도는 약 섭씨 27도로 추운 계절과 더운 계절의 온도차가 크지 않다. 낮과 밤의 일교차 역시 크지 않아 야간 기온이 낮보다 높을 때도 있다.

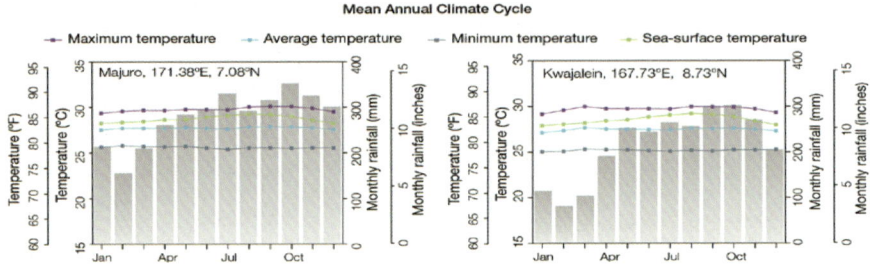

수도 마주로와 콰잘렌 섬의 연평균 기온 및 강수량[16]

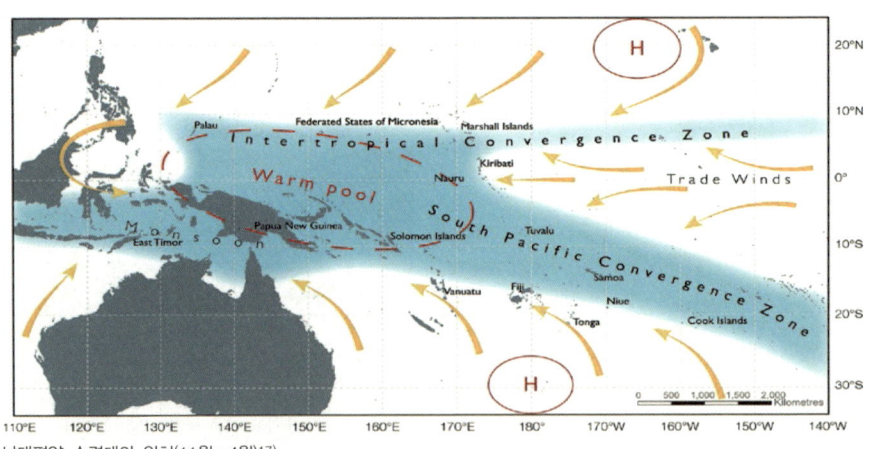

남태평양 수렴대의 위치(11월~4월)[17]

---

15) Climate Change in the Pacific: Scientific Assessment and New Research, Volume 2: Country Reports, Ch.7, Marshall Islands, http://www.cawcr.gov.au/projects/PCCSP/Nov/Vol2_Ch7_Marshallislands.pdf
http://www.pacificclimatechangescience.org/wp-content/uploads/2013/09/Marshall-Islands.pdf

16) http://www.pacificclimatechangescience.org/wp-content/uploads/2013/09/Marshall-Islands.pdf (그림 출처)

마샬제도의 기후에는 엘니뇨 및 남방진동(Southern Oscillation) 현상이 큰 영향을 미치며 열대성 저기압(태풍)의 직접적 진행경로에서는 벗어나 있지만 마샬 제도 북쪽으로 가끔 태풍이 비껴가기도 한다. 그 외에 지진으로 인한 해일이 발생할 수도 있는데 마샬 제도에는 고지대가 없기 때문에 해일 발생 시 높은 건물 등으로 대피하는 것이 좋다.

최근에는 지구온난화로 인해 마샬 제도 근해의 평균 표층수온 및 해수면이 서서히 상승하고 있다. 위성으로 관측한 마샬 제도의 해수면은 연간 7mm 씩 상승하고 있는데 이는 지구 평균 상승률(3.2 ± 0.4mm)보다 높은 편이다. 해수면은 보통 엘니뇨 시기에는 낮게 기록되고 라니냐 시기에는 높게 기록된다.

한편 해양산성화 역시 지속적으로 진행될 예정이다. 지금까지의 연구에 따르면 태평양 열대해역에서는 아라고나이트(aragonite) 포화상태가 4 이상일 때 산호가 가장 잘 자란다고 알려져 있다. 3.5 ~ 4일 때는 산호가 자라기에 충분하고 3 ~ 3.5는 산호초가 생존할 수 있는 경계에 해당하는 수치이며 3 이하 환경에서는 산호초가 서식할 수 없다.

마샬 제도의 경우 아라고나이트 포화상태가 18세기에는 4.5였으나 2000년에는 3.9±0.1까지 내려갔다. 기후모델에 따르면 2035년 마샬 제도의 아라고나이트 포화상태는 3.5 이하가 될 것이라고 한다.

항해정보

마샬 제도에는 12개의 수심이 깊은 선착장이 있어 대형 선박도 계류가 가능하다. 마주로와 콰잘렌 모두 상선계류가 가능하며 컨테이너선의 서비스도 가능하다. 수도인 마주로에는 수심이 깊은 항구가 2개 있으며 대형 컨테이너 접안시설도 있다.

마샬 제도는 열대성 저기압(태풍)이 발달한 시기에 요트여행을 하기 좋은 곳이다. 남쪽에서 항해를 할 경우에는 남적도 해류, 남적도 반류, 북적도 해류, 북적도 반류를 타게 된다. 남태평양 수렴대가 형성되어 있다면 통과 시 최대한 동쪽으로 통과하는 것이 항해에 안전하다.

---

17) International Climate Change Adaptation Initiative - Pacific Climate change Science Program: Climate Change in the PAcific : Scientific Assessment and New Research, Volume 2 : Country Reports
http://www.pacificclimatechangescience.org/wp-content/uploads/2013/09/Volume-2-country-reports.pdf

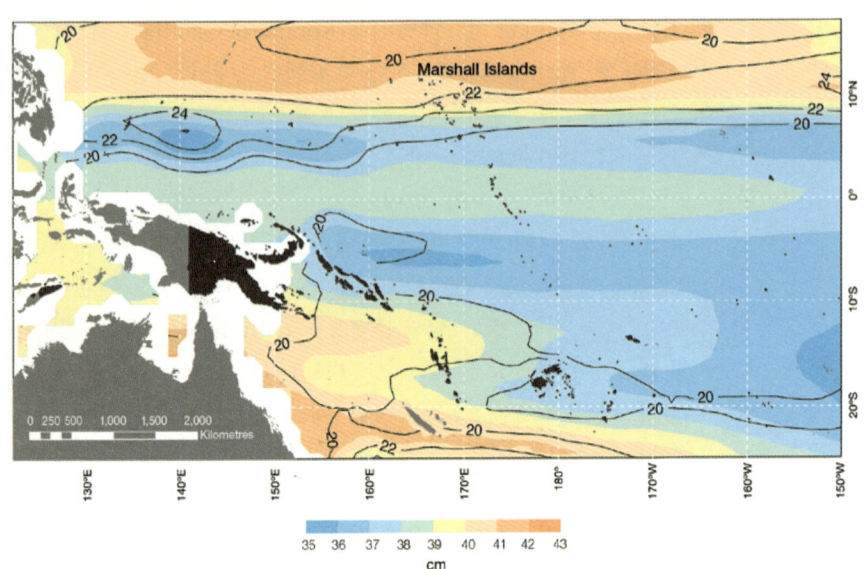

1981~2000년 대비 2081~2100년의 마샬 제도 해수면 상승 추정치(단위 : cm)[18]

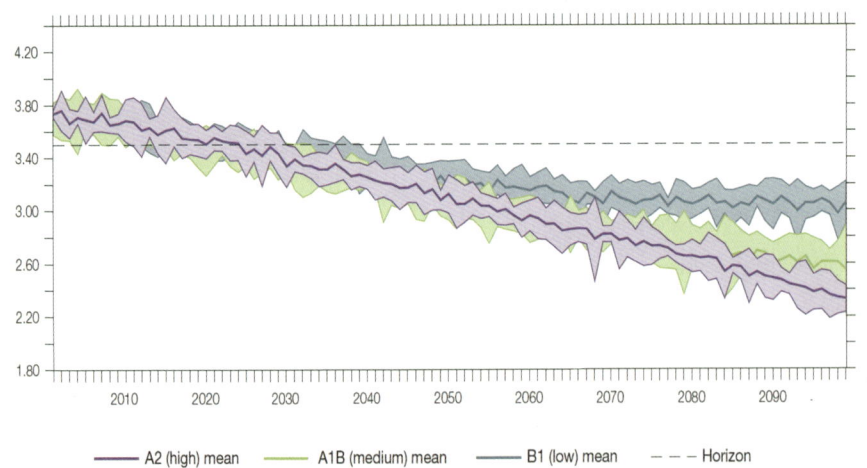

마샬 제도 남쪽 해역에서의 아라고나이트 포화상태 변화추이 모델[19]

---

18) http://www.pacificclimatechangescience.org/wp-content/uploads/2013/09/Marshall-Islands.pdf (그림 출처)
19) http://www.pacificclimatechangescience.org/wp-content/uploads/2013/09/Marshall-Islands.pdf (그림 출처)

마샬 제도의 계절풍은 12월 초에 끝나는데 이때부터 사이클론급의 강한 서풍을 만날 확률이 크게 줄어든다. 마샬 제도의 북부 섬들을 방문하는 시기는 날씨가 평온한 4~5월이 좋다. 콰잘렌 환초섬의 경우 미 군사기지가 있기 때문에 요트 접안 절차가 복잡하지만 시설은 아주 우수하다.

마샬 제도 및 근해의 해도들은 다음과 같은 것들이 있다.
- U.S. NIMA 해도 83010
- B.A. 해도 761, 984, 988
- U.S. NIMA 해도 (81796 (Mili Atoll), 81791 (Arno Atoll), 81782 (Majuro Atoll), 81771 (Maloelap and Aur Atolls), 81604 (Wotje Atoll), 6017 (Erikub Atoll), 81587 (Likiep Atoll))

또한 마주로에는 50개 정도의 사설 계류장이 있는데 1일 30달러 정도의 요금을 지불하면 된다. 마샬 제도의 주요 해운사는 센팩 사(CenPac)로서 개인 요트에서부터 크루즈선, 유조선 등에 이르기까지 25년 이상 다양한 선박 관련 업무를 처리해 왔다.

센팩 해운사 연락처

Michael Cheng, P.O. Box 1, Majuro, RMI, MH 96960
Tel : (692) 625-3250 / 4744
Fax : (692) 625-3505 / 3783
Email : cenpac@rreinc.com
administration@rreinc.com

마샬 제도의 주요 섬들[20]

에일링라플랍 환초 (Ailinglaplap Atoll)
- 서부의 랄릭 제도에 위치한 환초로 총 56개의 섬으로 이루어져 있음.
- 에일링라플랍(Ailinglaplap)은 "가장 큰 환초"라는 의미
- 육지면적은 14.7㎢, 총 라군 면적은 750㎢, 최고 해발고도는 3m임.
- 2011년 기준 인구는 1,729명
- 주요산업은 코코넛 재배임.
- 3개의 활주로가 있으며 2014년 9월 기준 최고 추장은 Anjua Loeak임.

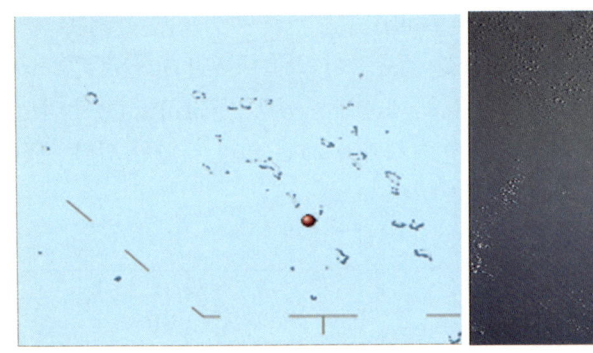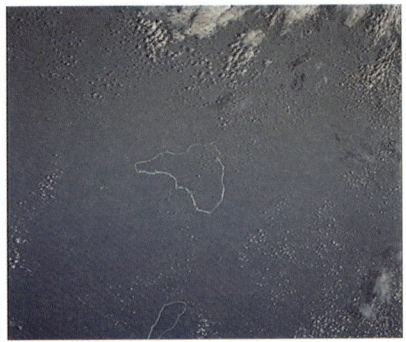

아일룩 환초(Ailuk Atoll)
- 동부의 라탁 제도에 위치한 환초로 총 57개의 섬으로 이루어짐.
- 육지면적은 5.4㎢, 총 라군 면적은 177.45㎢, 최고 해발고도는 3m임.
- 인구는 339명(2011)
- 환초의 주요 섬으로는 Ajelep, Aliej, Ailuk, Alkilwe, Barorkan, Biken, Enejabrok, Kapen Enejelar, Marib 등이 있음.
- 16세기 스페인 탐험가들이 아일룩 환초의 두 섬을 발견해 San Pedro, San Pablo라는 명칭을 붙임. 그 후 독일, 일본, 미국령이 됨.

---

[20] 지리적·역사적으로 중요한 환초는 * 표기를 하였음. 환초별 지도와 항공사진은 위키피디아 및 미 항공우주국(NASA)에서 발췌한 것임.

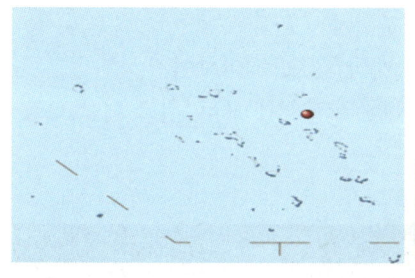 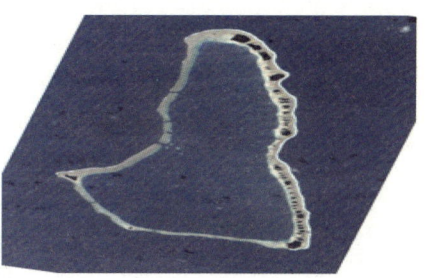

아르노 환초(Arno Atoll)
- 동부의 라탁 제도에 위치한 환초로 총 133개의 섬으로 이루어짐.
- 육지면적은 13㎢, 최고 해발고도는 3m임.
- 인구는 1,794명(2011)
- 아르노 환초는 3개의 환초대로 이루어져 있는데 중간의 환초가 가장 크고 북쪽과 동쪽 끝에 작은 환초가 맞닿아 있음. 중앙 환초의 크기는 338.7㎢이고 폭은 약 20km.
- 아르노 환초는 마샬 제도 공화국의 수도인 마주로에서 가장 가까운 환초로, 날씨가 좋은 날에는 마주로에서 볼 수 있음. 133개의 섬 중 가장 인구가 많은 섬은 Ajeltokrok, Kobjeltak, Rearlaplap, Langor, Tutu이고 가장 큰 마을은 Ine와 Arno임.
- 여기서 아르노 마을은 코프라 제조로 유명하며 이곳 마을 여자들은 킬리 가방(Kili Bag)의 제조로 유명함. 또한 아르노에는 젊은 여자들에게 성적 기교를 가르치던 "love school"이 있었다고 함.

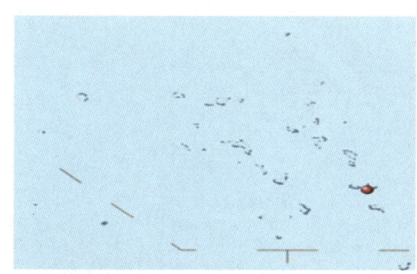 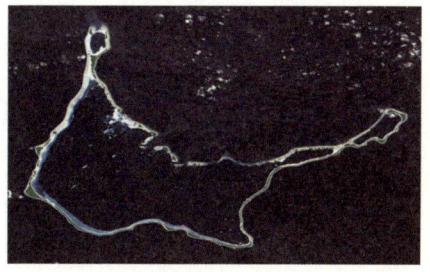

아우르 환초(Aur Atoll)
- 동부의 라탁 제도에 위치한 환초로 42개의 섬으로 이루어짐.
- 육지면적은 15㎢, 총 라군 면적은 620㎢, 라군의 수심은 80m, 최고 해발고도는 3m임. 인구는 499명(2011)

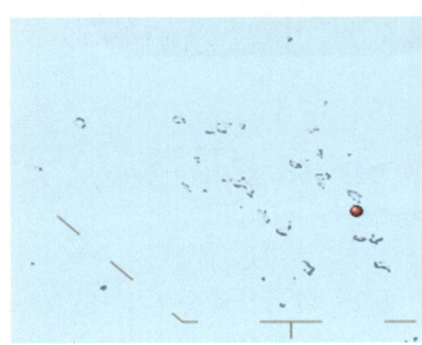 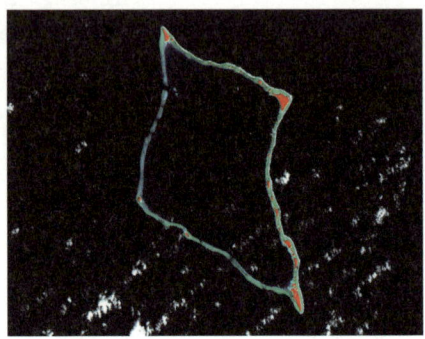

에본 환초(Ebon Atoll)
- 서부의 랄릭 제도에 위치한 환초로 22개의 섬으로 이루어짐.
- 육지면적은 5.75㎢, 총 라군 면적은 104㎢이고 최고 해발고도는 3m
- 인구는 706명(2011)
- 19세기에는 상업적 포경의 중심지였고 1857년부터 유럽 선교사의 진출이 활발했던 지역임. 독일은 이곳에 무역시설을 설치함.

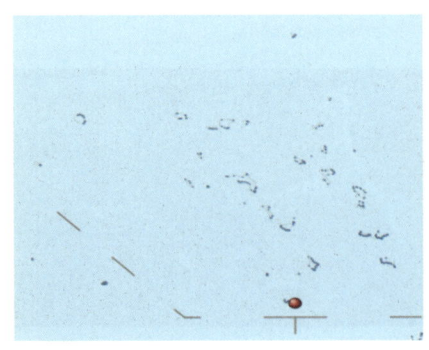 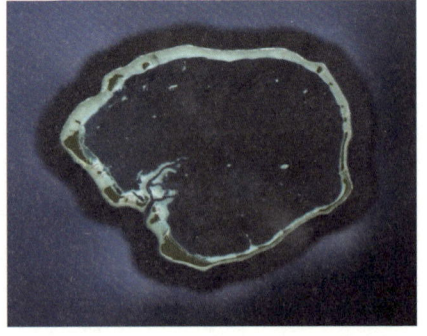

*에네웨탁 환초(Enewetak Atoll)

- 서부의 랄릭 제도에 위치한 환초로 40개의 섬으로 이루어짐.
- 육지면적은 5.85㎢이며 최고 해발고도는 5m
- 인구는 664명(2011)
- 마샬 제도의 주요 환초 중 하나로서 크기도 크고 역사적 우여곡절이 많았던 지역임.
- 역사적으로 약 2000년 전에 인간이 정착한 것으로 보이며, 1527년에는 스페인 탐험가 알바로 데 사베데라가 1794년에는 영국 상선 월폴호(Sloop Walpole)가 방문함. 1885년에 독일이 이 지역을 마샬 제도 영토에 포함시킴. 일본은 1942년 에네웨탁 환초의 엔게비 섬(Engebi Island)에 활주로를 건설하고 연료 보급지로 활용함. 1944년 2월에는 에네웨탁 전투가 일어났는데 미국이 일본군을 제압하고 이곳을 탈환한 후 주요 해군 전진기지로 활용함. 한때는 약 488척의 군함이 주둔하기도 함.
- 에네웨탁 환초는 유명한 핵폭탄 실험장소이기도 함. 총 43개의 핵폭탄이 이곳에 투하되었는데 1952년에는 강력한 수소폭탄이 이곳에 투하되어 엘루겔랍 섬이 통째로 사라지기도 했음. 그 후 미국은 1977년 방사능 오염 정화작업을 대대적으로 벌였는데 방사능에 오염된 토양을 모두 모아 환초대 동부에 있는 루닛 섬(Runit Island)에 9.1m 깊이, 110m 폭의 구멍에 파묻고 46cm 두께의 콘크리트로 덮음. 이것이 캑터스 돔(Cactus Dome)으로 미 환경부가 모니터링을 수행함. 미국은 1980년에 이 섬을 거주 가능 지역으로 선포하고 2000년에는 이곳 주민들에게 약 4000억 원의 피해보상액을 지급함.

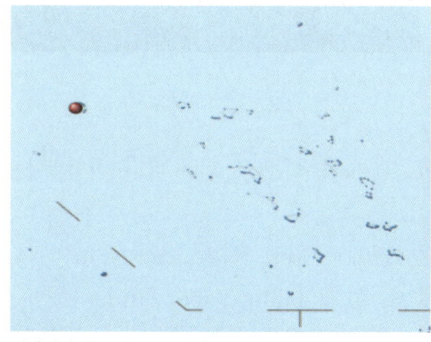 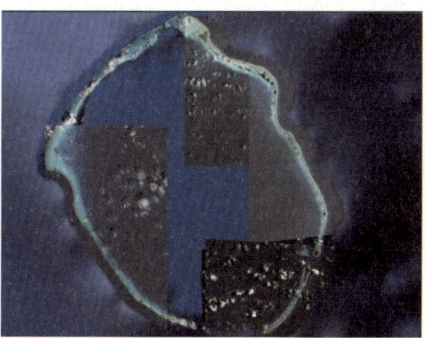

에네웨탁 환초의 위치 및 항공사진

에네웨탁 환초의 활주로(좌)와 캑터스 돔(우)의 모습

자바트 섬(Jabat Island)
- 서부의 랄릭 제도에 있는 1개의 섬
- 육지면적은 0.6㎢, 섬의 가장 큰 폭은 1.2km, 최고 해발고도는 3m
- 인구는 84명(2011)이며 독일이 1884년 무역시설을 설치함.

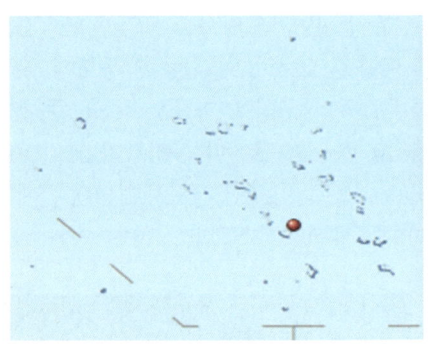 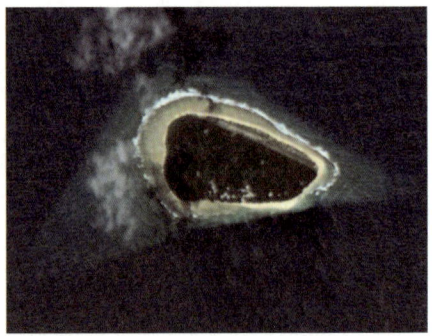

*잴루이트 환초(Jaluit Atoll)
- 서부의 랄릭 제도에 있는 대형 환초로 91개의 섬으로 되어 있으며 람사르 습지에 등재되어 있음.
- 육지면적은 11.34㎢, 총 라군 면적은 690㎢, 최고 해발고도는 3m
- 인구는 1,788명(2011년 기준)이며 주요 섬은 Jaluit, Jabor, Imiej
- 잴루이트 환초는 1884년 독일이 무역시설을 설치한 곳이며, 1930년대에는

일본인 수백 명이 이주함. 제2차 세계대전 시에는 일본 해군 1,584명과 육군 727명이 거주했으며, 미국이 1943년 11월과 12월에 다섯 번 폭격을 가함.
- 환초 내 제이버(Jabor) 섬에 주민들이 가장 많이 거주하는데 약 1,200명이 살고 있음. 이 섬에는 작은 호텔·상점·주유소·공항 등이 있고, 어선·낚시선·모터보트 등을 렌트할 수도 있음.
- Imiej 섬은 제2차 세계대전시 일본 해군 및 수상비행부대의 본부였음.

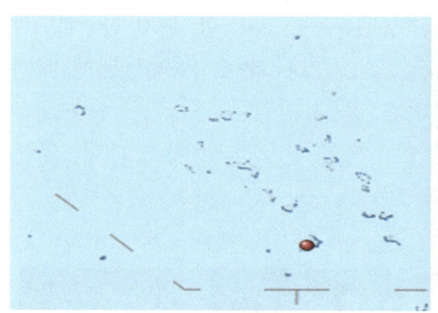 

킬리 섬(Kili Island)[21]
- 서부의 랄릭 제도에 있는 산호섬으로 육지 면적은 0.93㎢
- 인구는 548명(2011)이고 최고 해발고도는 3m

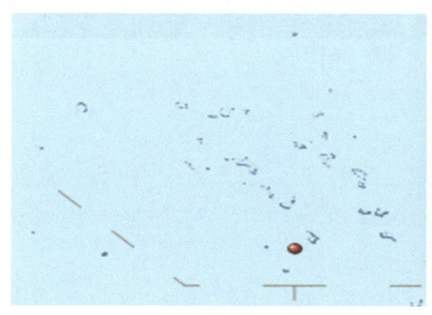 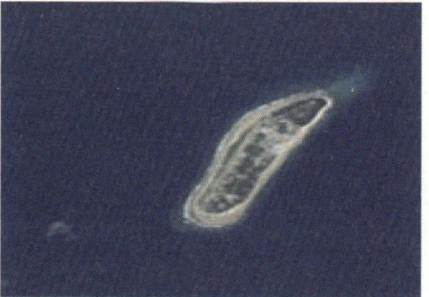

---

21) http://www.bikiniatoll.com/Education.html (하단 교육 관련 사진 출처)

- 마샬 제도의 행정구역 중 가장 작은 섬이며 높은 파도로 연간 4개월은 배로 이동이 불가능함. 대신 항공기를 위한 활주로가 있음.
- 코프라가 주요 농업 생산물이며 미국과의 자유연합협정에 따라 1인당 매년 15달러가 지급됨.
- 원래 1948년 11월 2일까지 무인도였으나 미국 정부가 비키니 환초에서 핵실험을 진행하면서 비키니 환초에 살던 주민 200여 명을 이곳으로 이주시킴. 현재 킬리 섬 주민들은 대부분 비키니 이주민의 자손임.
- 환초가 발달하지 않아 어업은 힘들며 대신 농업활동을 많이 함. 현재 인구밀도가 높아 자급자족이 어려운 상태이며 미국 및 비키니 환초 지역정부가 매년 쌀, 밀가루, 닭, 전기, 거주지 관리서비스 등을 지원함.
- 킬리 초등학교에는 약 150여 명의 학생이 있고 미국 다스머스 대학, 일본 JICA 등에서 교사를 파견하여 지원하고 있음.

다스머스 대학 자원봉사자

일본 자원봉사자

*콰잘렌 환초(Kwajalein Atoll)
- 서부의 랄릭 제도에 있는 대형 환초로 총 97개의 섬으로 이루어져 있음. 마샬 제도에서 육지면적이 가장 큰 환초이며 라군 면적은 세계에서 세번째로 큼. 라군의 길이는 130km이며 직경은 32km.
- 육지면적은 16.4㎢, 총 라군 면적은 2,173㎢이며 평균 해발고도는 1.8m
- 인구는 1만 1,408명(2011)이며 대부분 이베예 섬에 거주
- 주요 섬은 환초 최남단의 콰잘렌 섬과 환초 최북단의 로이-나무르 섬임.

콰잘렌 환초의 주요 섬들

콰잘렌(Kwajalein) 섬 : 면적 3.1㎢, 길이 4km, 평균 폭 730m의 섬으로 인구는 약 1,000명. 대부분 미국인이 거주하고 소수의 마샬 제도인 및 외국인이 거주함.

이베예(Ebeye) 섬 : 마샬 제도의 대도시 중 하나로 콰잘렌 환초의 행정중심지임. 이베예 섬에는 미국의 방위기지가 없으며 콰잘렌 환초 내에서 인구가 가장 많음(1만 3,000명). 상점, 식당, 항구 등이 많으며 세계에서 인구밀도가 가장 높은 지역 중 하나임.

엔맛(Enmat) 섬 : 대대로 추장가문이 출생한 섬으로 금기(Taboo)가 많은 곳임. 엔맛 섬 주변에서 미사일 실험이 발생하여 주민 거주는 불가능함.

에닐라바겐(Ennylabagen) 섬 : 마샬 제도인들이 거주하며 미국 군사시설이 있음. 식수와 전기는 공짜로 주민들에게 공급됨.

레간(Legan) 섬 : 무인도로 몇 개의 건물이 있고 섬 중간에 호수가 있음.

멕(Meck) 섬 : 탄도요격 미사일 기지가 위치하며 외부인 출입이 삼엄하게 통제되는 섬임.

오멜렉(Omelek) 섬 : 무인도로 미국 군사시설이 있음. 우주수송선 회사 Space X의 발사 시설이 있음.

로이-나무르 섬(Roi-Namur) : 레이더 시설이 있고 미국인들이 거주하고 있음. 원래는 Roi와 Namur가 분리된 섬이었으나 제2차 세계대전시 한국인 징집노동자들이 두 섬을 잇는 둑길을 만듦. 이곳에는 콰잘렌 전투의 흔적과 많은 전쟁 잔해가 있음.

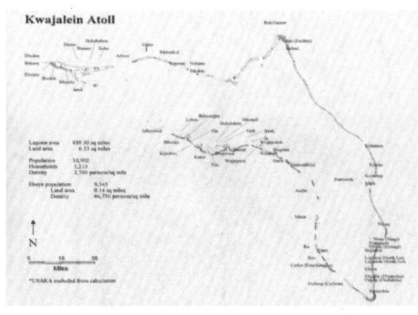 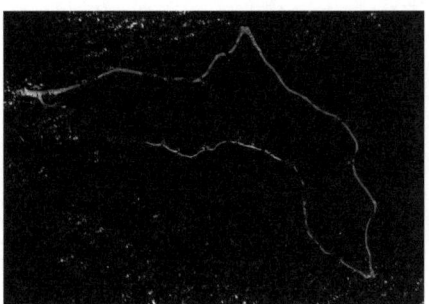

콰잘렌 환초의 지도(좌)와 항공사진(우)

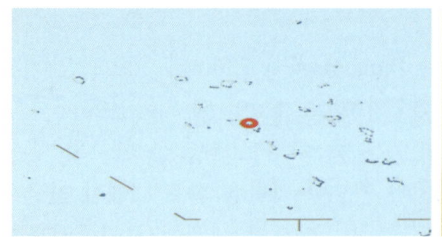 

콰잘렌 환초의 위치(좌) 및 SPACE X사의 발사기지(우)

라에 환초(Lae Atoll)
- 서부의 랄릭 제도에 위치한 환초로 20개의 섬으로 이루어져 있음.
- 육지면적은 1.5km^2, 라군 면적은 17.7km^2, 최고 해발고도는 3m
- 인구는 319명(1998)이며 주요 섬은 Rae, Ribon, Lejab, Enerein
- 라군의 입구는 서쪽에 1 개 있으며 1884년에 독일이 이곳에 무역시설을 설치함.

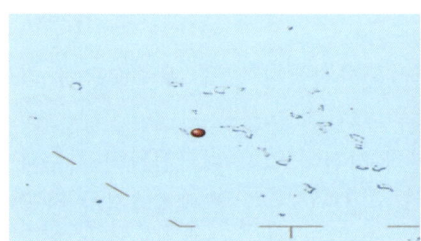 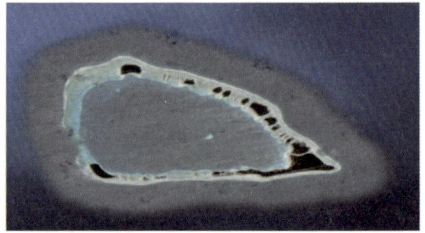

립 섬 (Lib Island)
- 서부 랄릭 제도에 위치한 단일섬으로 육지면적은 0.93km^2이며, 최고 해발고도는 3m, 인구는 347명(2011)

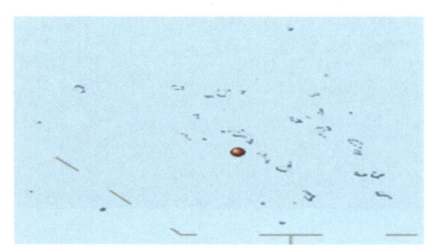 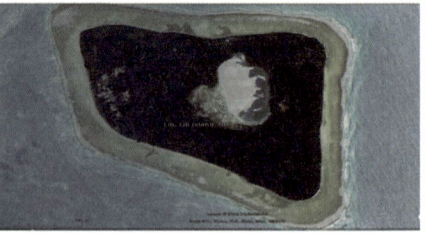

리키엡 환초(Likiep Atoll)
- 동부의 라탁 제도에 위치한 환초로 65개의 섬으로 이루어져 있음.
- 육지면적은 10.26㎢, 총 라군 면적은 424㎢, 라군의 최장 직경은 46km이며 라군의 수심은 깊음.
- 인구는 401명(2011)이며 최고 해발고도는 10m
- 리키엡 환초는 마샬 제도에서 해발고도가 가장 높은 지역으로 마샬 제도의 최고봉인 10m 높이의 이름 없는 산이 있음.

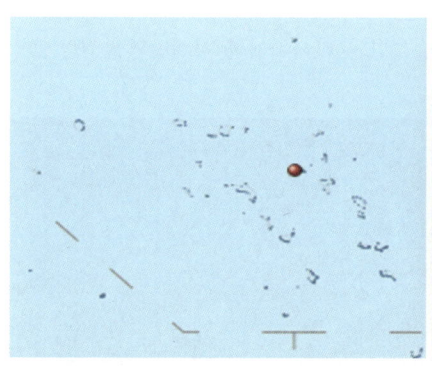 

* 마주로 환초[22](Majuro Atoll)
- 동부의 라탁 제도에 있는 환초로 64개의 섬으로 이루어져 있음.
- 육지면적은 9.7㎢, 라군 면적은 114㎢, 라군의 폭과 길이는 각각 11km, 41km이며 최고 해발고도는 3m
- 인구는 2만 7,797명(2011)이고 인구 밀도가 2,618.56명/㎢로 매우 높음.
- 라군의 수심은 서쪽이 20~40m로 비교적 얕고 동쪽이 40~65m로 깊음.
- 마샬 제도의 수도인 마주로가 위치해 있으며, 마주로에서는 항만, 쇼핑센터, 호텔, 국제공항 등이 있음.
- 라우라(Laura) 섬은 마주로 환초에서 가장 지대가 높은 곳으로 농사에 적합한 토양이 있음. 라우라 섬의 연평균 최고온도는 29.94도, 최저온도는 24.94도, 강수량 3,350mm.
- 1884년 독일이 환초 내에 무역시설을 설치. 일본 통치기에도 여전히 추장들이 섬을 다스림. 미국이 1944년 1월 30일 마주로 환초를 습격했지만 일본은 이미 1년 전에

---

22) http://www.marshallislandsjournal.com/Archive%208-17-12-page.html (마샬 제도 대학 사진 출처)

대부분의 군사시설을 콰잘렌, 에네웨탁 환초로 이주한 뒤였고, 일본 경비대원 1명만 환초를 지키고 있었음.
- 태평양 전쟁의 주요 격전지가 서쪽으로 이동하기 전까지 마주로 환초의 전략적 중요성은 매우 높았음.
- 마샬 제도 대학(College of the Marshall Islands)이 울리가(Uliga) 섬에 있음. 자릿(Djarrit)은 주거도시로 마샬 제도에서 가장 큰 공립 초중고등학교가 있음. 이 외에 남태평양 대학(University of South Pacific)의 마샬 제도 분교도 마주로에 있음.
- 환초 내 섬 간의 이동과 운송은 ㈜ 마샬 제도 해운(Marshall Islands Shipping Corporation)이 담당
- 마주로 시는 괌, 중국의 카와이(Kawai), 대만의 타이페이와 자매결연을 맺었음.

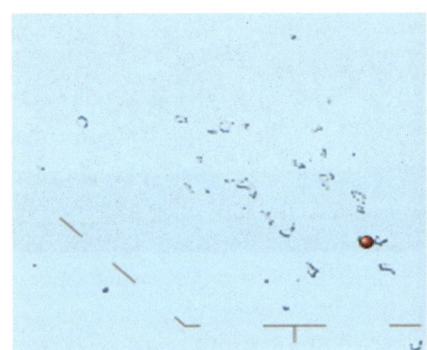 

마주로 환초의 위치(좌)와 항공사진(우)

1944년 마주로 환초 내의 미군 함대(좌)와 마샬 제도 대학 전경(우)

말로엘랍 환초(Maloelap Atoll)
- 동부의 라탁 제도에 있는 환초로 71개의 섬으로 이루어져 있음.
- 육지면적은 9.8㎢, 라군 면적은 972㎢, 최고 해발고도는 3m
- 인구는 682명(2011)이고 주요 섬은 Taroa(행정중심지), Kaben, Airuk, Wolot, Jang이며 이 외는 무인도임.
- 1884년 독일이 무역시설을 설치했음. 1939년에는 일본이 비행기 부대를 위해 2개의 활주로를 가진 타로아 비행장(Taroa Airfield)과 레이더 시설, 기타 기반시설을 건설함. 제2차 세계대전 시에는 일본 해군 주둔군 2,940명과 육군 389명이 Rear Admiral Shoichi Kamada 아래 주둔하였고 섬 주변을 군사시설로 구축. 12개의 중포병과 10개의 중고사포 배치. 총 3,097명 중 1,041명만 미국의 폭격에서 생존함. 마샬헌법을 비준한 첫 지역임.

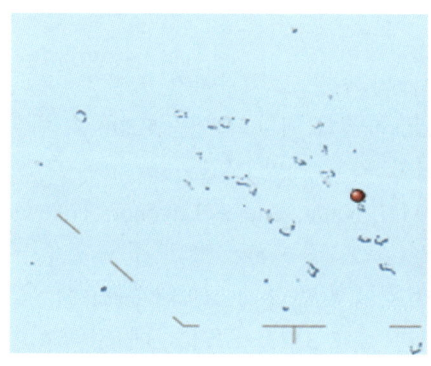
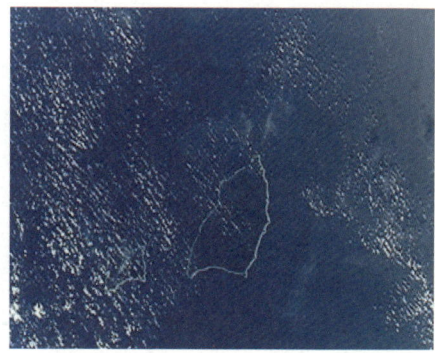

메지트 섬(Mejit Island)
- 동부의 라탁 제도에 위치한 단일섬으로 육지면적은 1.86㎢, 최고 해발고도는 3m
- 인구는 348명(2011)
- 산호섬이 아닌 암석 섬이며 섬 주변에는 거초와 작은 라군도 있음. 판다누스, 빵나무, 타로 등이 무성하며 '낙원(Paradise)'으로 알려지기도 했음. 섬 가운데 담수호가 있으며 토종 오리들도 서식함. 이 외에 판다누스로 만든 방석으로 유명함.

- 러시아 탐험가인 코체부(Otto von Kotzebue)가 1817년 1월 1일에 발견하여 New Year's Island라는 이름을 붙임. 1884년도에 독일이 무역시설을 구축함.

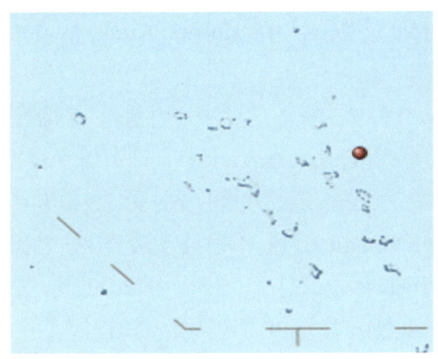 

밀리 환초(Mili Atoll)
- 동부 라탁 제도에 위치한 환초로 84개의 섬으로 이루어져 있음.
- 육지면적은 14.9㎢, 라군 면적은 760㎢, 라군의 최고 직경은 52km임. 마샬 제도에서 콰잘렌 다음으로 큰 환초이며 최고 해발고도는 3m
- 인구는 738명(2011)이며 주요 마을은 Mili, Nallu, Enejet, Lukonor, Tokewa, Wau, Mili, Nallu, Enejet, Lukonw
- 1823년 미국 포경선인 글로브(Globe) 호에서 반란이 일어나 선원 사무엘 콤스톡(Samuel B. Comstock)이 선장과 장교 3명을 죽이고 배를 돌려 이 섬으로 와 계류함. 며칠 뒤 함께 반란을 일으킨 실라드 페인(Silad Payne)이 사무엘 콤스톡을 살해함. 페인은 9명의 선원을 섬에 남겨 두고 떠났는데 2년 후 미국 범선 돌핀(Dolphine) 호가 와서 생존한 2명을 구조함. 이때 9명 중 7명은 원주민에게 살해당함.
- 18세기 후반 태평양에서 악명을 떨친 해적이자 인신매매꾼인 불리 헤이스(Bully Hayes)가 밀리 환초의 토코와(Tokowa) 섬을 소유했으며, 이곳에서도 인신매매 활동을 벌임.
- 태평양 전쟁 시 5,100명의 일본군이 주둔하였으며 미군의 폭격으로 절반

정도가 사망. 그래서 밀리 환초에는 전쟁 잔해가 많음.
- 밀리 환초에는 남동쪽 끄트머리에 위성 환초인 크녹스(Knox) 환초가 붙어 있음. 두 환초 사이는 약 3.5km로 수중해령으로 연결되어 있음. 크녹스 환초의 육지면적은 0.98㎢이며 길이는 11km, 폭은 약 2km이고 주변으로 모래사장이 펼쳐져 있음.

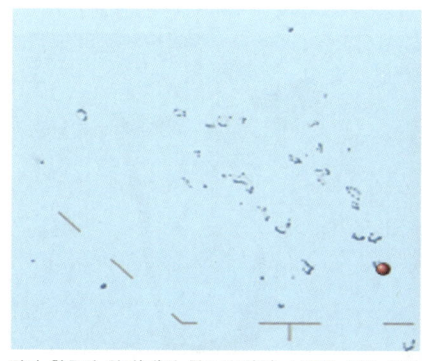 

밀리 환초의 위치(좌)와 항공사진(우). 남동쪽 끝에 위성 환초인 크녹스 환초의 모습이 보인다.

크녹스 환초의 모습

남드릭 환초(Namdrik Atoll)
- 서부의 랄릭 제도에 위치한 환초로 2개의 섬으로 이루어져 있음.
- 총 육지면적은 2.8㎢, 라군 면적은 8.4㎢이며 최고 해발고도는 3m
- 인구는 508명(2011)

- 남드릭 환초에 있는 2개의 섬은 나무가 울창한 비교적 큰 섬이며, 더 큰 섬은 나모(Namo) 섬이라고 하는데 둥글게 라군을 둘러싸고 있는 섬임. 작은 섬은 서북쪽에 위치해 있는 뾰족한 형태의 섬임.
- 라군의 수심은 얕으며 라군 주변으로도 얕은 호초 지역이 발달해 있음. 라군 안으로는 서쪽으로부터 최고 만조 시 어렵게 들어갈 수 있음.

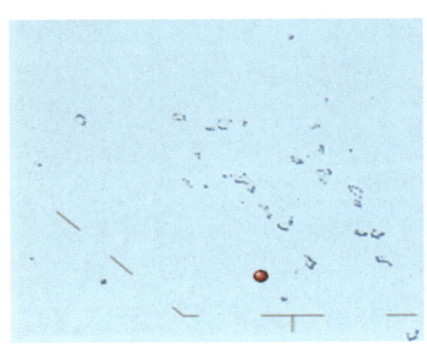
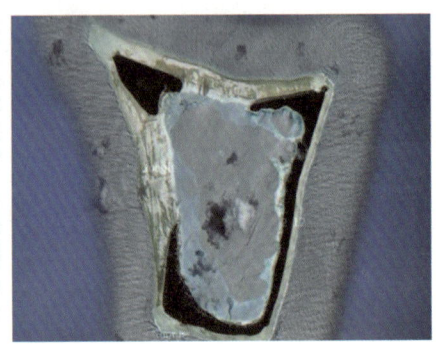

나무 환초(Namu Atoll)
- 서부의 랄릭 제도에 있는 환초로 51개의 섬으로 이루어져 있음.
- 육지면적은 6.27㎢, 라군 면적은 397㎢, 최고 해발고도는 3m
- 인구는 780명(2011)이며, 주요 섬은 Namu, Majkin, Loen, Mae

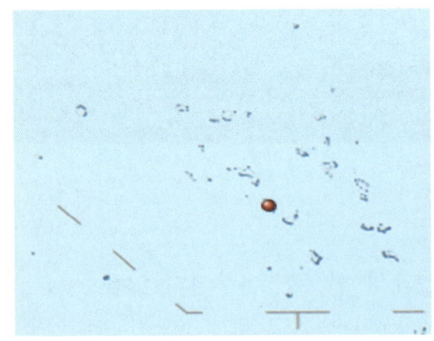
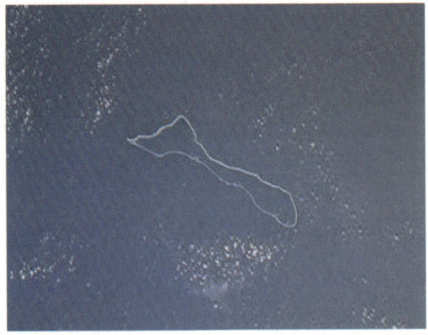

롱겔랍 환초[23] (Rongelap atoll)

- 서부의 랄릭 제도에 위치한 환초로 61개의 섬으로 이루어져 있음.
- 육지면적은 8.0㎢, 라군 면적은 2,600㎢이며 최고 해발고도는 3m
- 인구는 79명(2011)
- 1884년 독일이 무역시설을 설치. 미국 핵실험 지역과 가까이 위치한 환초로 1954년 미국 최대의 핵실험이었던 캐슬 브라보 작전으로 치명적인 방사능 낙진 피해를 입은 지역임. 수소핵실험결과로 인한 낙진으로 인해서 치명적인 피해를 입은 지역임.[24] Rongelap은 핵실험이 이루어진 비키니 환초에서 120km 떨어진 곳에 위치함. 이 섬의 거주인들은 의료치료차 콰잘렌으로 이주하였고, 통보나 허가 없이 실험대상으로 사용되었다고 주장하였으며, 1996년도에는 미국은 4,500만 달러를 보상함.

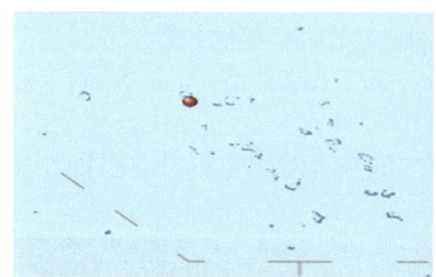 

롱겔랍 환초의 위치(좌)와 항공사진(우)

롱겔랍 환초 주민들의 이주(1985). 그린피스의 도움으로 방사능 낙진을 피해 180km 떨어진 메자토(Mejato) 섬으로 이주하는 장면 (사진 출처 : Greenpeace)

---

23) Samuel Glasstone and Phillip J. Dolan, eds., The Effects of Nuclear Weapons, 3rd. edn.(Washington, D.C.: DOD and DOE, 1977): 437, http://commons.wikimedia.org/wiki/File:Bravo_fallout2.png (지도 출처)
24) http://www.greenpeace.org/international/en/about/history/mejato/

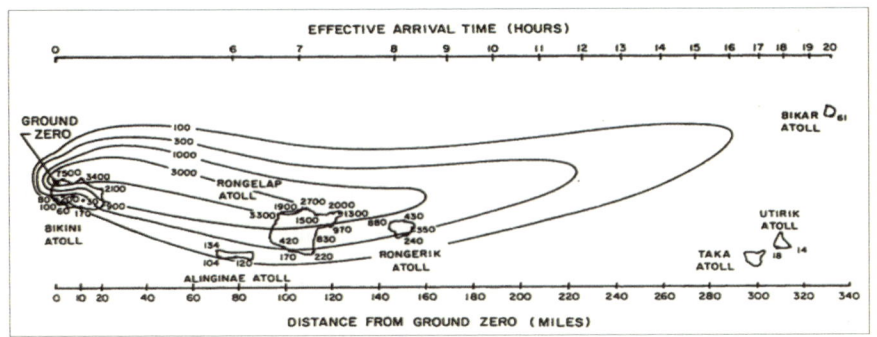

1.954년 미국 최대의 핵실험인 캐슬 브라보 작전 후 방사성 낙진 추이 (단위는 감마선 수치)

우티릭 환초(Utirik Atoll)
- 동부 라탁 제도에 위치한 환초로 10개의 섬으로 이루어져 있음.
- 육지면적은 2.43㎢, 라군 면적은 57.7㎢이며 최고 해발고도는 3m
- 인구는 435명(2011)이며 주요 섬은 Utirik, Aon, Aikrak, Pike, Allok, Nalap 등임.
- 마샬 제도에서 주민들이 거주하고 있는 최북단의 섬으로 캐슬 브라보 핵실험의 낙진으로 피해를 입은 지역임. 지금도 방사능 노출에 대한 모니터링이 실시되고 있음.

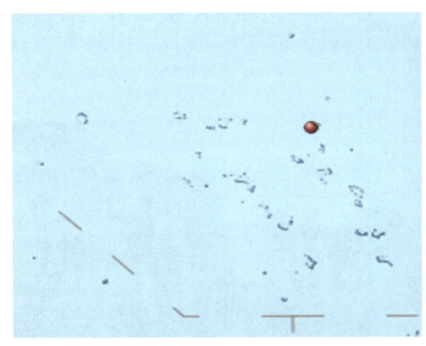
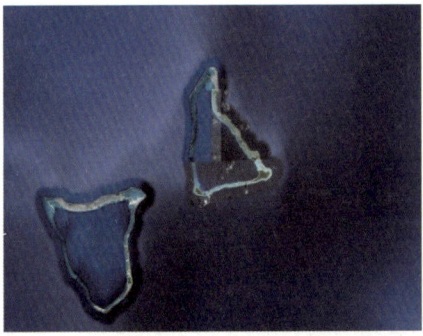

워토 환초(Wotho Atoll)
- 서부 랄릭 제도에 위치한 환초로 13개의 섬으로 이루어져 있음.
- 총 육지면적은 4.33㎢, 라군 면적은 94.92㎢이며 최고 해발고도는 3m
- 인구는 97명(2011)

- 샨츠 제도(Schantz Islands)라고도 불림. 1895년 러시아 함선을 타고 이 섬을 발견한 에버하르트 폰 샨츠(Eberhard von Schantz)의 이름을 딴 것임. 1565년 스페인 탐험선 산 페드로(San Pedro)호가 처음 발견했다는 기록도 있음.

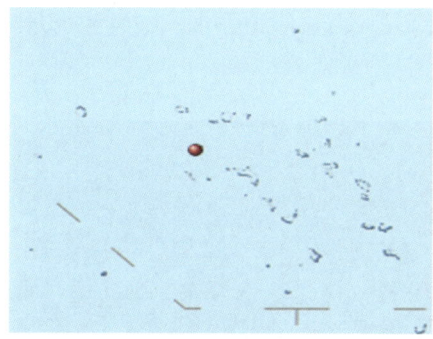
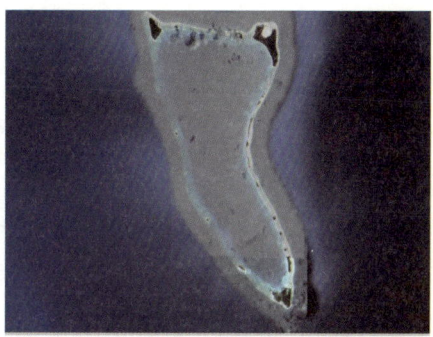

*워트제 환초(Wotje Atoll)
- 동부 라탁 제도에 위치한 환초로 75개의 섬으로 이루어져 있음.
- 육지면적은 8.18㎢, 라군 면적은 624㎢이며 최고 해발고도는 3m. 환초의 최장길이와 폭은 약 45km, 18km임.
- 인구는 859명(2011)
- 연평균 최고온도는 섭씨 29.8도, 최저온도는 섭씨 25도, 연강수량은 2,555mm
- 주요 섬으로는 Wotje, Bodao, Enejeltalk, Ukon, Wetwirok, Kaiken, Wormej, Kimajo, Ninum, Kagen 등이 있음.
- 대부분의 주민들은 워트제(Wotje), 워드메즈(Wodmej) 섬에 거주하며 다른 섬에는 농지가 있음.
- 북부도서고등학교(Northern Islands High School)라는 기숙학교가 있으며 약 200명의 학생이 재학 중임.
- 작은 공항이 있으며 1884년에 독일이 이곳에 무역시설을 설치함. 일본은 제1차 세계대전 후 이곳에 학교를 설치하였고 1930년도에는 해상비행 시설, 2개의 활주로를 가진 공항과 관련 시설을 구축함.
- 제2차 세계대전 시에는 일본군 연안포병대가 주둔했으며, 대공포도 배치함.

미국 진주만 공격 시 출동한 비행기들은 워트제 환초에서 출발한 것임. 당시 2,959명의 일본 해군과 424명의 육군, 750명의 민간인이 거주하였는데, 민간인은 대부분 한국인 강제징집자들이었음.
- 태평양 전쟁 시 미군이 마샬 제도를 공격하면서 워트제 환초로 가는 공급로가 끊어져 많은 일본인이 굶주려 죽었으며, 일본 항복 시 생존자는 1,244명이었음.
- 섬 곳곳에 아직도 많은 전쟁의 잔해가 존재함.

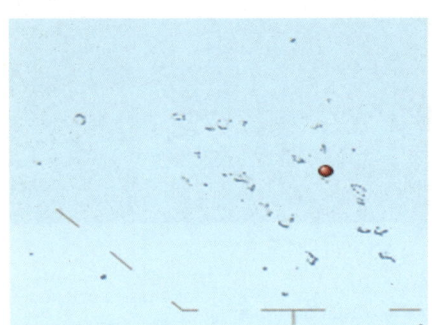
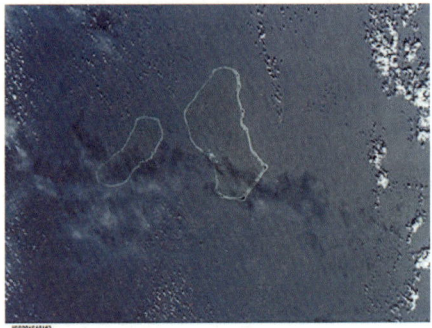

1942년의 워트제 환초 ⓒ위키피디아

기타 무인도 현황

아일링기나에 환초(Ailinginae Atoll)
- 서부의 랄릭 제도에 위치한 환초로 25개의 섬으로 이루어져 있음.
- 육지면적은 2.8㎢이며 최고 해발고도는 3m. 환초 길이는 27km, 폭은 9km
- 1954년부터 핵실험 때문에 무인도가 됨.

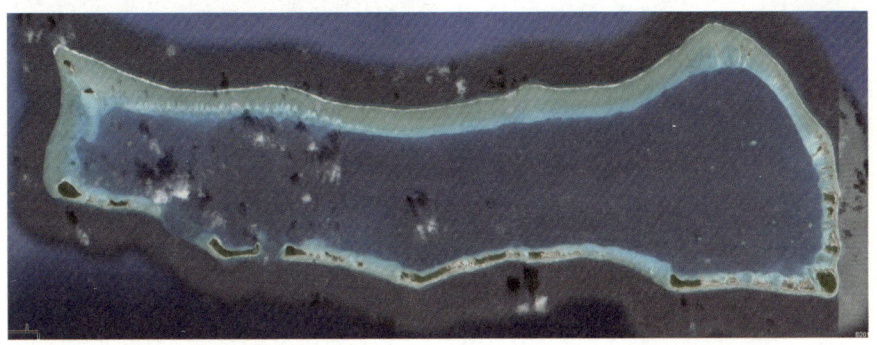

비키니 환초(Bikini Atoll)
- 서부의 랄릭 제도에 위치한 환초로 23개의 섬으로 이루어져 있음. 육지면적은 6㎢, 라군 면적은 594.1㎢. 인구는 9명(2011년 기준)
- 1946년부터 1958년까지 23번의 핵실험이 실시된 곳으로 2010년 유네스코 세계문화유산으로 지정됨.
- 핵실험 전말을 보면, 1946년 2월 마샬 제도의 군사행정관 벤 와야트(Ben H. Wyatt)가 비키니 섬 일요일 교회 예배가 끝난 후 주민들을 소집하고 인류를 위해 모든 전쟁을 종식시키기 위한 핵실험을 할 예정인데 섬을 잠시 떠나 줄 수 있겠냐고 물음. 그 후 장시간의 논쟁 끝에 비키니 섬의 지도자인 주다(Juda)가 잠깐 섬을 떠나기로 결정함. 총 167명의 비키니 주민이 이주를 준비하는 동안 미국은 핵실험 준비를 빠르게 진행하였으며, 총 242척의 함선, 156척의 비행기, 2만 5천 개의 방사능 농도 측정기, 5,400마리의 실험동물(쥐, 염소, 돼지 등)을 비키니 섬으로 수송함.

 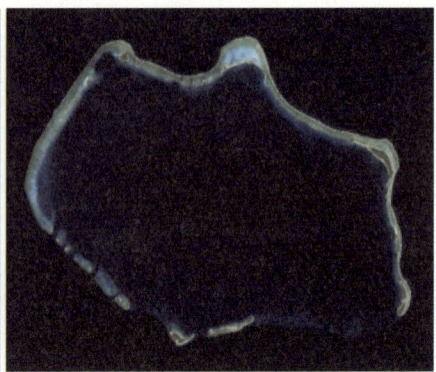

비키니 환초의 지도(좌)와 항공사진(우)

- 비키니 섬 주민들은 비키니 환초 크기의 1/6 정도 되는 롱게릭 환초(Rongerik atoll)로 이주함. 롱게릭 환초는 식수와 음식이 부족하여 사람이 살 만한 곳이 못 된다고 여겨지던 섬이었음. 또 비키니 주민들은 롱게릭 환초에 귀신들이 산다고 믿었기에 이곳으로 이주하는 것을 좋아하지 않았음. 미국은 비키니 주민들을 롱게릭 환초로 이주시키고 몇 주간 버틸 수 있는 식량을 남겨 놓고 떠남.
- 그러나 롱게릭 환초의 식량이나 토질 여건이 열악해 두달 후 비키니 주민들은 다시 다른 섬으로 이주시켜 줄 것을 미국 정부에 요청함. 주민들은 굶어 죽어 가고 있던 중이어서 방문한 미국 의사가 경악하여 즉시 주민들을 다른 곳으로 이주시켜야 한다고 주장. 비키니 주민들은 원래 우젤랑(Ujelang) 섬으로 갈 예정이었으나, 마샬 제도의 에네웨탁 환초 지역이 다시 미 핵실험 장소가 되면서 에네웨탁 환초 주민들을 우젤랑 섬으로 이주시킴.
- 1948년 하와이 대학의 인류학자인 레오나드 메이슨(Dr. Leonard Mason)이 롱게릭 환초를 방문하고 죽어 가고 있는 비키니 이주민들을 구제해 줄 것을 미국 정부에 요청함. 결국 비키니 주민들은 2년간의 뼈아픈 외지 생활을 뒤로하고 다시 콰잘렌 환초로 이주하여 텐트 생활을 시작함. 1948년 6월 비키니 이주민들은 킬리(Kili) 섬으로 이주하기로 결정하였는데 킬리 섬이 추장이 없는 무인도였기 때문임.

- 6개월간의 콰잘렌 환초 생활을 마치고 1948년 11월, 184명의 비키니 주민들은 다시 새로운 거주지인 킬리 섬으로 이주함. 그러나 이곳에서도 굶주림은 계속되었는데, 특히 섬 주변의 파도가 세어 선박으로 물자를 수송하는 것이 쉽지 않았음. 그래서 비행기로 물자를 낙하 공급하는 방법이 동원되기도 함. 또 킬리 섬 주변에는 환초가 없고 파도가 세어 어업활동이 거의 불가능했음. 몇몇 비키니 주민들은 킬리 섬을 '감옥섬'이라고 부르며 다시 비키니 섬으로 돌아갔으나, 높은 방사능 오염 때문에 결국 다른 곳으로 이주해야 했음.
- 2012년 기준 비키니 주민의 후손들이 거주하고 있는 곳은 킬리 섬(1,200명), 마주로(2,125명), 에짓 섬(275명), 기타 마샬 제도 섬들(350명), 미국 및 기타 국가(750명)임. 1946년도에 이주한 167명 중 지금까지 살아 있는 사람 34명으로 집계됨.
- 2012년까지 미국은 비키니 주민에 약 1억 5천만 달러의 보상금을 지원함.

비키니(Bikini)라는 용어의 유래

프랑스 디자이너 루이 레아(Louis Reard)가 1946년, 비키니 환초섬에서 실시된 핵실험을 보고 상하 둘로 나뉜 투피스 수영복에 '비키니'라는 이름을 붙임. 그는 비키니가 비키니 섬에 투하된 핵폭탄처럼 "작지만 파괴적"이며 "상업적·문화적으로 폭발적인 반응"을 불러일으키기를 바란다고 하였음.

1946년 비키니 환초에서의 2차 핵실험 장면(작전명 : 베이커)(좌)
1946년 비키니 환초에서 이주하는 주민들의 모습(우)

© 위키피디아

보탁 환초(Bokak Atoll)
- 동부의 라탁 제도에 위치한 환초로 36개의 섬으로 이루어져 있음.
- 육지면적은 3.2㎢, 라군 면적은 78㎢
- 마샬 제도에서 가장 외딴 지역에 위치해 있으며 청정한 환경을 유지하고 있음.
- 2003년에는 미국의 한 라디오 열광 팬이 보탁 환초의 시빌라(Sibylla) 섬에서 76시간 캠핑을 하면서 사설 라디오 기지국(V73T, IOTA No. OC-263)을 개소하기도 함.

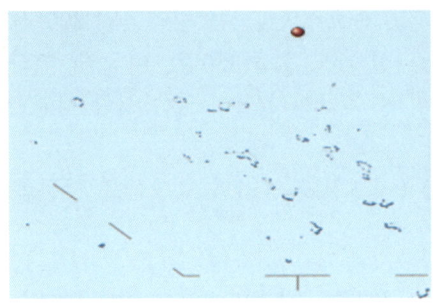 

롱게릭 환초(Rongerik Atoll)
- 서부 랄릭 제도에 위치한 환초로 17개의 섬으로 이루어져 있음.
- 육지 면적은 1.68㎢, 라군 면적은 144㎢, 최고 해발고도는 3m
- 1946년 비키니 섬 주민들이 2년간 이주해 살았던 곳으로 비키니 환초로부터 약 200km 떨어져 있음.
- 전설에 의하면 롱게릭 환초는 우자에(Ujae) 섬의 여자 귀신들이 출몰하는 곳임

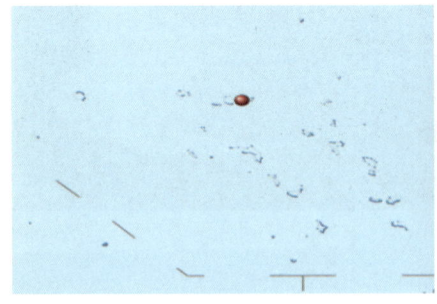 

우젤랑 환초(Ujelang Atoll)
- 서부 랄릭 제도에 위치한 환초로 30개의 섬으로 이루어져 있음.
- 육지면적은 1.86㎢, 라군 면적은 185.94㎢, 최고 해발고도는 3m
- 마샬 제도 최서단에 위치한 환초로 1946년 에네웨탁 환초의 주민들을 이주시킨 곳임. 1989년 무인도가 됨.

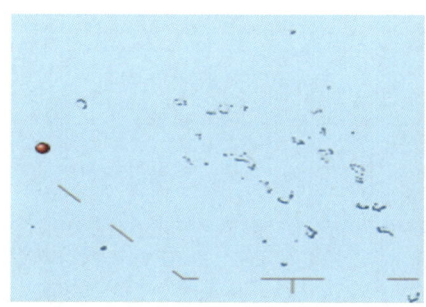 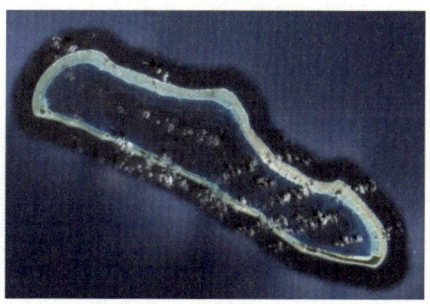

주요 도시

마샬 제도의 수도는 마주로 환초에 있는 마주로 시이다. 마주로 환초는 동부의 라탁 제도에 위치한 큰 환초로 64개의 섬으로 되어 있으며, 육지면적은 9.7㎢, 라군 면적은 295㎢이다. 마주로 시는 마샬 제도에서 가장 큰 도시로 인구는 약 3만 명이다(2011년 기준).

마주로 시에는 각종 쇼핑센터, 항만, 호텔, 국제공항 등이 위치해 있으며, 마주로 시에서 가장 번화한 지역은 마주로 환초의 동부에 있는 델랍-울 리가-드자리트 (Delap-Uliga-Djarrit)지역이다. 한편 마주로 환초 서부에 마주로 시에서 48km 떨어진 라우라(Laura)라는 지역이 있는데 거주지로서 각광받고 있으며 아름다운 해변가도 있다.

마주로 시의 울리가(Uliga) 지역에는 마샬 제도 대학(College of the Marshall Island)이 있고 드자리트(Djarrit) 지역에는 주택단지가 많다. 또 남태평양 대학(University of the South Pacific)의 마샬 제도 분교도 마주로 시에 있다.

마주로의 기후는 연중 기온차가 크지 않은 해양성 기후로 여름과 가을에 비가 많이 온다. 바람은 일년 내내 불지만 겨울과 봄에 강하게 분다.

하늘에서 바라본 마주로 시의 모습

03 정치와 사회

정부구조

마샬 제도는 1986년도에 공식적으로 독립한 젊은 국가로서 24개의 행정구역(시)으로 이루어져 있다. 마샬 제도의 헌법은 미국과 영국 헌법의 요소를 모두 포함하고 있으며, 마샬 제도 정부는 자국 헌법에 명시된 바와 같이 의회-대통령 혼합 시스템으로 운영된다. 의회는 상하 양원제 시스템이며 선거는 매 4년마다 시행되고 만 18세 이상 보통선거제를 실시하고 있다.

시	제도	인구(2011)	면적(km²)
Ailinglaplap Atoll	Ralik	1,959	15
Ailuk Atoll	Ratak	513	5
Arno Atoll	Ratak	2,069	13
Aur Atoll	Ratak	537	6
Ebon Atoll	Ralik	902	6
Enewetak Atoll	Ralik	853	6
Jabat Island	Ralik	95	1
Jaluit Atoll	Ralik	1,669	11
Kili Island	Ralik	774	1
Kwajalein Atoll	Ralik	10,902	16
Lae Atoll	Ralik	322	1
Lib Island	Ralik	147	1
Likiep Atoll	Ratak	527	10
Majuro Atoll (capital)	Ratak	23,676	10
Maloelap Atoll	Ratak	856	10
Mejit Island	Ratak	416	2
Mili Atoll	Ratak	1,032	16
Namorik Atoll	Ralik	772	3
Namu Atoll	Ralik	903	6
Rongelap Atoll	Ralik	19	8
Ujae Atoll	Ralik	440	2
Utirik Atoll	Ratak	433	2
Wotho Atoll	Ralik	145	4
Wotje Atoll	Ratak	866	8

마샬 제도 정부 청사 ⓒ 위키피디아

 마샬 제도의 거버넌스는 의회대표에 기반한 민주공화국을 표방하고 있으며, 현재 여러 개의 당이 경합하는 다당적 시스템으로 진화 중이라고 할 수 있다. 마샬 제도의 대통령은 국가의 정상이면서 동시에 행정부의 수장이다. 집행력은 행정부에 있으며 입법력은 정부와 국회에 있고 사법부는 독립된 권한을 가지고 있다.
 마샬 제도 입법부는 의회(Nitijela)와 이로이지 위원회(Council of the Iroij)로 구성되어 있다. 마샬 제도 의회는 33명의 의원으로 구성되며, 이들은 24개구의 선거구에서 선출되고 임기는 4년이다. 마샬 제도의 대통령은 의회에서 투표로 선출하며, 반대로 대통령은 의회의 승인을 받아 내각 장관들을 선출, 임명할 수 있다. 이로이지 위원회는 12명의 전통 추장으로 이루어진 자문기관으로 양원제 의회에서 상원 역할을 한다.

마샬 제도 헌법[25]

마샬 제도 헌법은 1979년에 처음 제정되었으며 1995년에 개정되었다. 헌법 제정 후 1986년 미국과의 자유연합협정이 체결되면서 독립국이 되었다.
 헌법 서문에는 마샬 제도의 전통은 그 자체로 존중, 보호될 권리가 있음이 명시되어 있으며, 헌법 제10항은 전통적 권리(Traditional Rights)를 구체적으로 명시하고 있다.

---

25) World Intellectual Property Organization. Marshall Islands. http://www.wipo.int/wipolex/en/profile.jsp?code=MH

이 외에 재산 및 소유권 관련 조항이 많은데 헌법 2항 4조는 개별 주민들의 토지 및 재산을 박탈해서는 안 된다고 명시하고 있으며, 개인 및 정부 소유의 재산권 보호에 대한 조항도 여럿 있다.

마샬 제도 헌법 서문

우리는 마샬 제도 국민으로서 우리의 생명, 자유, 정체성을 부여하신 신의 이름 앞에서, 우리의 고귀한 권리를 행사하여 우리 현 세대와 미래 세대를 위해 이 헌법을 제정한다. 이로써 마샬 제도의 거버넌스를 위한 합법적인 기틀이 마련되었다.

우리는 자랑스러워한다. 수천년 전 담대하게 미지의 태평양을 항해하고, 이 작은 섬들 위에서 숱한 난관을 이겨내며 생존을 이어 온 우리의 선조들을, 그리고 독자적인 사회를 구축했던 그들의 숭고한 노력을.

우리는 살아남았고 시간의 시험을 이겼다. 다른 문화의 영향도, 전쟁의 참상도, 국제 평화 및 안보를 위한 값비싼 대가도 모두 견뎌 냈다. 지금 우리가 가진 것과 우리의 모습은 선조들에게서 신성한 유산으로 받은 것이다. 이에 우리의 고귀한 고향인 이 섬들을 그 무엇보다 큰 애정으로 보살필 것임을 맹세하려 한다.

이 헌법과 더불어 우리는 평화와 화합 속에서 살고자 하는 우리의 열망을 확인하고, 민주주의 원리를 천명하며, 자유롭고 평화로운 세계를 위한 모든 이들의 열망을 공유하려 한다. 우리는 이 목표를 달성하기 위해 우리의 모든 노력을 경주할 것이다.

PREAMBLE

We, the people of the Marshall Islands, trusting in God, the Giver of our life, liberty, identity and our inherent rights do hereby exercise these rights and establish for ourselves and generations to come this Constitution, setting forth the legitimate legal framework for the governance of the Marshall Islands.

We have reason to be proud of our forefathers who boldly ventured across the unknown waters of the vast Pacific Ocean many centuries ago, ably responding to the constant challenges of maintaining a bare existence on these tiny islands in their noble quest to build their own distinctive society.

This society has survived, and has withstood the test of time, the impact of other cultures, the devastation of war, and the high price paid for the purposes of international peace and security. All we have and are today as a people, we have received as a sacred heritage which we pledge ourselves to maintain, valuing nothing more dearly than our rightful home on these islands.

With this Constitution, we affirm our desire and right to live in peace and harmony, subscribing to the principles of democracy, sharing the aspirations of all other peoples for a free and peaceful world, and striving to do all we can to assist in achieving this goal.

행정부(Executive Branch)

- 대통령은 국가의 원수이자 행정부의 수장으로서 33명의 의회의원이 간접선거를 통해 선출한다(역대 5명의 대통령 중 4명은 마샬 제도 최고 추장 출신이었음). 마샬 제도의 초대 대통령은 아마타 카부아(Amata Kabua)로 1979년에 선출되었다.
- 마샬 제도 정부 내각은 대통령과 6~10명의 장관으로 이루어져 있는데, 내각 장관들은 대통령이 선임하고 의회가 승인하게 되어 있다.

- 마샬 제도 내각에는 비서실장(Chief Secretary)이라는 직책이 있는데 대통령 및 내각장관들의 승인을 통해 임명한다. 모든 정부기관 및 부서의 운영 방향 전반에 대한 책임을 지고 있어서 우리나라로 치면 국무총리직과 비슷하다. 마샬 제도의 정부기관 및 부서장들은 모든 중요 안건을 비서실장에게 보고해야 한다. 2014년 9월 현재 마샬 제도의 비서실장은 Mr. Casten Nemra이다.

마샬 제도의 역대 대통령(2014년 9월 기준)		
이름	프로필	임기
아마타 카부아(Amata Kabua)	- 1928년 11월 17일 출생 (잴루이트 환초, 제이보 섬(Jabor Island)) 아버지는 일본인 사업가, 어머니는 마샬 제도인으로 최고 추장의 딸이었음. - 콰잘렌 제도의 에바돈 섬에서 성장 - 1996년 12월 20일 사망 - 학교 교사로 활동하다가 1963년 마이크로네시아 의회의원에 선출 - 형인 조바 카부아(Joba Kabua)가 죽고 나서 마주로와 랄릭 제도의 최고 추장직함을 물려받음. - 마샬 제도의 독립 협상에서 중요한 역할을 수행하였으며 현 마샬 제도 국가를 작곡, 작사함 - 부인은 Emlain Kabua	1대 대통령 1979.11.17 ~ 1996.12.20 (다섯번 연속 재임, 5번째 재임 시에 사망)
이마타 카부아(Imata Kabua)	- 1943년 5월 20일생 - 1대 대통령인 아마타 카부아의 조카로 아마타 카부아가 죽고 나서 콰잘렌 섬의 최고 추장직함을 물려받음. - 콰잘렌 섬의 국회의원 역임 - 부인은 Hiromi Kabua	2대 대통령 1997.1.14 ~ 2000.1.10
케사이 노테(Kessai Note)	- 1950년 8월 7일생 - 친할아버지가 일본인으로 니가타 현에서 이주해 마샬 제도 여성과 결혼함. - 1988년부터 마샬 제도 국회의장 역임 - 추장 출신이 아닌 일반인으로서 대통령이 된 첫 인물임. - 부인은 Mary Neimoj Yamamura	3대 대통령 2000.1.10 ~ 2008.1.14

 리토콰 토메잉(Litokwa Tomeing)	– 1939년 10월 14일생 – 워트제 섬 출생 – 마이크로네시아 연방국 폰페이 주의 PIC 고등학교를 졸업하고 하와이 대학에서 공부(1970~1972) – 전통 추장 출신으로 초등학교 교사, 교장 등을 역임하다 1965년 워트제 섬의 시장이 되면서 정치에 입문 – 1979년부터 2010년까지 국회의원 역임 – 부인은 Arlin Tomeing	4대 대통령 2008.1.14 ~ 2009.10.21 (케사이 노테가 주도한 불신임 투표를 통해 전격 퇴임함)
 주렐랑 제드카이아(Jurelang Zedkaia)	– 1950년 7월13일생(62세) – 마주로 출생 – 마주로 환초의 최고 족장(Iroijlaplap) – 1950년 7월 13일 출생 – 마주로의 최고 추장 출신으로 마주로에서 15년간 약사로 근무하고 6년간 공무원으로 근무 – 대통령이 되기 전 의회의원을 다섯 번 역임 – 1981년 국회의원으로 선출 – 부인은 Hannah Jurelang Zedkaia	5대 대통령 2009.11.2 ~ 2012.1.10
 크리스토퍼 로익(Christopher Loeak)	– 1952년 11월 11일 출생 – 아일링랍랍(Ailinglaplap) 섬 출생 – 하와이 태평양 칼리지(Hawaii Pacific University), 곤자가 법대(Gonzaga University School of Law) 수료 – 1985년에 의회의원 선출 – 부인은 Anono Lieom	6대 대통령 2012.1.10 ~ 현재

입법부

마샬 제도 내각 현황(2014년 9월 기준)	
Hon. Tony A. deBrum	Minister in Assistance to the President(대통령비서장관)
Hon. Phillip H. Muller	Minister of Foreign Affairs & Trade(외무통상부장관)
Hon. Dennis P. Momotaro	Minister of Finance(재무부장관)
Hon. Hilda C. Heine, PhD Ed.	Minister of Education(교육부장관)
Hon. David Kabua	Minister of Health(보건부장관)
Hon. Thomas Heine	Minister of Justice(법무부장관)
Hon. Rien Morris	Min. of Transportation & Communications(교통통신부장관)
Hon. Wilbur Heine	Minister of Internal Affairs(내무부장관)
Hon. Hiroshi V. Yamamura	Minister of Public Works(공공사업부장관)
Hon. Michael Konelios	Minister of Resources & Development(자원개발부장관)
Casten Nemra	Chief Secretary(비서실장)

마샬 제도 대통령실 조직도(2014년 9월 기준)	
Office of the President and Cabinet P.O. Box 2 Majuro, MH 96960 Tel. (692) 625-3445/3660, Fax. (692) 625-4021/3649	대통령실
Office of the Cabinet	정부내각실
Economics Policy, Planning and Statistics Office (EPPSO)	경제정책계획통계실
Office of Environmental Policy, Planning and Coordination (OEPPC)	환경정책계획조정실
Environmental Protection Agency	환경보호청

- 마샬 제도 입법부는 양원제로 운영된다. 입법 기능을 가진 마샬 제도의 실질적인 의회(Nitijela)는 하원이라고 할 수 있는데, 하원의 의석 수는 33석이며 일반 투표에 의해 의원을 선출한다. 상원은 이로이지 위원회라고 하는데, 12명의 전통 추장으로 구성된 자문기관이다. 입법권은 없으나 이들의 권고 또는 법령에 대한 기각안은 상당한 영향력을 가지고 있다.
- 마샬 제도에는 24개의 지역구가 있으며 각 지역구별로 4년 임기의 의회의원을 선출하게 된다. 이때 각 지역구마다 1명 이상의 의원을 선출하는데 마샬 제도의 수도가 있는 마주로 섬에서는 5명의 의원을 선출한다.

마샬 제도의 입법부 현황(2014년 9월 기준)	
의 장	
의장	Donald Capelle
부의장	Tomaki Juda
의 원	
Ailinglaplap	Ruben Zackhras
	Christopher Loeak
Ailuk	Maynard Alfred
Arno	Nidel Lorak
	Jiba Kabua
Aur	Hilda Heine
Ebon	John M. Silk
Enewetak	Jack Ading
Jabat	Kessai H. Note
Jaluit	Alvin T. Jacklick
	Rien J. Morris
Kili	Tomaki Juda
Kwajalein	Micheal Kabua
	Tony deBrum
	Jeban Riklon
Lae	Thomas Heine
Lib	Jerakoj Bejang
Likiep	Donald F. Capelle
Majuro	Philip Muller
	Anthony Muller
	Jurelang Zedkaia
	Brenson S. Wase
	David Kramer
Maloelap	Michael Konelios

Mejit	Dennis Momotaro
Mili	Wilbur Heine
Namu	Tonyokwe Aiseia
Namdrik	Mattlan Zackhras
Rongelap	Kenneth Kedi
Utrik	Hiroshi Yamamura
Ujae	Caios Lucky
Wotje	Litokwa Tomeing
Wotho	David Kabua

- 마주로, 이베예, 젤루이트, 워트제 섬은 각 지역의 중심으로서 소속 환초섬들을 관리하고, 의회위원회, 시장, 지역 책임자, 경찰력을 보유하게 된다. 재원은 중앙정부 및 지역의 세금으로 충당한다.

마샬 제도 이로이지 위원회(추장위원회) 현황(2013년 기준)[26]	
Iroij Kotak Loeak	회장
Iroij Drime F. Zedekiah	부회장
Leroij Catherine N. Reimers	위원
Iroij Drile Kili Kabua	위원
Iroij Heltera Hermios	위원
Iroij Lejje L. Loeak	위원
Leroij Loies Jerbal	위원
Leroij Lantimur Jormelu	위원
Iroij Rakinmeto Solomon	위원
Iroij Neptali Peter	위원
Leroij Aine Joseph	위원
Veronica Wase	위원

- 마샬 제도가 수립된 후 여러 차례 국가 및 지역 총선이 진행되었는데, 사실상 1999년까지는 추장위원회에 의해 마샬 제도 정부가 운영되었다고 할 수 있다. 그러다 1999년 전통 추장 및 기득권 세력의 정치적 담합과 부패를 비판하며 연합민주당(United Democratic Party)이 정권을 잡았는데, 이때 최초로 전통 추장이 아닌 일반인 출신의 케사이 노테(Kessai Note)가 대통령이 되었다.

[26] Council of Iroij Members of the 34th Constitutional Regular Session(2013) https://docs.google.com/file/d/0BykGfxP2ZUSCcWczTktMX1NubzQ/edit?pli=1

마샬 제도 의회의 7개 상임위원회(2014년 9월 기준)	
예산위원회(Appropriations)	Michael Kabua(의장)
보건교육사회문제위원회(Health, Education & Social Affairs)	Caios Lucky(의장)
방법수단위원회(Ways & Means)	Tony Aiseia(의장)
공공회계위원회(Public Accounts)	Kenneth Kedi(의장)
법률정부위원회(Judiciary & Governmental Relations)	Jeban Riklon(의장)
자원개발위원회(Resources & Development)	Jiba B. Kabua(의장)
외교통상위원회(Foreign Affairs & Trade)	Jerakoj J. Bejang(의장)

이로이지 위원회(추장위원회)[27]

마샬 제도의 주요 섬과 섬 그룹에는 전통 추장들이 존재한다. 2014년 기준 현재 4명의 최고 추장이 있으며 이들의 직함은 이로이지랍랍(irojilaplap) ((여성의 경우는 레로지(Leroij)) 이다. 일반 추장의 직함은 이로이지(iroij)이며 laplap은 최상급 접미사이다.

전통 추장들의 권리는 마샬 제도 헌법 제3항에도 명시되어 있다. 마샬 제도 의회에는 전통 추장위원회(Council of Iroij)가 설립되어 있는데 이로이지랍랍 직함을 가진 최고 추장들이 위원회에 속하게 된다. 전통 추장위원회는 마샬 제도와 관련된 거의 모든 안건을 다룰 수 있으며, 마샬 제도 내각에 자문 및 권고를 할 수 있다. 또 새로운 법안의 통과, 발효 시 이를 기각하거나 재고를 요청할 수 있다.

2013년 기준 마샬 제도에서 이로이지랍랍 직함을 가진 최고 추장은 모두 아래의 4명으로 그중 2명은 마샬 제도의 대통령을 역임했다.
- 이마타 카부아(Imata Kabua)(대통령 역임)
- 안주아 로익(Anjua Loeak)
- 주렐랑 제드카이아(Jurelang Zedkaia)(대통령 역임)
- 레미오스 헤르미오스(Remios Hermios)

사법부

- 마샬 제도 사법부는 4개 층위의 법원으로 이루어져 있다. 대법원, 고등법원, 지방법원, 전통법원이 그것이다.
- 전통법원은 토지에 대한 권리와 소유권, 그리고 관습법의 영역에서 다룰 수 있는 전통 관련 분쟁만 취급할 수 있다.
- 대법원이나 고등법원의 법관들은 마샬 제도 법률위원회(Judical Service Commission)의 권고에 따라 정부에서 임명하고 의회가 승인하며, 결격사유가 없는 한 72세까지 재임할 수 있다. 일반 재판관의 임기는 2년이다.

---

27) http://www.worldstatesmen.org

마샬 제도 사법부 현황(2014년 9월 기준)	
대법원장(Supreme Court)	Daniel N. Cadra
고등법원장(High Court)	Carl B. Ingram(원장)
	James H. Plasman(부원장)
전통법원장 (Traditional Rights Courts)	Walter K. Elbon(원장)
	Grace L. Leban(부원장)
	Nixon David(부원장)
지방법원장 (District Court)	Milton Zackios(원장)
	Jimata M. Kabua(부원장)
	Ablos Tarry Paul(부원장)
지역법원장 (Community Courts)	− Ailinglaplap Community Court Presiding Judge Canover Katol − Ailinglaplap Community Court Associate Judge Clandon Katjang − Ailinglaplap Community Court Associate Judge Mannu Rakin − Ailuk Community Court Presiding Judge Tilly Menua − Arno Community Court Presiding Judge Toko Botla − Arno Community Court Associate Judge Thompson Joseph − Arno Community Court Associate Judge Batle Latdrik − Aur Community Court Presiding Judge Benty Jikrok − Bikini and Kili Community Court Presiding Judge Jition Leer − Ebon Community Court Presiding Judge Aaron Silk − Enewetak and Ujelang Community Court Presiding Judge (공석) − Jabat Community Court Presiding Judge Tari Jamodre − Jaluit Community Court Presiding Judge Hertina Mejjena − Jaluit Community Court Associate Judge Tony Hertin − Lae Community Court Presiding Judge John Braind − Lib Community Court Presiding Judge Carol Bejang − Likiep Community Court Presiding Judge Riton Eradrik − Maloelap Community Court Presiding Judge Wilton Swain − Maloelap Community Court Associate Judge Belji Beljejar − Mejit Community Court Presiding Judge Eli Sam − Mili Community Court Presiding Judge Mack Lajinna − Namdrik Community Court Presiding Judge Reio Lolin − Namu Community Court Presiding Judge Obet Joab − Rongelap Community Court Presiding Judge (vacant) − Ujae Community Court Presiding Judge Area Jibbwa − Utrik Community Court Presiding Judge Presiding Judge Jackel Moore − Wotho Community Court Presiding Judge Carlmai Antibas − Wotje Community Court Presiding Judge Lincoln Lakjohn − Wotje Community Court Associate Judge Abwi Nako

- 마샬 제도의 법 체제는 미국 신탁통치 시기의 법령, 독립 후 새로 만든 법령, 지역 자치제의 법령, 관습법에 기반한 법령 등이 혼합되어 있다.
- 일반적인 법의 집행은 각 섬의 경찰이 담당하지만 외곽 섬들의 경우 국가 법령보다는 커뮤니티 내의 관습에 따라 문제를 해결할 때가 많다.

해양 관련 정부기관

환경보호청(EPA : Environmental Protection Agency)

현재 마샬 제도가 당면하고 있는 가장 심각한 환경문제는 해수면 상승과 식수부족이다. 1984년에 설치된 마샬 제도 환경보호청은 수질 기준 마련, 고형폐기물 처리, 토목공사 관리, 농약사용 규제 등의 다양한 사안을 담당하고 있다. 비키니, 에네웨탁, 롱겔랍 등 미국 핵실험이 일어난 지역에 대한 장기적 환경 영향평가는 아직 실시되지 않았다.

해양자원국(Marshall Islands Marine Resources Authority)[28]

마샬 제도 해양자원국은 준정부기관으로서 마샬 제도 200해리 내의 생물 및 무생물자원을 관리하는 책임을 진다. 크게 원양산업부(Oceanic and Industrial Affairs)와 연안커뮤니티부(Coastal & Community Affairs)로 나뉘며, 최근 원양산업부에서 참치어업에 대한 관리, 모니터링을 수행하기 시작했다.

해양자원국장(Executive Director)	 Glen Joseph
원양산업부장(Deputy Director, Oceanic and Industrial Affairs)	Sam Lanwi
연안커뮤니티부장(Deputy Director - Coastal and Community Affairs)	공석(2014년 8월 기준)
원양산업부 팀장(Chief, Oceanic and Industrial Affairs)	Berry Muller
연안커뮤니티부 팀장(Chief - Coastal and Community Affairs)	Florence Edwards
마샬 제도 해양자원국 주소 P.O. Box 860, Delap, Majuro MH 96960 Tel: 692 625 8262/5289 Fax: 692 625 5447 http://www.mimra.com	

---

28) Marshall Islands Marine Resources Authority. http://www.rmimra.com
    Marshall Islands Marine Resources Authority. Annual Report.

마샬 제도 해양자원국의 전경 및 국장 [29]

외교관계

마샬 제도는 미국과의 자유연합협정에 따라 독자적인 외교권을 가지고 있다. 독립 후 마샬 제도는 태평양 도서국을 포함하여 70여 개 국가와 수교하였고 다양한 국제 및 지역기구에 가입했다. 역사적으로도 자원이 부족하고 국토가 좁은 마샬 제도 주민들에게 외부 섬 또는 사회와의 교류는 중요한 요소였으며, 오늘날에도 지역적 협력은 마샬 제도 외교정책의 핵심이라고 할 수 있다. 유엔에는 1991년 9월에 가입했다.

2014년 8월 기준 마샬 제도는 미국(워싱턴 DC), 피지(수바), 필리핀, 일본(도쿄), 대만(타이페이) 등에 대사관을 두고 있으며 미국 하와이에는 영사관을 두고 있다.

마샬 제도의 수교국	
수교국	수교연도
1. United States of America*	1986
2. Federated States of Micronesia	1987
3. Australia	1987
4. Israel(State of Israel)***	1987
5. Fiji(Republic of Fiji)	1988
6. Kiribati(Republic of Kiribati)	1988
7. New Zealand**	1988
8. Philippines***	1988

29) http://www.mimra.com/index.php/about-us/2013-12-30-06-38-45

9. Papua New Guinea**	1988
10. Japan*	1988
11. Chile**	1990
12. Solomon Islands	1990
13. Vanuatu	1990
14. Tuvalu	1990
15. Western Samoa	1990
16. Nauru(Republic of Nauru)	1991
17. Republic of Korea(South Korea)**	1991
18. Germany(Federal Republic of Germany)**	1991
19. Peru	1991
20. Cyprus(Republic of Cyprus)	1991
21. Maldives	1991
22. Poland	1991
23. Spain**	1991
1992	1992
25. Sweden**	1992
26. Greece	1992
27. Egypt(Arab Republic of Egypt)**	1992
28. Vietnam**	1992
29. Costa Rica	1992
30. Colombia	1992
31. Russian Federation	1992
32. Singapore	1992
33. Denmark	1992
34. Norway(Kingdom of Norway)**	1992
35. Slovenia(Republic of Slovenia)	1992
36. Malaysia**	1993
37. Iceland(Republic of Iceland)	1993
38. Finland(Republic of Finland)	1993
39. Mexico(United Mexican States)**	1993
40. St. Vincent &The Grenadines	1993
41. Seychelles	1993
42. France**	1993
43. Austria	1993
44. Netherlands**	1993

45. Barbados	1993
46. Argentina	1993
47. Belize	1993
48. Indonesia**	1993
49. Luxembourg	1993
50. Italy	1993
51. Thailand(Kingdom of)	1993
52. Malta	1994
53. The Holy See	1994
54. Portugal**	1995
55. Andorra	1995
56. Kuwait**	1995
57. Ukraine	1995
58. Cape Verde	1995
59. Brunei Darussalam	1996
60. South Africa	1996
61. Romania	1996
62. Belgium	1996
63. Turkmenistan	1996
64. Republic of Mauritius	1996
65. India**	1997
66. Canada**	1997
67. Palau	1998
68. ROC Taiwan*	1998
69. Slovakia*	1999
70. Order of Malta**	2002
71. Swiss Federation	2003
72. Republic of Turkey**	2008
73. Czech Republic	2009
74. Oriental Republic of Uruguay	2009
75. Azerbaijan	2010
76. Georgia	2010
77. Tajikistan	2010
78. United Arab Emirates(UAE)	2010

* 마샬 제도에 대사관을 두고 있는 국가
** 마샬 제도에 대사 신임장을 발급한 국가
*** 마샬 제도에 영사관을 두고 있는 국가

대만

마샬 제도는 대만과 돈독한 관계를 맺고 있다. 2005년 5월에는 대만 대통령인 천수이볜이 국가원수로서는 처음으로 마샬 제도를 방문했다. 대만은 마샬 제도의 인프라 구축, 공공 프로젝트 실시 등에 많은 지원을 해 왔는데, 2008년 마샬 제도의 경제가 악화되었을 때에는 공공 프로젝트 기금으로 마샬 제도의 연료수입을 지원하기도 했다.

그런데 2013년 9월 마샬 제도에서 개최된 제 44회 태평양 도서국 포럼(PIF) 회의장에서 대만 특사가 마샬 제도 공무원에 의해 퇴장당한 사건이 있었다.[30] 당시 회의장은 대만이 마샬 제도에 지어 준 국제컨벤션센터였는데 건물 앞에는 그 건물을 대만이 지어 주었음을 기념하는 간판이 세워져 있었다. 회의 시작 전 중국 측 대표가 이 간판을 치워 줄 것을 부탁했고 마샬 제도 공무원들은 그렇게 했다. 그러자 이번에는 마샬 제도 특사가 다시 간판을 세워 달라고 격렬하게 항의했고 결국 중국의 요청을 받아들인 태평양 도서국 포럼 주최 측은 대만 특사를 회의장에서 퇴장시켰다. 이 일로 대만의 대표였던 리 특사는 "이건 1998년부터 15년간 친구처럼 지내 온 나라의 특사를 대하는 방식이 아니다. 대만은 마샬 제도와의 친교를 소중히 여긴다. 그러나 이번 행동은 개인적으로나 외교적으로 매우 잊기 힘든 일이 될 것이다"라고 언급했다.

인도

마샬 제도는 인도와 1995년 4월에 수교를 체결했다. 인도는 2008년 6월 태양광 가로수 설치를 위해 10만 달러를 지원했고, 2010 ~ 2011년 5명의 마샬 제도 학생에게 장학금을 주었다. 그 후 마샬 제도는 인도의 많은 이슈에 대해서 지지의사를 나타냈고, 특히 인도가 국제적 기구의 임원으로 선출되는 것을 지지했다.

---

30) Taiwan diplomat unhappy at treatment by the Marshalls government, 10 September 2013, http://www.radionz.co.nz/international/pacific-news/221124/taiwan-diplomat-unhappy-at-treatment-by-the-marshalls-government
Marshall Islands expects reprimand from Taipei over diplomatic spat at the Forum Leaders meeting, 09 Sep 2013, http://www.islandsbusiness.com/news/marshall-islands/2790/marshall-islands-expects-reprimand-from-taipei-ove/

이스라엘

마샬 제도는 1987년에 이스라엘과 수교를 맺었다. 그 후 유엔에서의 투표권을 통해 이스라엘을 지지해 왔다. 마샬 제도의 이스라엘 지지는 미국의 정책 기조와 일치하는 것으로, 미국 외교위원회 위원장은 마샬 제도가 작은 나라이지만 결코 작지 않은 용감한 행동을 한다고 두둔했다. 이스라엘 유엔대사 역시 마샬 제도가 자국의 이익만 생각하지 않고 옳다고 생각하는 바를 실시해 왔다고 칭찬했다. 2005년에는 마샬 제도 대통령인 케사이 노테(Kessai Hesa Note)가 이스라엘을 방문하기도 했다.

그러나 팔레스타인이나 이집트 등은 마샬 제도의 행보에 비판의 목소리를 내고 있다. 한 이집트 외교관은 마샬 제도가 어디에 있는지 지도에서 찾기도 힘든 나라이지만 유엔 회원국이며, 국제무대에서 어떠한 위상도 가지고 있지 않지만 유엔 총회에서는 투표권을 행사하고 있다고 비꼬았다.

마샬 제도는 1987년에 이스라엘로부터 담수화 기기를 구매하여 매일 1,100톤의 담수를 이베예 섬에 공급했다. 또 1992년에는 마주로에 담수를 공급하기 위해 추가 구매를 했다. 2002년에는 이스라엘의 지원을 받아 라우라 마을에 양계장을 건설했고, 2003년에는 오렌지류 과일농장 건설을 위해 이스라엘 외무부 및 국제협력센터의 지원을 받았다. 2010년에는 이스라엘 안과의사들이 마샬 제도를 방문하여 눈 질환 시술을 하기도 했다.

마샬 제도와 유엔 투표권[31]

마샬 제도는 국제무대에서 미국과 한목소리를 내는 몇 안 되는 태평양 도서국 중 하나이다. 예를 들어, 2011년 미국은 팔레스타인을 독립국으로 인정할 것인가를 결정하는 유엔 투표에서 마샬 제도가 기권할 것을 권유했다. 마샬 제도는 이 요청으로 팔라우, 마이크로네시아 연방국, 나우루와 함께 기권표를 던졌다(마샬 제도는 그 대가로 이스라엘과 미국에 재정지원을 요청한 바 있다). 또 2012년 2월에는 유엔에서 쿠바 금수조치를 위한 투표가 진행되었다. 이번에도 마샬 제도는 미국, 이스라엘과 함께 쿠바 금수조치에 찬성표를 던졌다.

그러나 2012년 투표 이후에는 마샬 제도에 역풍이 불었다. 마샬 제도가 미국, 이스라엘과 함께했다는 이유로 아랍연합에미리트(UAE : United Arab Emirates)에서 조성한 1억 달러 규모(약 1,200억원)의 재생에너지 기금을 받지 못하게 되었고 쿠바의 의료인력 파견도 중단되었기 때문이다.

---

31) Pacific Islands Report. RMI loses aid by voting with US at UN : Foreign Minister. http://archives.pireport.org/archive/2012/february/02-06-08.htm

이 소식이 알려진 후 이스라엘은 고위급 방문단을 마샬 제도에 보내어 새로 선출된 크리스토퍼 로익 대통령과 무역 및 사업에 관한 협상을 진행했다. 로익 대통령은 이스라엘에 국빈으로 초청되기도 했다. 미국 역시 하와이대학 의과대학과 마샬 제도 대학 간의 협력 프로그램을 추진하고, 또 마샬 제도 전력발전기 개선을 위해 한화 약 25억 원을 지원하기도 했다.

이러한 일들은 비단 마샬 제도만의 일은 아니다. 국가경제가 해외원조에 크게 의존하고 있는 마샬 제도와 같은 소도서국들은 전통적인 우호국과의 관계에 늘 신경을 써야 하며, 모든 국가와의 친선 및 중립을 표방하려 해도 현실적으로 그럴 수 없을 때가 많다.

대한민국과의 외교관계[32]

우리나라는 마샬 제도와 1991년 4월 5일에 외교관계를 수립하였다. 대한민국은 주 피지대사관에서 영사 업무를 관할하고 있으며 마샬 제도의 경우 주일대사관에서 업무를 겸임했으나, 2013년 4월 주한 대사를 임명하고 2013년 12월 서울시 마포구에 주한 마샬 제도 대사관을 개소하였다.[33]

과거 마샬 제도는 한국인 모행룡 씨를 주한 마샬 명예영사로 임명했으나 모행룡 씨가 종교 관련 사기 사건에 연루되면서 명예영사직을 박탈시켰다.[34] 2012년 5월에는 마샬 제도 대표단이 한국을 방문하여 양국의 외교부 장관인 필립 뮐러(Phillip Muller)와 김성환 장관이 만남을 가졌다.

---

32) 외교부 남아시아태평양국 서남아태평양과 마샬군도개황
http://www.mofat.go.kr/countries/southasia/countries/20110808/1_22919.jsp?menu=m_40_20_20#contentAction2.

33) 마샬 제도로서는 주한 대사관 개설이 미국, 피지, 일본, 대만에 이어 다섯 번째의 해외공관 설치이다. 그러나 마샬 제도의 주한 대사관 개설은 우리나라의 어떤 언론이나 보도자료에도 소개되지 않아 직접 외교부에 전화를 걸어 확인해야 했다.

34) 모행룡은 1979년 부인 박귀달과 함께 창시한 신종교인 천존회의 교주이다. 모행룡 부부는 종말론을 내세워 신도들에게 거액의 빚과 헌금을 모집했고, 100억 원 대의 대출자금을 동원하여 '주식회사 한뿌리 식품', '한뿌리 축산', '한뿌리 영농', '한뿌리 산업', '한뿌리 유통', '한뿌리 도예' 등 10여 개의 계열사를 운영하고 있었다.
이들은 1990년 태평양 마샬 제도 정부로부터 마샬 제도에 대한 전반적인 개발권을 이양받았다고 하면서 마샬 제도 개발을 빙자한 부동산 사기 및 병원 건립 사기 행각 등을 시작했다. 1997년에는 ㈜마샬 개발이라는 회사를 차리고 "태평양의 마샬 제도가 조만간 융기할 것이니 이곳에 대규모 리조트를 개발하겠다"며 투자자들을 모집했다. 모행룡 부부는 전세기까지 동원해 투자자들을 데리고 마샬 제도 현지를 둘러보게 했으나 마주로 섬의 최고해발이 10m에 불과한 데다 대부분 모래땅이어서 현지를 둘러본 투자자들이 '투자가치가 없다'고 외면했다고 한다. 그러나 천존회 측은 마샬 제도로부터 리조트 개발을 대가로 100년간 마주로 섬을 임차받은 것을 두고 '국토를 확장했다'며 일간지에 광고까지 내는 등 대출사기를 위해 대대적인 선전 작업을 벌였다. 마샬 제도 정부는 한국 수사기관에 천존회를 사기혐의로 고소했고 2000년 1월 천존회의 교주 모행룡과 부인 박귀달은 사기혐의로 구속되었다. 그후 2001년 10월 대법원은 모행룡과 부인 박귀달에게 각각 징역 8년과 5년을 선고했다. 출소 후인 2008년 이들은 종단 이름을 변경하여 다시 교단 재건에 착수하였는데 이러한 정황을 SBS 시사고발 프로그램인 〈그것이 알고 싶다〉에서 조사하기도 했다. (불교정보센터, 천존회, 종말론 내세워 신도 1,500명 현혹, 380억 대출사기 http://www.bulgyofocus.net/news/quickViewArticleView.html?idxno=6748, MBC News, 종말론 천존회 교주 수사, 신도들 100억 헌납, 가정파탄 등, 2000.2.11., http://imnews.imbc.com/20dbnews/history/2000/1858686_623 2.html, 연합뉴스, 천존회 교주 부부 징역 10년 선고, 2000.7.11. http://news.naver.com/main/read.nhn?mode=LSD&mid= sec&sid1=102&oid=001&aid=0000014396)

주 피지 대한민국 대사관 (마샬 제도 겸임)(2014년 9월 기준)

• 대사관 주소 : 8th Floor Vanua House, Victoria Parade, Suva, Fiji
• 전화 : 679-330-0977
• 팩스 : 679-330-8059
• E-mail : korembfj@mofat.go.kr
• 홈페이지 : http://fji.mofat.go.kr
• 비상연락처
  - 박상태 1등서기관 (679) 992-1098(휴대폰)
  - 허성호 2등서기관 : (679) 992-1086(휴대폰)
  - 이상동 실장 : (679) 992-1088(휴대폰)
• 근무시간
  - 월 ~ 목 : 08:30 ~ 16:30(점심시간 : 12:30 ~ 14:00)
  - 금 : 08:30 ~ 16:00(점심시간 : 12:30 ~ 14:00)
  - 토 ~ 일 : 휴무

	주한 마샬 제도 명예영사
1995.12	• 마샬 제도, 이창재 고려그룹 회장을 주한 명예영사로 임명
1997. 9	• 마샬 제도, 이창재 명예영사 해임
1997.10	• 마샬 제도, 모행룡 한뿌리 그룹 ((주)마샬개발) 사장을 주한 명예영사로 임명 - 한뿌리 그룹은 그 후 마샬 제도에 현지법인을 설립하고 마주로 섬의 라우라 지역, 그리고 밀리(Mili) 섬 및 아르노(Arno) 섬에 60억 달러 상당의 관광개발사업을 추진함. - 이들은 위 지역의 토지소유주(일부는 반대하였음)들과 장기 토지임차계약(50년)을 체결하고 개발 프로젝트를 위해 국내외 투자자를 유치할 계획이었음. 그러나 구체적 사업계획 및 자금 조달방안의 불확실로 마샬 제도 정부도 본 사업추진에 대한 공식입장을 유보한 상황에서 2000년 모행룡 대표가 사기죄로 구속되면서 사업이 백지화됨.
2000. 2	• 마샬 제도, 모행룡 명예영사 임명 취소
2012. 6	• 마샬 제도, 박흥석 ㈜모뉴엘 대표를 명예영사로 임명

양국은 수교 이래 우호적 관계를 유지하였으며 마샬 제도는 국제 무대에서 대한민국을 적극 지지하고 있다. 대한민국은 국제무대에서의 지지, 어업 분야 협력 등을 마샬 제도에 요청하고 있으며, 마샬 제도는 양국 간 경제협력을 요청해 오고 있다. 양국 간 주요 정부인사의 교류는 다음과 같다.[35]

---

[35] 외교부, 마샬 제도 개황, 2013.12,
http://fji.mofa.go.kr/webmodule/htsboard/template/read/korboardread.jsp?typeID=15&boardid=7855&seqno=992304&c=&t=&pagenum=1&tableName=TYPE_LEGATION&pc=&dc=&wc=&lu=&vu=&iu=&du=

마샬 제도 인사의 방한

- 1982. 6　　　아마타 카부아(Amata Kabua) 대통령 비공식 방한
- 1986. 11　　아마타 카부아(Amata Kabua) 대통령 비공식 방한
- 1994. 4　　　아마타 카부아(Amata Kabua) 대통령 비공식 방한(진로건설 초청)
- 1998. 9　　　필립 멀러(Philip Muller) 외무장관 비공식 방한(마샬개발 초청)
- 1998. 10　　이마타 카부아(Imata Kabua) 대통령 비공식 방한(마샬개발 초청)
- 2000. 11　　케사이 노테(Kessai Note) 대통령 비공식 방한(SK 네트웍스 초청)
- 2004. 5　　　케사이 노테(Kessai Note) 대통령 비공식 방한(순천향대학 초청)
- 2006. 6　　　케사이 노테(Kessai Note) 대통령 비공식 방한
- 2008. 8　　　주스티나 랑기드릭(Justina R.Langidrik) 보건장관, 한-태평양 도서국 보건 장관회의 참석차 방한
- 2011. 5　　　존 실크(John Silk) 외교장관, 제1차 한-태평양 도서국 외교장관회의 (5.31, 서울) 참석차 방한
- 2012.4.25-29　필립 멀러(Phillip Muller) 외교장관 비공식 방한

우리 측 인사의 마샬 제도 방문

- 1992. 2　　　백영기 주피지대사 신임장 제정
- 1993. 5　　　강근택 주피지대사 신임장 제정
- 1995. 10　　한·마샬 정상회담 개최(유엔총회 참석 계기)
- 1996. 5　　　문병록 주피지대사 신임장 제정
- 1996. 9　　　정태익 제1차관보, 제8차 PIF 대화상대국회의 참석차 방문
- 1997. 1　　　문병록 주피지대사, 아마타 카부아(Amata Kabua) 대통령 장례식 참석차 방문
- 2002. 4　　　박병연 주피지대사 신임장 제정
- 2005. 6　　　김봉주 대사 신임장 제정
- 2007. 7　　　김봉주 대사 이임인사차 방문
- 2009. 2　　　전남진 대사 신임장 제정
- 2010. 7　　　전남진 대사 정기 업무협의차 방문
- 2011. 3　　　이병욱 전 환경부차관(외교장관 특사) 방문
- 2011. 10　　정해욱 대사 신임장 제정
- 2013. 9　　　박용규 주뉴질랜드대사 PIF 대화상대국회의 참석차 방문

그동안 우리나라는 수산양식과 관련된 연수생 파견 및 건설, 관광, 해저 광물자원 탐사 부문에서 마샬 제도와 협력하기 위해 많은 노력을 기울여 왔다. 양국 간의 경제협력과 무역 현황을 살펴보면 실제 양국 간 교역 수준은 높지 않으나 제3국(미국)을 최종 목적지로 마샬 제도를 경유하는 대한민국의 수출 물량(선박, 원유, 기계장비, 식료품 등)으로 인해서 우리나라가 마샬 제도로 수출하는 액수가 통계상으로는 크게 나타난다.

연도별 양국 간 교역통계(출처 : 무역협회, 단위 : 미화 천 달러)

구분	2001	2002	2003	2004	2005	2006	2007	2008	2009	2010	2011	2012
수출	520,581	734,895	961,719	607,005	1,141,076	965,642	2,278,822	4,759,256	9,672,199	4,687,046	7,053,544	3,934,176
수입	136	240	482	112	105	105	47	9	39,845	999	58,895	119,637

마샬 제도와 우리나라의 무역 현황을 보면 마샬 제도가 우리나라에서 수입하는 액수가 훨씬 크다. 특히 우리나라의 대기업인 SK 측이 마샬 제도에 매년 3,000만 달러 상당의 유류를 수출하고 있다. 마샬 제도의 주요 수출품은 직물, 섬유 등이며 수입품은 화물선, 자동차 등이다.

대한민국과 마샬 제도가 가장 활발하게 협력하고 있는 분야는 수산이다. 우리 어선의 주 어장인 파푸아뉴기니 수역에서 조업이 중단됨에 따라 우리나라는 1998년 7월부터 대체어장 확보 차원에서 마샬 제도 근해에서 조업을 시작했다. 그러나 마샬 제도 근해에서의 조업량은 우리나라 전체 선망어획량의 3%에 지나지 않아 우리 선단의 조업관심도가 크지 않은 구역이다.

마샬 제도에 대한 대한민국의 지원 현황을 살펴보면 1991년부터 2012년까지 KOICA의 지원 총액은 56만 달러 규모이다. 그러나 KOICA를 통하지 않은 타 부처의 지원액을 모두 포함하면 지원 규모는 이보다 클 것으로 예상된다. 현재까지의 지원형태는 주로 소규모 물자지원 및 연수생 국내 초청으로 이루어져 왔으며, 2013년에는 주한 마샬 제도 대사가 부임하면서 우리나라에서 외교부 의전차량 4대, 디지털카메라 1대 등 16만 달러 규모의 물자를 지원했다

우리나라의 대 마샬 제도 지원금액(출처: 외교부, 단위: 만 달러)

연도	1991~2000	2001	2002	2003	2004	2005	2006	2007	2008	2009	2010	2011	2012
지원액	26	1	-	-	1	5	-	11	-	8	1	1	2

주요 지원 내역	
사업형태	사업내용
물자지원	1992년 물자지원(4만 달러) 1993년 물자지원(2만 달러) 1994년 사무기기 지원(3만 달러) 1995년 차량 지원(2만 달러) 1996년 차량 지원(8만 달러) 1997년 차량 지원(3만 달러) 1998년 차량 지원(2만 달러) 2001년 차량 지원(1만 달러) 2005년 차량 지원(1만 달러) 2009년 차량 지원(8만 달러) 2013년 차량 지원(16만 달러), 공무원 역량강화 워크숍 지원(4만 달러)
연수생 초청	1994년 수산양식(1명) 1995년 작물생산기술(1명), 어로기술·수산양식(1명) 1997년 어로기술·수산양식(1명) 2007년 ICAO 레이더 접근관제(1명) ※ 총 5명, 3만 달러 2010년 PIF 특별연수(수산양식 1명) 2011년 PIF 특별연수(기후변화 1명, 해양기술 1명) 2012년 PIF 특별연수(정보통신 2명)

2012년 여수 세계박람회 태평양공동관의 마샬 제도 부스   ⓒ KIOST

2014년 9월 기준 마샬 제도에는 약 30명의 한국 교민이 거주하고 있으며 대부분 자영업에 종사하고 있다. 한인회는 조직되어 있지 않으나 마샬한인교회의 김홍식 목사가 한인사회의 대표를 맡고 있다.

끝으로 지난 2012년 개최된 여수박람회에서 태평양공동관이 운영되었는데 여기서 마샬 제도는 핵실험과 강제이주, 방사능 낙진 등으로 상처 입은 슬픈 섬으로 소개되었다. 마샬 제도는 제142차 세계박람회기구(BIE) 총회에서 2012년 세계박람회 여수 유치를 적극 지지한 바 있다.

마샬 제도 대통령 경제고문을 지낸 지용유[36]

1940년 5월 24일생으로 1986년 마샬 제도에 진출한 지용유는 1987년에 마샬 제도의 시민권을 획득하고 2008년도에는 대통령 경제 고문과 마샬 제도 비공식 한인회 회장 등의 직책을 맡았다. 지용유는 1980년대 초, 미국으로 이민을 갔지만 생활 방식과 문화가 너무도 달라 곧 이민을 포기하고 귀국을 결심했다. 그런데 우연히 괌에 살고 있는 친구와 연락이 닿아서 괌으로 갔고, 곧바로 정착 가능성을 알아보던 중 당시 새로운 관광지로 각광을 받기 시작하던 사이판이 적지(適地)라고 판단하고 그곳으로 옮겨 갔다. 수중에 단돈 160불을 들고 사이판에 도착한 지용유는 갖은 역경과 우여곡절 끝에 건설업으로 기반을 닦았다. 1986년에 이르러 마샬 제도를 비롯한 태평양 국가의 독립이 이루어지면서 그는 마샬 제도에 진출할 것을 결심했다. 당시 마샬 제도에는 한인 정착자가 없었고, 1970년대 초 마주로 공항 건설 때 한국의 한일 개발에서 진출했다가 모두 철수한 상태였다. 지용유가 대통령 경제개발 고문이 될 수 있었던 것은 독립을 앞둔 마샬 제도의 대통령 예정자였던 '아마타 카부아'를 면담하면서 독립 이후의 여러 가지 경제 개발에 대해 협의하고 개발 산업에 참여한 것이 결정적인 계기가 되었다.

지용유는 현재 이 나라에서 가장 높은 건물(5층, 이 나라에서 유일하게 엘리베이터가 설치되어 있음)을 소유하고 있는데, 이 건물을 지을 때에도 한국의 기술 경쟁력을 세계에 알리고 싶은 마음에 많은 건축비에도 불구하고 한국산 건축 자재를 수입하여 시공했다. 이런 작은 마음에서 출발한 일들이 모이면서 이 나라에서 자랑스런 한국인으로서 뿌리를 내리고, 한국의 우수성을 해외에 알릴 수 있게 되었다.

마샬 제도가 독립하면서 이 나라 대통령은 지용유에게 대통령 경제 고문직을 맡아 줄 것을 부탁했으나 관직에 몸담아 본 일이 없다는 이유로 매번 거절했다. 그러나 거듭된 대통령의 요청으로 마지못해

---

36) 지용유 대사에 대한 글은 아래 사이트에서 인용했다. 원본 출처가 있을 것으로 짐작되지만 정확한 출처가 표기된 인터넷 자료가 없는 실정이다. 향후 저작권자를 찾게 되면 정식으로 게재, 인용 요청을 할 예정이다.
http://blog.daum.net/sss2438/14882762
http://news.yeosu.go.kr/news/quickViewArticleView.html?idxno=188 (사진 출처)

수락하고 현재까지 대통령 경제 고문으로 있었다.

미국이나 일본이 아닌 한국인을 경제 고문으로 영입한 데에는 나름대로 이유가 있었던 것 같다. 미국과 일본은 마샬 제도에 직·간접적인 경제 지배의 가능성을 가지고 있었기에 이를 배제하려는 뜻이 있었으며, 또한 근래에 눈부신 경제 발전을 이룩한 한국을 모델로 삼아 경제를 일으켜보려는 의지도 있었던 것이다. 더구나 지용유가 개발 불모지였던 이 섬나라에 과감히 진출하여 많은 업적을 쌓은 것도 중요한 요인이 되었다.

특히 1990년 미국의 부시 대통령이 태평양 도서국들의 원수를 자국으로 초청할 때 지용유는 '아마타 카부아' 대통령의 수행원으로 함께 참석했다. 이때 부시 대통령은 한국인이 경제 고문이라는 사실에 무척 놀라면서 의외라는 반응을 보였다. 미국에 있어서 중요한 군사적 요충지인 이 나라에 미국인이 아닌 한국인이 이렇듯 중요한 자리를 차지하고 있다는 사실이 미국으로서는 대단히 자존심 상하는 일이라는 뜻이 담겨 있었던 것이다. 이 일은 지용유 개인적으로도 대단히 영광스런 일이기도 했지만 우리나라의 국력이 이만큼 성장했다는 사실을 나타내는 일이라 생각된다. 이 일로 하여 지용유는 더욱 책임감을 가지고 경제 고문이라는 직책을 수행할 수 있었다고 한다.

지용유는 마샬 제도에서 많은 일에 관여하였는데 그중 몇 가지만 소개하면 첫째 마주로 리조트 컴플렉스 프로젝트(majuro resort complex project)이다. 이 사업은 200실 규모의 1급 호텔과 100실 규모의 아파트, 국제 수준의 골프장과 클럽하우스를 포함한 약 6,000만 달러 규모인데, 마샬 공화국으로서는 관광산업의 미래가 달려 있는 최대 규모의 사업이라 할 수 있다. 물론 지용유의 도움으로 한국의 진로 건설에 발주했다. 둘째, 마주로 공항을 점보기가 이착륙할 수 있을 정도로 확장하는 공사이다. 이 공사도 가능하면 한국의 건설업체로 발주되도록 노력했다. 셋째, 코발트 해저 광맥의 개발 사업이다. 코발트는 군사 장비 및 기계용 철강 제품에 반드시 사용되는 희귀 금속의 하나인데, 점점 그 품위가 낮아지는 까닭에 해저 광석을 개발해야 할 상황이다. 여러 번에 걸친 탐사와 검토 결과 마샬 공화국의 해저에 매장되어 있는 코발트가 품질 면이나 경제성, 매장량 등이 세계 제일로 판명되었으며, 더욱 중요한 사실은 이 사업의 개발 콘소시엄 구성권을 향후 10년간 지용유 개인의 이름으로 독점적으로 가지고 있다는 사실이다.

이 외에도 핵연료 잔재물 저장 시설, 인광석 노천 광구 채굴 등의 많은 사업에 한국의 업체가 참여할 수 있도록 노력하고 있으며, 이러한 일들이 대한민국의 이름을 국제 사회에 널리 알리고, 우리 나라가 선진국의 자리에 굳건히 설 수 있는 계기가 되리라 믿으며, 보람을 갖고 일하고 있다. 그러나 위와 같은 일들이 그저 순조롭게만 진행되어 온 것은 아니었다. 이국 땅에서 생김새가 비슷한 사람도 거의 없는 오지와 같은 곳에서 지용유가 이만큼 자리잡을 때까지 고난과 어려움 그리고 우여곡절도 많았다.

먼저 지용유가 많은 자본과 정성을 쏟았던 참치어업이 여러모로 순조롭지 못했다는 것이다. 수산업의 성패는 어획량과 신선도에 달렸다고 해도 과언이 아닌데, 수산업에 대한 지식과 사전 준비가 부족하여 실패로 끝나고 말았다. 두 번째 시련은 5층 건물 시공 때 자재 창고에서 일어난 화재 때문에 공사 중단의 위기까지 봉착했던 일이다. 자재 창고에서 일하던 파키스탄 청년의 실수로 불이 났는데, 이 화재는 마샬 공화국 역사상 가장 큰 화재였다고 한다. 우리와 달리 그 5층 건물이 이 나라 최고층 건물이었다고 하니, 소방 시설이 제대로 되어 있었을 리가 없었던 것이다. 그러나 회사를 도산 위기까지 몰고 왔던 이 일을 전 직원과 가족이 합심하여 보란 듯이 이겨 냈다. 이로 인해 한국인의 인내와 끈기는 마샬 공화국 한인들의 자랑이 되었으며, 그때부터 현지인들도 지용유를 모두 경이로운 눈으로 쳐다보게 되었다. 세 번째 시련은 1994년 봄 조수간만이 비정상적으로 높아져 발생했던 한인 캠프의 수몰 사고였다. 건물과 가재도구 등을 잃은 것은 물론이고, 지용유는 기도를 드리던 중에 큰 파도가 닥쳐 침상에 몸이 깔렸고 목숨까지 잃을 뻔했으나 구사일생으로 살아났다. 그러나 사고 복구 때 보여 준 지용유를 비롯한 우리 한인들의 단결심과 희생 정신은 참으로 남다른 것이었으며, 현지인들에게도 본보기가 되었고, 지금까지도 그들의 입에 오르내리는 장한 일이 되었다. 최근에는 제2차 세계대전 당시 징용으로 태평양의 섬까지 끌려와서 일제에 의해 학살당한 한국인들의 유골을 발굴하고, 그들의 넋을 기리는 위령탑 건설을 추진 중에 있다. 그가 한국인임을 한시도 잊지 않았기에 가능한 사업이다.

2008년 지용유는 여수를 찾아와 2012 여수세계박람회 유치 성공을 축하하기도 했다. 그는 이날 2012 여수세계박람회 유치 성공을 축하하는 마샬 대통령의 친서와 마샬 제도 수도인 마주로 시와 여수시의 자매결연 의향 전달을 위해 여수를 방문했다.

마샬 제도의 당면과제

마샬 제도에서 중요한 사회적 이슈 또는 당면과제가 되고 있는 문제들은 아래와 같다. 그중 특히 심각한 문제는 해수면 상승과 도시화이다.

해수면 상승

마샬 제도는 평균 해발고도가 극히 낮은 저지대 산호섬들로 이루어져 있다. 마샬 제도의 29개 환초와 그 안에 있는 1,225개 섬의 평균 해발고도는 2.1m 정도이며, 마샬 제도에서 가장 높은 산의 평균 해발고도는 10m이다.[37] 따라서 고조와 큰 파도가 겹칠 경우 마주로를 비롯한 연안 도시와 마을들이 큰 피해를 입는다. 실제 2008년과 2013년에는 큰 파도가 마주로를 휩쓸어 시내의 도로, 건물 등이 물에 잠기고 마샬 제도 정부가 비상사태를 선포한 적이 있다.

해수면 상승은 일차적으로 주민들의 식수원과 식량원을 파괴하기 때문에 위험하다.[38] 마샬 제도는 지대가 워낙 낮아 강, 호수와 같은 자연상태의 담수원이 거의 없다. 그래서 대부분 지하수나 빗물에 의존해야 하는데 바닷물이 육지를 침범하면 지하수가 오염된다. 또 주민들이 식량을 채취하는 빵나무, 판다누스, 바나나, 야자나무 등이 바닷물의 높은 염도에 노출되어 피해를 입게 된다.

이 외에도 점차 빈번해지는 가뭄, 홍수 같은 극한 기상현상도 마샬 제도를 불안하게 한다. 이러한 상황이 지속된다면 마샬 제도는 키리바시, 투발루 등과 함께 환경난민(environmental refugees)의 첫 배출국이 될 확률이 높다. 마샬 제도는 기후변화 문제에서 '최전선 국가'라고 불리는데 현재 마샬 제도는 기후변화협약(UNFCC), 태평양 기후변화 대응 프로젝트(PACC) 등에 적극적으로 참여하고 있다.

도시화

도시화와 그로 인한 각종 문제 역시 마샬 제도의 주요 현안 중 하나이다. 20세기로 오면서 마샬 제도 주민들은 그들의 전통적 생활방식을 떠나 도시로 모여 들었는데

---

37) http://www.pacificrisa.org/places/republic-of-the-marshall-islands/
38) 마샬 제도의 식수 부족 문제는 국제적으로도 주목을 받아 유엔개발계획, 태평양 기후변화 대응 프로젝트(PACC) 등에서 마샬 제도의 집수 시설을 대폭 확충시켜 주기도 했다. 현재 마주로 시에서 가장 넓은 공터는 마주로 공항의 활주로이며 마주로 시는 활주로를 이용해 빗물을 모은 다음 주민들에게 공급하고 있다.

콰잘렌 환초에 있는 이베예 섬이나 마샬 제도의 수도인 마주로로 몰려들었다. 지금도 마샬 제도 인구의 반 이상이 이 두 지역에 거주하고 있다. 이렇게 상대적으로 좁은 도시 지역에 많은 인구가 거주하게 되자 각종 사회, 경제, 공공보건, 복지 문제 등이 발생하고 있다. 인구과밀로 인한 도시오염, 식수 및 주택 부족, 질병, 넘쳐나는 쓰레기의 처치 곤란 등이 그러한 예이다.

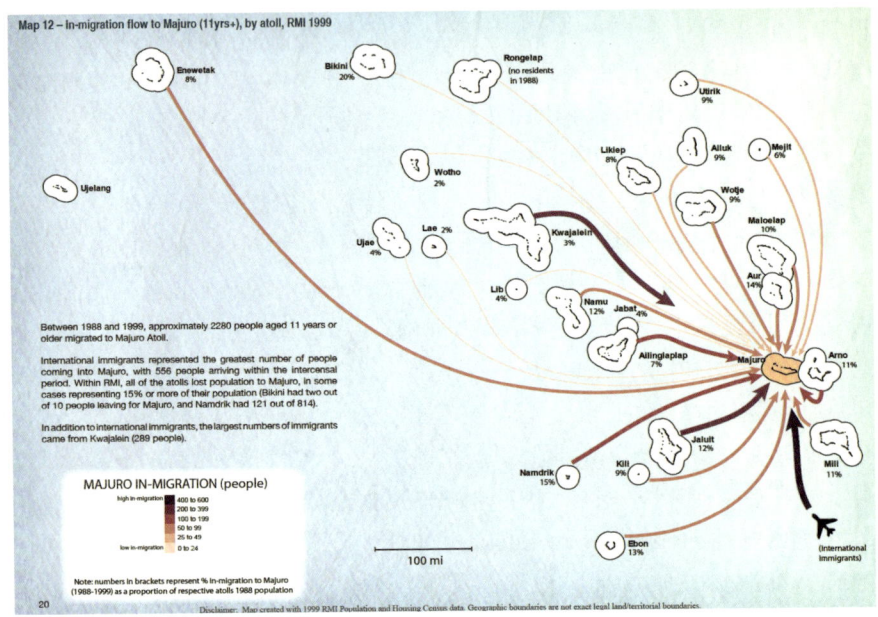

마샬 제도에서의 인구 이동(1988~1999)[39]

각종 질병[40]

도시화와 그에 따른 인구과밀, 환경오염, 위생악화 등은 각종 유행성 질병의 빈발과도 관련이 있다. 태평양 도서국에서는 역사적으로 유행성 전염병의 발생이

---

[39] http://www.yokwe.net/index.php?module=News&func=display&sid=1519 (지도 출처)
[40] Re-emerging communicable diseases in the United States Affiliated Pacific Islands, HHS Paper for March 2011. IGIA Senior Plenary Session.
Crisis with non-communicable disease in the United States Affiliated Pacific Islands, HHS Paper for March 2011. IGIA Senior Plenary Session.

잦았는데, 특히 결핵, 홍역, 백일해, 이하선염, 나병 등의 질병이 문제가 되었다. 물론 오늘날에는 효율적인 예방접종 덕분에 발생빈도가 많이 줄어들었으나 댕기열, 콜레라 등의 유행병은 지금도 사람들의 목숨을 위협하고 있다. 초기 진단과 예방이 필수이지만 각국은 보건비 등 예산 문제로 어려움을 겪고 있다.

    2000년대 들어 마이크로네시아 연방국의 축 주와 마샬 제도에서 항생제에도 내성이 있는 결핵균이 발견되어 문제가 되었다. 나병의 경우, 2010년 마샬 제도의 외곽 섬에서 보고되었는데 재정 부족으로 현재 나병의 발생 경로 파악이나 예방이 충분히 이루어지지 못하고 있다.

    이 외에 태평양 도서국에서 문제가 되고 있는 비유행성 질병도 있다. 2010년 5월 태평양보건실무자협회(PIHOA : Pacific Island Health Officers Association)에서는 긴급선언문을 통해 태평양 지역의 주요 비유행성 질병들을 발표했다. 여기에는 비만, 암, 심장질환, 뇌졸중, 당뇨병, 우울증, 상해/상처, 관절염, 통풍 등이 포함되어 있다. 태평양 도서국에서 이러한 질병의 발병률은 세계 최고 수준이라고 할 수 있다. 이 외에도 높은 흡연수준, 알코올 섭취, 비만, 건강한 삶을 위한 환경적·사회구조적 요소 부족, 질병에 대한 대응습관 결여, 운동과 움직임이 많지 않은 생활양식 등도 문제가 되고 있다.

에너지 문제[41]

마샬 제도가 최근 많은 공을 들이고 있는 분야 중 하나는 에너지 확보이다. 마샬 제도는 지원국 및 국제기구의 도움을 받아 여러 대체에너지 개발 사업을 추진 중인데, 이러한 대체에너지 시스템 도입을 통해 다른 태평양 도서국과 마찬가지로 화석연료에 대한 의존도를 낮추려 하고 있다. 마샬 제도에서 추진되고 있는 대체에너지 개발 프로젝트로는 다음과 같은 것들이 있다.

- 폐기물에너지 발전 시스템 도입(마주로 환초)
- 해수온도차 발전 타당성 조사(콰잘렌 환초)
- 외곽 섬에서의 코코넛 오일 바이오연료 생산 및 태양광 발전

---

41) Pacific Island Report. http://archives.pireport.org/archive/2012/june/06-15-04.htm

웨이크 섬(Wake Island) 소유권 문제

웨이크 섬은 마샬 제도에서 북쪽으로 19km 위치에 있는 미국령 섬으로, 현재 마샬 제도는 미국을 대상으로 웨이크 섬에 대한 주권을 주장하고 있다. 마샬 제도 주민들은 이 섬을 에넨키오(Enen-Kio)라고 하는데 미국은 1899년부터 실질적 주권을 행사해 왔다.

　행정적으로는 미 내무부 도서청(Office of Insular Affairs)이 관리하며 섬으로의 접근은 제한되어 있다. 이 섬에는 미군의 미사일 기지와 3km의 활주로가 있는 공항이 있다. 2009년 1월 6일에는 미국의 조지 부시 대통령이 웨이크 환초를 미국의 태평양 외곽 섬 해양국립유적지(Pacific Remote Islands Marine National Monument)에 포함시켰다.

웨이크 섬의 모습　　　　　　　　　　　　　　　　　　　　　ⓒ 위키피디아

웨이크 섬 개황

경위도 : 19° 18′ N 166° 38′ E
섬 : 3개
육지면적 : 7.38㎢
연안 길이 : 19.3km
최고 해발고도 : 6m
인구 : 약 150명(2009년 기준)
기후 : 열대 해양성 기후이며 겨울에 온대성 태풍 발생

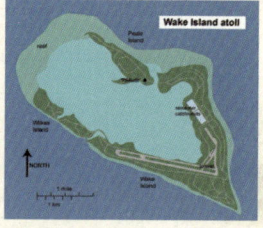

섬	면적(㎢)	면적(헥타르)
Wake Islet	5.53	553.22
Wilkes Islet	0.799	79.90
Peale Islet	1.039	103.94
Wake Island	7.371	737.06
Lagoon(water)	6	600.00
Sand Flat	3.7	370.00

04 역사와 문화

전통사회[42]

사회구조

마샬 제도의 지리적 환경은 인근 마이크로네시아 연방국의 코스레 또는 폰페이와는 크게 다르다. 즉, 마샬 제도는 저지대 환초섬 국가인 반면 폰페이와 코스레는 고지대 섬들이다. 마샬 제도는 천연자원이 거의 없다고 볼 수 있지만 폰페이와 코스레는 많은 천연자원을 가지고 있다. 부족한 천연자원으로 인해 마샬 제도에서는 전통적으로 다른 섬과의 무역이나 소통을 중요시하였지만, 폰페이와 코스레는 그들이 필요한 모든 것을 섬에서 확보할 수 있었던 것이다.

　이러한 지리적 차이점에도 불구하고 마샬 제도의 전통적 리더십은 폰페이나 코스레와 유사하다. 다른 태평양 도서국들과 마찬가지로 땅은 마샬 제도 사회의 중심이다. 마샬 제도의 전통적 리더들은 명목적으로는 섬의 모든 땅의 소유자였으며, 각 가구에 일정 넓이의 땅을 분배한 뒤 대신 공물을 제공받는 형태로 지역 커뮤니티를 다스렸다. 모든 마샬인은 부족(Jowi)의 구성원으로서 일정 넓이의 땅을 소유할 권리를 가지고 있었다. 부족의 땅은 추장이 다스리며 개별 씨족의 토지는 각 씨족의 우두머리(Alap)가 관리, 감독했다.

　마샬 제도는 모계 사회이며 땅의 소유권은 어머니에서 딸에게로 상속된다. 제한적으로 부계 시스템도 존재하는데, 한 예로 우젤랑(Ujelang), 에네웨탁(Ene

---

42) Bazaar Planet, http://www.bazaarplanet.com/micronesia/rmi/photo1_marshall_islands.html
　http://www.micsem.org/pubs/counselor_subj.htm
　The Marshall Islands Journal, http://www.marshallislandsjournal.com/

wetak)과 같은 섬에서는 전통적으로 추장직을 부계를 통해 물려주었다. 마샬 제도와 같은 모계사회에서 가족은 대단히 큰 문중을 형성하고 있기 때문에 가족 행사는 그 규모가 매우 컸다. 가장 큰 가족행사 중 하나는 케멤(kemem)이라는 것으로 어린아이의 첫돌 행사라고 할 수 있다. 케멤 행사에서는 가족과 친척 그리고 친구들이 모두 모여서 노래와 축제를 통해 축하해 준다.

마샬 제도의 전통 추장들[43]

계층 분화

마샬 제도는 전통적으로 계층 분화가 뚜렷한 사회였다.[44] 최고위 추장을 중심으로 사회가 운영되었으며, 회의 시 직급이 높은 사람들은 전통적으로 바람이 불어오는 쪽, 바다와 가까운 쪽 자리에 앉았다. 그러나 추장들이 무소불위의 권력을 휘두를 수 있었던 것은 아니고 자신이 다스리는 사람들의 의견에 충실히

---

43) Bazaar Planet. http://www.bazaarplanet.com/micronesia/rmi/photo1_marshall_islands.html (사진 출처)
44) Countries and Their Cultures. Marshall Islands. Social Stratification-Classes and Castes. http://www.everyculture.com/Ma-Ni/Marshall-Islands.html

귀를 기울여야 했다. 그러지 않으면 추장직에서 쫓겨나는 경우도 있었다. 원래 추장들의 권력은 1800년경까지만 해도 국지적이었으나 서구의 식민통치가 시작되면서 추장의 영향력과 권력이 증가했다. 현대로 들어와 마샬 제도가 독립국이 되면서 새로운 사회구조, 계급구조가 등장했으나 내부적으로는 여전히 추장들과 전통적 귀족 가문의 권력이 세다고 할 수 있다.

과거에는 복잡한 문신이 남자와 여자의 계급 구별에 사용되었다. 유명한 전사, 존경받는 항해사, 의술을 행하는 자들도 그들의 위치와 계급을 문신을 통해 알렸다. 또한 언어 사용에서도 계층 간 분화가 나타났는데 지위가 높은 사람들에게 사용하는 존댓말이 존재하며 이는 지금도 사용되고 있다. 이 외에 의복에서도 상층 계급과 하층 계급을 구분하는 양식이 존재한다.

가족 생활과 남녀별 역할분화
과거 마샬 제도 주민들은 공동부엌(cookhouse)을 중심으로 확대가족을 이루어 살았다. 지위가 높은 가족 구성원들의 잠자리는 다른 가족 구성원들의 잠자리보다 높은 곳에 위치해 있었다. 확대가족의 규모는 한 가족에서 4~5가족 등이 공동부엌을 사용하면서 함께 모여 살았다.

이 확대가족은 같은 모계집단인 경우도 있고 남자나 여자 쪽 친척 가족들이 같이 사는 경우도 있었다. 보통 확대가족은 나이 든 원로와 경제활동에 참가하는 청장년층, 그리고 아이들을 포함한 3대 이상의 연령분포를 보였다. 더 이상 요리나 낚시를 할 수 없는 할아버지나 할머니는 돗자리나, 수제품을 만들고, 도구나 물에서 사용하는 여러 가지 장비를 수리하고, 집 정리를 하면서 도움을 주었다. 그리고 한창 일할 나이의 남녀는 바다나 육지에 나가서 일을 했으며, 어린 여자 아이나 남자 아이는 자잘한 집안일이나 요리 등을 도왔다.

현대로 오면서 마샬 제도에서도 도시화에 따른 핵가족화 현상이 나타나고 있다. 오늘날 마샬 제도 주민들은 확대가족을 이루어 모여 살지 못하더라도 하나의 큰 친족 그룹을 이루어 도움을 주고받곤 한다. 이 친족 그룹은 아버지 쪽 친척, 어머니 쪽 친척, 같은 토지를 경작하는 동료, 고향 사람 등 매우 다양한 범위의 사람들을 포괄하고 있다.

마샬 제도 전통사회에서 일반적으로 남자는 바다나 하늘과 관련된 일을 했다. 즉, 어업, 낚시, 카누 제작, 야자열매 채취, 새 사냥 등에 종사했다. 반면 여자는 땅과 관련된 일을 했다. 타로 뿌리 수확하기, 판다누스 잎 줍기 등이 이러한 활동에 포함되었다. 공간적으로 보면 남자는 마을과 다소 떨어진 곳에서의 일을 담당하며 외지로의 여행도 자유로웠다. 반면 여자들은 마을 내 활동이나 행사를 책임졌다. 정리하면 남자는 외부에서의 공적 활동을 대표하지만, 여자들은 막후에서 상당히 강한 영향력을 행사했다. 이는 마샬 제도가 모계사회라는 것과도 관련이 있다.

판다누스 잎으로 바구니를 짜고 있는 마샬 제도 여성[45]

과거에 개인의 정체성은 모계를 통해 구축되었으며 토지나 재산 역시 모계를 따라 분배되었다. 그러나 산업화된 현대사회에서 남성들의 지위가 강화되면서 권력이 남성들을 중심으로 계승되기도 한다. 앞에서 소개한 우젤랑이나 에네웨탁 섬의 경우, 토지가 여자뿐 아니라 남자에게도 유산으로 물려진다.

결혼 풍습을 살펴보면 과거 마샬 제도에서는 일부다처제도 허용되었으나 서양 선교사들의 진출 이후 금지되었다. 기본적으로 족외혼을 실시했으며 다른

---

45) Bazaar Planet. http://www.bazaarplanet.com/micronesia/rmi/photo1_marshall_islands.html (사진 출처)

부족에 있는 고종사촌과의 결혼은 가능했다. 최근에는 외부와의 교류가 빈번해지면서 자신의 친족과 아무 관계가 없는 외지 사람을 배우자로 고르기도 한다.

사회화
마샬 제도에서는 일반적으로 아기들이 마음껏 자라게 해 준다. 보통 어머니나 다른 여자형제들이 아기들을 보살피며 아기를 업고 일을 하기도 한다. 젖은 만 2~3세 때까지 또는 형제자매가 태어나기 전까지 먹인다.

아이가 만 4~5세가 되면 더 어린 아기들을 돌보며 심부름을 하거나 작은 집안일을 하게 된다. 남자 아이들은 마을을 벗어나 탐구할 수 있는 자유가 주어지며 대부분은 형이나 누나, 아버지나 어머니의 남자형제들과 함께 낚시나 식량 확보 활동을 한다. 아이들은 비교적 자유롭게 성장하지만 사회적으로 지켜야 할 규범을 어기거나 경계를 넘게 되면 '나나(나쁘다)'라는 외침과 함께 엄하게 훈계를 받게 된다.

아이들이 자라면 학교에서 사회화가 진행된다. 지방이나 외곽 섬에서도 초등 기초교육(1학년에서 8학년까지)이 행해지며 읽기, 영어, 산수 등을 중점적으로 가르친다. 그리고 공부를 잘하는 학생들은 시험을 통해서 마주로의 고등학교에 입학하게 된다. 8학년 이후 공부를 더 하고 싶은 학생들은 경제력이 뒷받침될 경우 보통 사립 고등학교에 간다. 고등학교를 졸업한 젊은이들 중에는 미국으로 유학을 가는 경우도 있다.

전통적 종교관
마샬 제도 주민들은 자연계에 다양한 신이 존재한다고 믿었다. 그래서 주술사나 사제 등을 통해 신들의 능력에 접근할 수 있다고 믿었다. 그러나 파푸아뉴기니 등의 멜라네시아 지역에서처럼 악한 마술(black magic)을 집전하는 사람들에 대해 특별히 알려진 바는 없다.

마술과 같은 초자연적 힘은 마샬 제도 주민들의 일상생활에 중요한 요소로 작용했다. 그리고 현재 마샬 제도의 기독교 신앙에도 많이 융합되어 있다. 즉, 교회가 과거의 신성한 돌이나 신성한 야자나무 또는 판다누스 나무를 대신하고 있으나, 특정한 지역 또는 사물을 신성화하는 민속적 신앙은 아직도 사람들의 정신 속에 남아 있다.

마샬 제도 주민들은 죽음이 생명과 극단적으로 대립된 것이라고 생각하지 않았다. 다만 죽음을 다른 형체로 태어나기 위해 거쳐야 할 하나의 행사로 생각했다. 즉, 죽음을 형체가 없는 조상이 되는 길이라고 생각한 것이다. 여기에는 죽은 조상들이 살아 있는 사람들과 지속적으로 상호작용한다는 생각이 깔려 있다. 그래서 마샬 제도 주민들은 죽은 자를 땅에 묻는 것은 망자가 살아 있는 동안 열심히 경작하여 자기의 흔적을 남겨놓은 땅에 당사자를 식물처럼 다시 '심어주는' 것이라고 생각했다. 자신이 가꾼 땅의 한 부분으로 돌아간다고 여긴 것이다.

이러한 사고방식으로 인해 마샬 제도에는 다양한 초자연적 존재에 대한 전설이 존재한다. 이러한 전설들은 대부분 귀신이나 마녀에 대한 이야기인데 섬마다 조금씩 다르긴 하지만, 기독교를 도입한 이후에도 마샬 제도인들의 심성 속에 살아남아 있다고 할 수 있다.

예를 들어, 마샬 제도에는 '에크잡(ekjab)'이라고 하는 영적 존재가 있다. 이는 인간의 형태를 가지고 있는 혼령으로서 돌, 나무, 하늘, 섬 등에 깃들어 있다. 반면 '아니즈(Anij)'라 불리는 혼령은 인간에게 해를 끼치는 영적 존재를 말한다. 한편 '안진마(Anjinmar)'는 작은 난쟁이처럼 생긴 존재로서 착한 심성을 가지고 있고 수풀가에 산다. 이러한 식으로 옛 마샬 주민들은 세상 만물은 영혼을 가지고 있다고 여겼으며, '에크잡'이라는 영적 존재가 자연적 현상과도 연계되어 있다고 믿었다.

한편 티몬(Timon: 악령)이라는 초자연적 존재에 대한 믿음도 널리 퍼져 있는데, 티몬은 사람들을 아프게 하거나 목숨을 앗아간다고 생각되었다. 이 티몬들은 그들이 살고 있는 거주지에 따라 다양한 종류가 있었는데 해변가의 악령, 바다의 악령, 수풀의 악령 등이 그 예이다. 이 외에 악령이 아닌 보호자 역할의 초자연적 존재, 즉 수호령도 존재했는데, 평민의 수호령보다는 추장과 같은 고위직급의 수호령이 훨씬 강력하다고 여겼다.

그러나 마샬 제도에서는 폴리네시아 지역과 같이 규정화된 사제나 성직자 직급이 존재하지 않았으며, 인간이나 살아 있는 동물을 제물로 바치는 공희 의식도 존재하지 않았던 것으로 보인다. 하지만 영적 존재에게 각종 공물, 즉 음식, 돗자리, 기타 귀중품을 만들어 바치는 풍습은 존재했다.

주문과 노래

마샬 제도에는 다양한 주문과 노래가 존재한다. 이를 마샬 제도어로 "로로(roro)"라고 하는데 이 노래들은 다양한 목적으로 불려졌다. 전쟁, 낚시, 거북이 사냥, 새 사냥, 카누 항해 및 기타 초자연적 도움을 얻고자 할 때 적합한 '로로'들을 불렀으며, 적들에게 죽음이나 질병의 저주를 내릴 때, 나쁜 기운을 없애고자 할 때, 좋아하는 사람으로부터 관심을 받고 싶을 때, 추장이나 원로 등으로부터 도움을 받고 싶을 때도 나름의 '로로'를 불렀다.

이러한 '로로' 중 가장 중요한 노래는 항해에 앞서 부르는 것들이다. 항해 시에 부르는 '로로'에는 특정 환초섬이나 바다 형태에 대한 이야기, 가려는 섬들에 대한 설명 등이 포함되어 있다. 항해사들은 이 '로로'를 외우거나 읊으면서 무사히 원하는 목적지에 도착할 수 있기를 기원했다. 항해사나 마술사, 사제 등이 사용하는 '로로'는 비밀스러웠으며 오직 특별한 제자들에게만 전수되었다. 한편, 이러한 진지한 '로로' 외에도 사랑을 찾거나 재미로 부르는 것들도 존재했다.

일반적으로 '로로'는 4선율에서 6선율로 구성되어 있으며, 처음에는 낮게 천천히 시작해서 점점 빠르게 되풀이되다가 고음으로 끝난다. 어떤 '로로'는 옛 마샬 제도어로 되어 있어 아직 그 뜻이 충분히 해독되지 않은 것들도 있다.

전통적 이야기꾼

마샬 제도 전통사회에는 이야기를 전문으로 하는 '이야기꾼'이 존재했다. 다른 사람들보다 더 많은 이야기를 알고 이 이야기를 능숙하게 들려주는 이들인데, 이들을 마샬 제도어로 "리브웨브웨나토(ri-bwebwenato)"라고 불렀다. 이야기꾼은 대부분 각 마을의 노인이었고, 이러한 구전 이야기들은 재미있기도 할 뿐 아니라 문화를 전승하고 새로운 세대를 교육하는 데 중요한 역할을 했다.

사람들은 이야기꾼의 이야기를 들으면서 그들의 문화에 대한 지식을 넓혔고, 그들의 시조와 영웅에 대해 배우기도 했다. 또한 자연적 현상, 여러 식물·동물·바다 등에 대한 것뿐만 아니라 전통과 역사도 배웠다. 그러나 현대로 오면서 이러한 구전 전승문화는 점차 사라지고 있으며 옛 시대에 대한 지식을 간직하고 있던 노인들과 '이야기꾼' 역시 사라져 가고 있다.

음식

마샬 제도인들은 지대가 낮은 척박한 환초섬에서 어렵게 생존을 꾸려 왔다. 그래서 전통사회에서는 생존을 위한 식량 확보가 주민들의 최우선 과제였다. 제일 먼저 연안에서 나는 물고기, 조개 등의 수산물이 마샬 제도인의 전통적 생계식량이었다.

땅에서 나는 음식은 서너 종류 뿐이었는데 야자나무, 빵나무, 판다누스 나무에서 나는 열매와 타로가 전부였다. 이러한 작물 재배에는 많은 기술이 필요하였으며, 특히 빵나무의 경우 어린 나무는 조심해서 키워야 하는데 비가 오는 날 약 30cm 구멍에 비료를 가득 채워서 심어야 한다. 그리고 흙을 섞어 넣고 코코넛을 갈아서 넣기도 하며, 어린 나무는 울타리를 만들어 보호하면서 키워야 한다.

타로 뿌리(좌)와 타로 잎(우)[46]

빵나무 열매(좌)와 판다누스 열매(우)

---

46) http://www.spc.int/lrd/index.php?option=com_content&view=article&id=782:collecting-giant-swamp-taro-in-pohnpei&catid=66:centre-for-pacific-crops-and-trees&Itemid=26 (사진 출처)

전통 항해술

지난 2,000년 동안 마샬 제도 주민들은 해양 환경에 적응하기 위한 다양한 항해술과 어업기술을 발전시켜 왔다. 마샬 제도는 자원이 적고 척박한 저지대 환초섬이라 일찍부터 주민들은 다른 섬들과의 교류를 중시했다. 이러한 필요성으로 인해 마샬 제도에서는 전통적 카누 항해술이 발달했다. 마샬 제도 현지어로 카누는 "와(Wa)"라고 부르는데 작고 노로 저어 움직이는 카누에서부터 크고 빠른 카누에 이르기까지 종류가 다양하다.

19세기 초 유명한 러시아 탐험가인 오토 본 코체부(Otto Von Kotzebue)가 마샬 제도를 방문한 뒤 고속의 카누를 보고 놀랐다는 이야기가 전해져 내려온다. 특히 비대칭의 선체, 측판 갑판, 항해자의 직감으로 회전시키는 선체 중앙의 돛대 등은 지금도 요트 전문가들을 놀라게 한다.

마샬 제도 주민들은 이러한 카누와 더불어 뛰어난 항해기술도 가지고 있었다. 그들은 마샬 제도 근해의 많은 섬을 오갔는데 동쪽으로는 하와이, 북쪽으로는 웨이크 섬(마샬 제도에서 북쪽으로 20km 위치에 있는 섬), 서쪽으로는 폰페이, 남쪽으로는 키리바시까지 항해한 것으로 알려져 있다.

마샬 제도의 항해자들은 기본적으로 별과 달의 위치, 그리고 파도의 모양이나 형태를 보고 항로를 찾았다. 때로는 섬과 섬 사이의 장거리 항해를 하기도 했는데, 이 경우 무역풍이 없고 날씨가 잔잔할 때 항해를 떠났다. 마샬 제도의 항해자들은 하늘에 있는 중요한 별들의 위치를 외우고, 구름과 바람의 모양, 새들의 비행 패턴, 해로상의 특이한 지형 등을 기억할 줄 알아야 했다.

한편, 마샬 제도 항해자들은 막대 해도(Stick Chart)라는 독특한 해도를 사용했다. 막대 해도는 대부분 야자나무 잎사귀의 굵은 주맥으로 만들었는데, 섬들의 위치와 바다에서의 파도의 특성을 알려 주었다. 이 막대 해도는 바다로 가지고 나가는 것이 아니고, 항해자 교육 시 파도의 특성과 섬들의 위치를 암기시키기 위한 것이었다. 막대 해도는 세가지가 있었는데 '메토(meto)'는 파도의 형태를, '레벨립(rebbelib)'은 섬의 위치를 보여 주고, '마탕(mattang)'은 비교적 좁은 지역을 대상으로 몇 개의 섬의 위치만을 나타내는 것이었다.

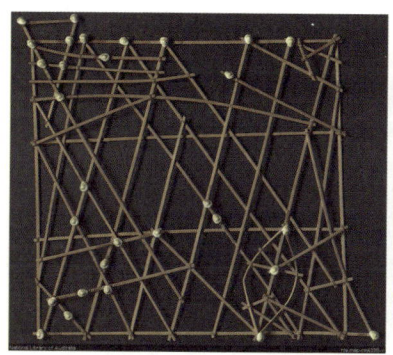 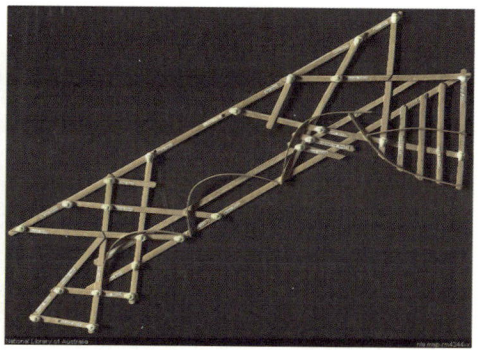

마샬 제도의 전통적인 막대 해도. 섬들의 위치, 파도의 방향 등이 나타나 있다.[47]

카누의 경우 마샬 제도에서는 1개의 카누에 아웃트리거를 길게 매단 아웃트리거 카누(Outrigger Canoe)를 사용했다. 폴리네시아 지역에서 쓰이던 2개의 카누를 매단 형태인 쌍발식 카누(Double Canoe)는 사용되지 않았다.

마샬 제도의 카누는 빠르고 특이했는데, 이중마감 처리된 비대칭적인 선체, 뾰족하고 좁은 용골 등이 마샬 제도 카누의 특징이다. 카누에도 여러 종류가 있었다. 그 중 작고 빠른 카누는 '티프놀(tipnol)'이라고 하며 라군 내에서 물고기를 잡을 때 사용되었다. 이 카누는 10명 이상을 태울 수 있었으며 대양 항해도 가능했다. 이것보다 더 큰 '코코르(Korkor)'는 노를 사용하는 아웃트리거 카누로 여기에는 가끔 돛대도 달 수 있었고 주로 라군 내에서 운항했다. 돛대는 삼각형으로 대부분 아주 컸으며 양쪽에 막대와 활대가 있었다. 그밖에 최대 선체 길이 30m에 40명 이상이 승선할 수 있고, 대양을 한 달간 항해할 수 있는 대형 카누인 '왈랍(walap)'이 있었다.

전통적으로 마샬 제도 카누의 돛은 튼튼한 판다누스 잎으로 만들었고 선체는 빵나무로 만들었다. 영국의 유명한 탐험가 제임스 쿡 선장도 12노트의 속도로 빠르게 움직이는 마샬 제도의 카누를 칭찬하기도 했다. 최근에는 마샬 제도의 전통 카누 제작법을 다시 부흥시키려는 움직임도 일고 있다.

---

47) National Library of Australia, http://nla.gov.au/nla.map-rm4344, http://nla.gov.au/nla.map-rm4388 (사진 출처)

마샬 제도의 대형 카누 그림(좌) 및 '코코르' 카누 사진(우).
마샬 제도의 전통카누는 용골이 좁고 속도가 빠른 것으로 유명했다.[48]

수공예

마샬 제도인들은 중앙태평양에서도 널리 알려진 수공예 솜씨를 자랑하고 있다. 잘 짜여진 바구니, 부채, 모자, 벽걸이, 지갑, 돗자리, 받침대, 막대 등이 그 예이다. 이러한 공예품은 대부분 마샬 제도 주민들의 가정에서 만들어지며, 현지에서 나는 재료를 사용하여 주로 외곽 섬에서 제작한다. 사용되는 재료는 야자나무, 판다누스 잎, 조개껍데기 등이 있다. 이 수제품들은 마샬 제도의 중요한 전통 예술문화의 일부를 이루고 있다.

48) Hernsheim, Franz (1883) Südsee-Erinnerungen (1875-1880). Berlin: A.Hofmann & Compagnie. Page 92, http://marshall.csu.edu.au/Marshalls/html/histpix/Canoe.html (왼쪽 그림 출처)
Dirk H.R. Spennemann, Photograph of a Marshallese korkor canoe in Jaluit, http://marshall.csu.edu.au/Marshalls/html/histpix/Jaluit_korkor.html (오른쪽 사진 출처)

마샬 제도의 수공예품 : 벽걸이 장식품(왼쪽 위), 바구니(오른쪽 위), 일반 장식품 (왼쪽 아래), 여성 장식품 (오른쪽 아래)[49]

문신

유럽 선교사들이 마샬 제도로 들어오기 전에는 거의 모든 마샬 제도인은 문신을 하였다. 19세기 러시아 탐험가인 오토 본 코체부가 이들의 문신을 보고 놀랐다는 기록도 있다. 전통사회에서 문신을 새기는 데는 약 1개월이 소요되었다. 이는 매우 고통스러운 과정이지만 여자든 남자든 성인이 되기 위해서는 거쳐야 하는 관문이었다. 마샬 제도인들은 문신을 그들의 정체성과 직결된 중요한 상징이라고 생각했다. 문신 새기기는 중요한 의례이자 다른 이들과의 연결성을 나타내는 방법이기도 했다. 이 외에 마샬 제도인들은 주름살을 감추기 위해 얼굴에 문신을 하기도 했다. 문신은 보통 직급이 높은 추장들의 것이 가장 아름다웠다.

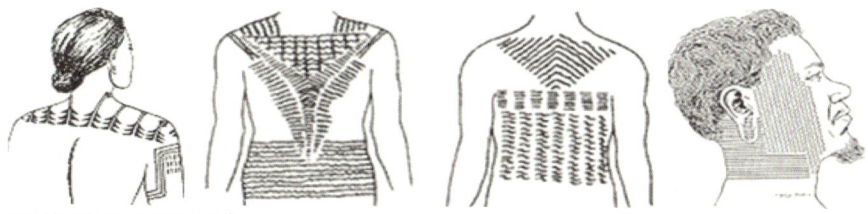

마샬 제도의 전통적 문신 형태[50]

---

49) Judy Mulford, Handicrafts of the Marshall Islands, Marshallese Ministry of Resources & Development, 2006, http://www.yokwe.net/ydownloads/Handicraftbooklet.pdf (사진 출처)
50) Digital Micronesia, Marshalls, Tattooing in the Marshall Islands, http://marshall.csu.edu.au/Marshalls/html/tattoo/frame3.html (그림 출처)

마샬 제도 추장이었던 라릭(Rarik)의 초상화[51]
마샬 제도 전통사회에서 문신은 중요한 사회적 의미를 지니고 있었다. 1816년 마샬 제도를 방문한 러시아 탐험가 코체부의 설명에 근거해 그려진 초상화로 그림 속 추장은 이 지역 관습대로 판다누스 잎사귀를 말아 귀걸이처럼 걸고 있다.

  문신의 디자인은 반복적이고 추상적이었다. 이 문양들은 자연, 특히 바다에서 영감을 얻은 것으로 조개, 파도, 물고기 모양을 흉내 낸 것이 많았다. 세부적으로는 점, 직선, 지그재그선, 물결 모양의 곡선 등으로 이루어져 있다. 여자들을 대부분 팔, 어깨, 그리고 허벅지에만 문신을 하고, 추장의 부인들은 손등에도 문신을 하였다. 문신 기구로는 날카로운 물고기의 뼈와 나무망치를 사용했으며, 문신을 위한 염료로는 코코넛을 태워 얻은 숯을 사용했다. 문신 새기기가 진행되는 동안 사람들은 북을 치면서 당사자의 비명이나 신음소리 등을 감추었다. 또 문신을 받는 사람의 얼굴은 멍석으로 가렸다.

---

51) http://www.marshallislandsjournal.com/Journal%20August%2029%2008.html (그림 출처)

신화와 전설[52]

세계는 어떻게 생겨났는가

전설에 따르면 태초에 4개의 기둥이 있었다. 그러다 동쪽의 기둥이 넘어지면서 동쪽에 하늘을 만들었다. 이 하늘은 "로콤란(Lokomraan)"이라 불렸는데 '동쪽 또는 하루를 만드는 것'이라는 의미였다. 또 서쪽의 기둥이 넘어져 서쪽의 하늘을 만들었다. 이 하늘은 "이로즈릴릭(Iroojrilik)"이라고 불렸다. 이 시기 하늘에는 안개가 자욱해서 먼 곳을 볼 수 없었다.

그러다 하늘에서 두 명의 남자가 내려왔다. 이들의 이름은 로와(Lowa)와 롬탈(Lomtal)이었다. 로와는 그의 목소리로 섬들을 만들었다. 그가 "로와 그리고 산호초"라고 외치면 산호초가 생겼다. 또 "로와 그리고 돌들"이라고 말하면 돌들이 생겼다. "로와 그리고 섬들"이라고 말하면 섬들이 생겼으며, "로와 그리고 사람"이라고 말하자 사람이 생겼다. 하늘은 여전히 안개로 자욱했다.

이제 롬탈의 차례였다. 롬탈은 그의 목소리로 바다를 만들었다. 롬탈이 "깊은 곳에서 뛰쳐나와 동쪽으로 흘러라"라고 소리치자 바다가 동쪽으로 흐르기 시작했다. "깊은 곳에서 뛰쳐나와 서쪽으로 흘러라"라고 소리치자 서쪽으로 흘렀고, 이런 식으로 바다를 북쪽, 남쪽으로도 흐르게 했다. 이제 세상은 사방이 바다였다.

롬탈은 물고기를 만들었다. 그가 "엡 섬의 라군에서 뛰쳐나와 흘러라"라고 소리치자 물고기가 흘러들어 왔다. 새들에게도 소리치자 새들도 왔다. 이제는 섬들과 바다뿐만 아니라, 섬과 바다에 속한 모든 것이 많았다.

얼마 후 두 명의 젊은이가 나타났다. 이들은 문신을 새기기 위해서 북쪽 끝 부오즈(Buoj)라는 곳에서 온 이들이었다. 그곳에는 진윈느(Jinwinne)라는 젊은 여자가 살고 있었다.

두 젊은이는 문신을 새기기 위한 절차를 시작했다. 먼저 문신을 하기 위한 염료를 만들었다. 그리고 세상의 모든 생물에게 염료를 발랐다. 두 젊은이

---

[52] 마샬 제도 주민들은 전설에 대한 지식을 보유한 사람들을 존경했다. 왜냐하면 이러한 전설은 선택된 몇 명에게만 전해졌기 때문이다.
- Wake Island: Pre-european discovery (http://en.wikipedia.org/wiki/Wake_Island)
- Marshall Islands Story Project (http://mistories.org/tales.php)
- Jack A. Tobin. 2002. Stories from the Marshall Islands. University of Hawaii Press. 405p. (ISBN. 0824820193, 9780824820190) (http://books.google.co.kr/books?id=yUSHbrkbYSwC&printsec=frontcover&hl=ko&source=gbs_ge_summary_r&cad=0#v=onepage&q&f=false)

중 한 명인 레오즈(Lewoj)는 모든 물고기를 불러 모았다. "하나씩 나오라"고 하니까 물고기들이 하나씩 나왔다. 다른 젊은이인 란세즈(Lancej)는 하나씩 나온 물고기에 색칠을 하였고, 색감을 입혀 주면서 말하기를 "너의 이름은 쿠판이다"라고 한 후 다시 놓아 주었다. 레오즈가 다시 물고기를 불렀고, 란세즈는 색깔을 입히고 "네 이름은 브웨브웨다"라고 한 후 다시 물로 돌려보냈다. 이렇게 두 젊은이는 바다의 모든 물고기에게 색깔을 입히고 이름을 지어 주었다.

그 후 레오즈는 새들을 불렀다. 란세즈는 다시 새들에게 색깔을 칠하고 각각 이름을 지어 주었다. 그들은 육지의 모든 살아 있는 것들을 불러 색깔을 칠하고 이름을 지어 주었다. 그리고 마지막으로 사람을 불러 색깔을 각각 다르게 칠하고 이름을 지었다. 이때 그들은 사람들의 얼굴을 서로 다르게 만들었는데, 오늘날 얼굴이 똑같은 사람이 한 사람도 없는 것은 이 때문이다.

빛을 만든 여인

태초에 하늘에는 빛이 없었다. 모든 것이 암흑에 싸여 있었다. 빛을 만든 것은 한 여자였다. 어느 날 그녀는 아기를 배어 9개월 후 잘 익은 코코넛 하나를 낳았다. 그녀는 이 코코넛을 라캄(Lakam)이라고 부르며 보살폈다 그녀는 3일 후 코코넛 새싹을 뜯어 먹어 보았으나 맛이 없었다. 그녀는 3일 후 가서 또 살펴보았다. 코코넛 새싹은 점차 자라났고, 30cm 정도 자랐을 때 새싹을 먹어 보았으나 여전히 맛이 나빴다.

그녀는 3일마다 방문하여 계속 자라나는 코코넛 새싹을 보면서 이것이 과연 무엇이 될지 궁금했다. 코코넛 나무는 계속 자라서 열매를 맺고, 열매도 점차 커져 갔다. 그녀는 모든 것이 확실해질 때까지 아무것도 하지 않으리라 생각했다. 그리고 그 후 한 달 동안 코코넛을 보러 가지 않았다.

한 달 후 그녀는 코코넛을 보러 갔는데, 코코넛 열매들이 나뭇가지에 주렁주렁 열려 있었다. 그녀는 어린 코코넛을 들고 살펴보다가 껍질을 벗겼다. 그러자 안에서 딱딱한 코코넛 열매(nut), 즉 라캄이 나왔다. 라캄을 쪼개어 안에 있는 과육을 먹어 보았더니 맛이 아주 좋았다. 그녀는 코코넛 열매 안에 있는 물을 마셨는데, 그것도 맛이 좋았다.

이 무렵 여전히 세상은 어둠에 싸여 있었다. 그녀는 코코넛이 사람들의 식량이 되면 좋을 것이라고 생각했다. 또 코코넛 나무를 가지고 집을 짓거나 바구니를 비롯해 많은 다양한 물건을 만들 수 있을 것이라고 생각했다. 코코넛 외피는 불을 지피는 땔감이 될 수 있었다.

그녀는 코코넛 수염을 가지고 밀짚을 만들었다. 새총도 만들었다. 그녀는 새총에 줄을 묶어서 새에게 던졌고, 줄은 새의 다리를 감아서 떨어뜨렸다. 새가 떨어지니 갑자기 하늘이 맑아지며 빛이 비쳤다.

빛이 생겨난 후 사람들은 스스로 생각하기 시작했다. 카누를 만들고 집을 만드는 법도 깨달았다. 약을 만드는 것도 알게 되었다. 사람들은 서로를 형제자매같이 위하며 살았다. 어느 날 이들은 각자의 길을 가기 위해 헤어지며 말했다. "나는 이로즈(Irooj)이고, 너는 라지딕(Lajjidik), 너는 에로브라(Errobra), 너는 리쿠와즐린(Ri-Kuwajleen)이다. 그리고 너는 모카울레즈(Mokauleej), 너는 틸란(Tilan), 너는 리로바렙(Ri-Lobarep)이다." 이들은 각각 하나씩의 부족을 이루었다.

이를 보고 빛을 만든 여자는 서로 헤어지는 것은 나쁜 일이라고 했다. 태초에 어떤 이는 섬을 만들 줄 알았고, 어떤 이는 바다를 만들 줄 알았다. 또 어떤 이는 생명체에게 색깔을 칠할 줄 알았다. 독립적이지만 각각 서로 무슨 일을 할 줄 알았다. 그렇기 때문에 서로 헤어지는 것은 좋은 일이 아니라고 했다.

어느 날 여자는 4개의 기둥을 가지고 와서 하나씩 세웠다. 북쪽에 있는 기둥을 카톤(Katon), 남쪽에 있는 기둥을 카티록(Katirok), 동쪽에 있는 기둥을 콤란(Komlan), 서쪽에 있는 기둥을 콤랄(Komlal)이라고 했다.

기둥 4개가 있어 이제 하늘은 무너지지 않았다. 빛이 환하게 밝아 와서 사람들은 이제 모든 것을 볼 수 있었다. 사람들은 집을 만들 생각을 하였고 집을 짓고 살았다. 그녀는 사람들에게 집으로 들어가라고 큰 일을 하는데 서로 떨어져 있는 것은 좋지 않다고 하면서 서로 도우며 같이 일하고 사랑하며 따로 가지 않는 방법을 가르쳐 주었다.

이제 동쪽에서 강렬하게 떠오르는 태양을 '란(raan)'이라고 불렀다. 그런데 태양이 서쪽으로 져 버리자 날이 어두워졌다. 날이 어두워지자 사람들은 걱정을 하기 시작했다. 그녀는 우리가 알지 못하는 것에 대해서는 걱정을 하지 말라고 충고했다. 어둠이 내리자 하늘에 별들이 나타났으며 약간 밝아졌다. 사람들은 여자의 말을 듣고 걱정을 덜 하였다. 사람들은 밤을 '이로즈릴릭(Iroojrilik)'이라고 불렀다.

하루는 태양이 코코넛 나무를 비추어 나무가 시들기 시작했다. 사람들은 그녀에게 왜 코코넛 나무가 햇빛에 의해서 아픈지 물어보았다. 그녀는 대답하지 않았다. 대신 3일 동안 아지랑이가 나타나게 하고 밤에는 별이 사라지게 했다. 3일 후 아지랑이는 사라졌고 나무는 다시 건강해졌다. 그런 후 빵나무, 판다누스 나무 등 다양한 식물이 번식하기 시작했다. 여기에 레오즈와 란세즈가 색깔을 입히고 이름을 지어 주었다.

그녀는 사람들에게 빵나무 열매와 판다누스 열매 그리고 타로도 가져다주었다. 그리고 그녀는 여름과 겨울을 만들었다. 달빛도 만들어 달빛에 따라 만조와 간조가 생기게 했으며, 사람들에게 해에 대한 지식도 알려 주었다. 해가 동쪽에 있을 때에는 아침이고 중앙에 있을 때에는 정오이며 서쪽에 있을 때가 저녁이라고 알려 주었다. 여자는 달에 대해서도 알려 주었다. 달이 서쪽에 있을 때는 타카타키나에(takatakinae), 서중앙에 있을 때는 리메토(limeto), 중앙에 있을 때는 리페페(lipepe), 중앙 동쪽에 있을 때는 리메탁(limetak), 그리고 동쪽에 있을 때에는 투투이나에(tutuinae)라고 했다. 이러한 정보는 항해 시 사용되는 것이었다.

그녀는 다시 바람을 사용하여 식물들이 열매를 맺도록 했다. 또한, 동쪽에서 부는 바람을 만들어 조닌 이톡 아이(jonin itok I)라고 하였고 서쪽에서 부는 바람을 만들어 조닌 케탁(jonin ketak)이라고 하였다. 남쪽에서 부는 바람을 만들어 조닌 키탁(jonin kitak), 북쪽에서 부는 바람을 만들어 조닌 조클라(jonin jokla)라고 하였다. 지금도 이 용어는 항해 시 사용되고 있다.

바람이 식물들 사이로 불자 나무들이 꽃을 피우고 열매를 맺었다. 그녀는 해류를 만들어 오가게 했으며, 바람이 계절마다 따로 불게 했다. 3개월은 동쪽에서, 3개월은 서쪽에서, 3개월은 남쪽에서, 그리고 3개월은 북쪽에서 불게 했다. 또 풀과 꽃들이 시들자 매우 긴 시간 동안 비를 내려주었다. 이 비는 식물들에게 좋았다. 그래서 비가 생겼다.

세계와 그 안의 모든 것을 창조한 후 그녀는 젊은 여자와 남자들을 불러 절대 각자의 길을 따로 가지 말라고 유언했다. 서로 다른 부족들이라도 떨어져 사는 것은 좋지 않다고 경고했다. 여자는 어디를 가든 다른 사람들에 대해서 나쁘게 말하지 말고 거짓말에 속지 말라고 유언했다. 또 음식을 낭비하지 말고

나중을 위해서 축적하라고 하면서 빵나무 열매를 따는 방법, 빵나무에 대한 예의 등을 가르쳐 주었다. 여자가 빵나무에 대한 지식을 가르친 후에야 사람들은 빵나무 열매를 먹을 수 있었다.

여자는 이러한 모든 것들을 가르쳐 준 후 발자국을 남기고 떠났다. 발자국은 곧 사라졌다. 여자와 같이 있던 사람들도 죽었으며 그들은 죽은 후 돌, 암석, 새, 물고기 등등 다른 것으로 변하였다. 그때 죽은 사람들은 마샬 제도의 각처에 위치해 있으며 항해 시 신호를 보내오기도 한다고 알려져 있다.

외삼촌과 조카의 갈등
여자가 죽은 후 그녀의 아들인 이로즈릴릭(Iroojrilik)이 대신 세상을 다스렸다. 이로즈릴릭은 자신의 어머니이자 대모신이었던 그녀에게 지니어 일로 코보(Jine er ilo Kobo)라는 이름을 지어 주었다.

그러던 어느 날 이로즈릴릭의 외가 쪽 가문에서 한 남자 아이가 태어났다. 그의 이름은 보라안(Borraan)이었다. 보라안은 굉장히 거만한 아이였다. 그는 여자가 알려 준 모든 가르침을 어겼다. 또 그의 외삼촌인 이로즈릴릭에게 "바다의 모든 음식은 외삼촌이 가지세요. 땅의 모든 음식은 내가 가지겠습니다"라고 했다. 조카의 행동에 화가 난 이로즈릴릭은 벌레들에게 모든 빵나무와 다른 나무들의 열매를 갉아먹으라고 했다. 그리고 모든 물고기와 새에게 해변으로 밀려들어 떨어지라고 했다. 보라안은 외삼촌의 능력을 보고 겁이 나 도망쳤으며, 그 후 그의 행방은 아무도 찾지 못했다. 외삼촌과 조카 간의 이러한 갈등관계는 지금도 마샬 제도에 남아 있다.

연 날리는 남자와 계모 이야기
옛날에 마샬 제도 지역에 한 추장 부부가 살고 있었다. 행복한 삶을 살던 중 부인은 아들을 분만하면서 목숨을 잃었다. 얼마 후 추장은 새 부인을 들였고 그녀는 전 부인 아들의 계모가 되었다. 계모는 그 아들을 좋아하지 않았다.

하루는 추장이 카누를 바다에 띄워서 아들과 낚시를 하겠다고 했다. 계모는 아들에게 카누 한쪽을 혼자 들게 하였고 계모와 추장은 같이 다른 한쪽을 들었다. 그들은 카누를 바다에 띄워서 충분한 물고기를 잡았다. 다시 육지로 돌아와서 아들은 또 다시 카누 한쪽을 혼자 들었다. 계모는 잡은 물고기를 사용하여 저녁을 만들었는데 계모는 추장을 불러 둘이 앉아 저녁을 먹었다. 그리고 배가 불러 더 이상 먹을 수 없을 때가 되어서야 아들을 불러 저녁을 먹으라고 했다. 그러나 남아 있는 음식은 빵나무 껍질, 코코넛 껍질, 그리고 물고기 뼈뿐이었다. 아버지인 추장은 여기에 대해 아무 말이 없었다.

이러한 일들이 몇 년간 계속되었다. 어느 날 추장은 평소대로 긴 낮잠을 잤다. 아들은 추장이 낮잠을 잘 때면 계모의 잔인함이 더욱 심해지는 것을 알고, 아무도 모르게 그곳을 빠져나와 연을 만들고 있었다. 연이 다 만들어졌을 때 그는 연을 바람에 띄워 해변가를 달렸다. 그는 달리면서 노래를 만들어 불렀다.

오, 친절한 내 꿈 속의 연이여
저 북쪽에서 날아와
남쪽 멀리까지 에워싸네
불어라 바람아, 나의 형제여
힘껏 불어라 나의 바람아

노래를 들은 섬 주민들은 그가 추장의 아들인 것을 알고 그에게 선물을 가지고 와 존경을 표시했다. 섬 주민들은 그에게 잠시 머물라고 하였지만 아들은 그들의 친절함에 감사해하며 자리를 떴다. 아들은 다시 연을 올리며 다음 섬으로 가 노래를 불렀다. 다음 섬의 사람들도 노래를 듣고 똑같이 그에게 존경을 표하면서 잠시 머물기를 원했다. 아들은 감사해하며 그의 여행을 계속했고, 결국 자신의 생모가 묻혀 있던 해변가에 다다랐다.

그 사이 아들이 지나간 섬들의 원로들이 추장을 깨웠다. 불안해진 추장은 미친 듯이 아들을 찾아 해변가를 뛰어다녔다. 추장도 결국에는 그의 첫 부인이 묻힌 해변가에 다다랐고, 그곳에서 아들을 발견했다. 아들은 그의 생모 무덤 바로 위에 앉아 있었다. 추장은 아들을 잡기 위해서 뛰어가 아들에게 팔을 벌렸다. 그러나 아들이 앉아 있던 땅이 열리면서 아들을 삼켜 버렸다. 추장은 슬프게 울부짖으며 땅을 파기 시작했는데, 그의 손가락 살이 다 찢겨 뼈만 남을 정도로 격렬하게 땅을 팠다. 땅을 파는데 근처에서 "아버지 어디를 파고 계세요?" 하는 아들의 목소리가 들렸다. 그리고 "그곳이 아니예요. 여기에 우리 모두가 있어요"라는 목소리가 들렸다. 이 소리를 들은 추장은 목소리가 나는 곳을 다시 파기 시작했다. 추장이 피곤함과 슬픔에 쓰러지기 바로 전에 "아버지, 어디를 파고 계세요?"라는 아들의 목소리가 다른 곳에서 들려왔다. 그리고 "그곳이 아니예요. 여기에 우리 모두가 있어요"라는 목소리가 다시 들렸다. 추장은 다시 올라 가 다른 곳을 파기 시작하였지만 목소리는 또다시 들려왔고 계속해서 이런 목소리를 들으며 땅을 파다 결국 추장은 죽고 말았다.

바나나 나무의 전설
호랑이 담배 피던 시절, 마샬 제도 로나르(Lonar) 지역에 졸리크워(Jolikwor)라는 사람이 살고 있었다. 그에게는 누나들이 있었는데 누나 한 명은 섬의 북쪽 리지리(Lijiri)에 살았고 다른 누나는 섬의 남쪽 말레엔(Male En)에 살았다. 어느 날 졸리크워의 다리에 심한 부종이 생겼다. 부종은 몇 달이 지나도 낫지 않았다. 졸리크워는 그의 딸에게 만일 자기가 죽으면 집 앞에 자기를 묻어 달라고 하면서, 자기에게는 두 명의 누나가 있는데 한 명은 섬 남쪽에 그리고 한 명은 섬 북쪽에 산다고 알려 주었다.

그는 자기가 죽으면 집 앞에 묻고 거기서 무슨 일이 일어나는지 지켜보라고 했다. 두 딸은 아버지의 말을 듣고 그대로 했다. 딸들은 매일 아침 뛰어나가 아버지의 무덤을 지켜보았다. 그러나 아무것도 달라진 것이 없었다. 그러던 어느 날 무덤에서 무언가 자라났다. 작은 새싹이었다. 시간이 흐르고 새싹은 커져서 나무가 되었다. 더 시간이 흐르자 노랗고 길쭉하게 생긴 열매가 나무에 주렁주렁 달렸다. 바나나 나무였다.

딸들은 바나나를 잘라서 로프에 매달아 산호초를 따라 걸어서 섬의 남쪽으로 향했다. 그리고 섬 끝에 있는 집을 향해 걸어갔다. 거기에 섬의 북쪽에 살던 아버지의 누나도 와 있었다. 두 늙은 고모가 집 밖으로 걸어 나왔는데 조카들을 알아보지 못했다. 왜냐하면 떨어져 산 남동생이 딸들이 있다고 알려 주지 않기 때문이다. 고모들은 조카들을 보자 싸우기 시작했다. 한 고모는 조카들을 향해 "이 여자들은 우리의 식량이 될 것이다"라고 했으며, 다른 고모가 "안 돼. 이 여자애들은 우리의 딸들이 되어 우리 집에 머무르게 될 것이다"라고 했다.

그런데 두 고모의 싸움에서 딸들을 잡아먹자고 한 나이 많은 고모가 이겼다. 이제 두 딸은 이 여자의 먹이가 될 지경이었다. 늙은 고모는 두 딸을 묶어서 나무 위에 묶어 놓았다. 그리고 바나나도 묶어서 밖에 걸어 놓았다. 두 고모는 이들을 어떻게 익혀 먹을 것인지에 대해 이야기하면서 땔감을 모으고 불을 지폈다. 그리고 도끼를 갈고 요리를 할 땅을 파고 그 속에 돌멩이를 넣었다. 이때 딸 중 한 명이 노래를 하기 시작했다. 그녀는 노래를 부르면서 울었다.

아버지, 아버지
왜 우리를 여기에 오라고 속였습니까?
우리는 오븐에서 구워지게 생겼어요.
아버지, 아버지, 졸리크워여

늙은 여자들은 불을 지피고 도끼를 가느라 노래를 듣지 못하고 있었다. 두 딸은 다시 노래를 불렀다. 늙은 여자 중 한 명이 갑자기 노랫소리를 듣고 말했다. "이게 무슨 노래지?" 그러자 다른 늙은 여자가 "관심 두지 마, 하던 일 계속해. 아무것도 아니잖아. 배가 고프니 빨리 요리하자고!"라고 재촉했다. 그러나 딸 하나가 노래를 계속 불렀고 다른 딸은 울고 있었다. 늙은 여자 중 하나가 다시 말했다. "언니, 진짜 저 노래를 들어 봐야 할 것 같아." 그러자 다른 늙은 여자가 "그래? 알았어! 같이 한번 들어 보자"라고 하면서 노래를 들었다.

노래를 듣던 중 늙은 여자가 갑자기 일어나 두 딸을 향해 달려갔다. 그리고 딸들에게 어디서 왔냐고 물었다. 딸들은 로나르에서 왔다고 말했다. 그러자 고모들은 그곳은 우리의 남동생이 사는 곳이라고 했다. 딸들은 아버지의 사망 소식을 전하고 그들이 가져온 바나나를 보여 주면서 이것이 아버지의 무덤에서 자라난 것이라고 했다. 그제서야 늙은 여자들은 조카들을 껴안고 울었다. 그리고 불을 끄고 도끼 가는 일을 멈췄다. 그들은 바나나 묶음을 잘라 요리하고 먹을 준비를 했다. 그리고 회포를 풀면서 맛있게 식사를 했다.

그 후 네 사람은 같이 살았다. 고모들은 조카들에게 바나나를 주면서 먹고 남은 것을 그냥 버리지 말라고 했다. 그러면 신이 자기들의 능력을 빼앗아가 더 이상 마술을 할 수 없다는 것이었다. 그러나 두 딸 중 한 명은 고모들에게 화가 나 바나나 껍질을 버렸다.

갑자기 하늘에 검은 구름이 몰려들기 시작했다. 늙은 여자들은 두 조카에게 무엇을 했기에 하늘이 까맣게 변하는지 물었다. 혹시 바나나 껍질을 밖에 버렸는지 물었다. 조카는 아니라고 거짓말을 했다. 그런데 갑자기 하늘에서 귀신이 내려왔다. 귀신은 조카 중 한 명을 데리고 멀리 랄릭 제도의 섬으로 데리고 갔다. 그리고 남은 조카 한 명은 늙은 여자들과 함께 로나르에 남게 되었다.

시간이 흘러 로나르에 남은 딸에게 아이가 생겼다. 그리고 멀리 납치되어 랄릭 제도로 간 딸에게도 아이가 생겼다. 로나르에 있던 딸의 아이는 남자였고, 멀리 납치된 딸의 아이는 여자였다.

로나르에 남게 된 딸은 자기 아들을 데리고 라군에서 수영을 하고 있었다. 딸은 잠시 잠수를 하고 다시 수면으로 올라왔다. 그런데 아들이 사라지고 말았다. 이 아들은 라군에서 떠내려가 먼 랄릭 제도의 섬 근처 해변가에 다다랐다. 그곳은 바로 두 조카 중 한 명이 납치되어 간 섬이었다. 그때 섬에 비가 내렸고 섬의 추장이 왜 하늘의 색깔이 검게 변했는지 알아봐야 되겠다고 했다. 추장의 부하가 라군을 살펴보던 중 떠내려 온 아이를 보았다. 추장은 그 아이를 데려오라고 하여 자신의 딸과 함께 길렀다.

두 아이는 성장하여 10대가 되었다. 하루는 둘이 원반 던지기를 하면서 놀고 있었다. 그런데 그 원반이 추장 부인의 눈을 맞추고 말았다. 추장 부인은 그 남자 아이가 자신의 눈을 다치게 한 것을 숨기려고 했다. 추장은 아내의 눈이 다친 것을 보고 사람들을 불러 모았다. 추장은 남자 아이의 손에 난 상처를 보고 아내를 다치게 한 것이 그 남자 아이인 것을 알았다. 추장은 그 남자 아이를 찢어 죽이기로 결정했다.

사람들은 추장의 결정에 찬성하는 축제를 열었다. 남자 아이는 도망갈 수 있는 방법을 찾고 있었다. 그는 창을 다듬어 창 던지는 연습을 했고, 창을 계속 북쪽으로 던지면서 결국 도망갈 수 있는 곳으로 왔다. 또 남자 아이는 물고기를 걸 수 있는 줄을 만들었으며, 이 줄로 새 모양을 만들어 그것을 타고 자신이 태어난 로나르로 날아갔다. 로나르 사람들은 새가 날아온 줄 알았지만 그 안에 사람이 있었다.

공교롭게도 그 아이를 쫓던 추장과 추장의 부인도 배를 타고 로나르 섬에 도착해 있었다. 남자 아이가 들어 있던 새가 두 사람의 배 위로 올라앉았다. 여기서 추장의 아내는 사실은 자신의 아들인 남자 아이를 보고 사랑을 느꼈다. 그러나 그 남자 아이와 추장의 아내는 결국 주민들에게 죽임을 당하고 말았다. 이 전설에는 사촌 간 결혼과 근친혼 금지의 테마가 반영되어 있는 것으로 보인다.

로나르의 마녀
에네레엔(Ene Re En)이라는 섬에 12명의 자녀를 가진 여자가 살고 있었다. 그중 막내딸은 정상이 아니었는데 팔과 다리 그리고 눈이 4개였다. 그런데 이 섬과 가까운 이웃 섬에는 마녀가 살고 있었다. 이 마녀는 매일 아침 눈을 뜨면 어떻게 그 여자의 아이들을 납치해 올 수 있을까를 고민했다.
그러다 하루는 마녀가 섬 전체에 불을 질렀다. 다른 섬에서 보면 엄청난 양의 물고기를 요리한다는 생각이 들 정도의 불이었다. 마녀는 배를 타고 에네레엔 섬으로 갔다. 그리고 그 여자에게 자기 섬에는 물고기가 많은데 자기 혼자서는 그 물고기들을 다 낚을 수 없으니 딸 중 한 명을 달라고 했다. 여자는 둘째 딸을 내주었다. 둘째 딸과 마녀는 같이 배를 타고 마녀의 섬으로 돌아갔다. 그들이 섬에 도착하기 전에 마녀는 배의 균형을 맞추어야 하기 때문에 둘째 딸에게 이리저리 움직이라고 했다. 둘째 딸이 배의 균형을 맞추기 위해 이리저리 움직이자 마녀는 그 딸을 잡아먹어 버렸다. 그리고 그녀의 머리만 남겨 두었다. 머리를 매달아 놓고 3일 후 마녀는 다시 섬에 불을 질렀다. 그리고 카누를 타고 에네레엔 섬으로 갔다. 그런 방법으로 마녀는 에네레엔 섬 여자의 딸들을 전부 자기 섬으로 데리고 왔다. 에네레엔 섬의 여자는 자기도 일손이 필요하다고 하였으나, 마녀는 많은 물고기를 낚아 그녀에게 다시 주겠다고 설득했다. 결국 에네레엔 섬에는 막내딸만 남게 되었다.
마녀가 다시 여자에게 와서 일손을 부탁하자, 여자는 이 아이가 자기의 막내이니 잘 보살펴 주고 일이 끝나면 자기의 두 딸들을 데려와 달라고 했다. 막내딸과 마녀는 다시 배를 타고 마녀의 섬으로 갔다. 마녀는 이번에도 배의 균형을 맞추어야 하니 막내딸에게 움직이라고 했다. 막내딸은 움직이다가 결국 카누의 아웃트리거(카누 선체 옆으로 길게 뻗은 목조 구조물. 카누의 균형을 잡는 역할을 함)로 이동하게 되었고, 배는 마녀의 섬에 도착해 버렸다. 해변에 막 도착해서 막내딸이 보니 언니들의 머리가 판다누스, 빵나무, 노니 나무 등 해변 여기저기에 걸려 있었다. 마녀가 카누를 바로잡고 있을 때 막내딸은 해변 저편으로 도망쳤다. 마녀는 막내딸을 쫓아갔지만 잡을 수 없었다.

그러다 막내딸은 다시 해변가로 돌아와 카누를 타고 엄마가 있는 섬으로 돌아왔다. 그때 마녀도 쫓아왔다. 막내딸은 엄마에게 무슨 일이 일어났는지 알려 주었다. 그 결과 에네레엔 섬 사람들이 모두 모여 마녀와 오랫동안 싸웠고, 결국 마녀는 져서 도망쳤다. 에네레엔 섬 여자에게는 미쳤다고 생각한 막내딸만 남아 있었다. 마샬 제도의 로나르 섬 끝에 가면 아직도 마녀가 섬에 불을 지르기 위해 사용했던 돌을 볼 수 있다고 한다.

아일룩 섬의 마녀

카빈(Kabin) 섬은 아일룩 환초(Ailuk Atoll)의 서쪽에 있었는데 한 할아버지가 살고 있었다. 이 할아버지는 동물들을 기르고 관리하는 일을 했다. 마을 사람들이 일을 나가거나 모임에 갔을 때에도 할아버지는 마을에 남아 동물들을 보살폈다.

그는 카빈 섬 중앙에 있는 림엔(Lim En)이라는 마을에 살았다. 그는 세 군데의 동물 우리를 관리했다. 림엔 마을의 우리, 라군 근처의 라루바르(Larubbar) 우리, 그리고 날랍릭(Nalab Lik) 우리였다. 하루는 해가 질 무렵 돼지들에게 먹이를 먹인 후, 그는 낚싯대를 가지고 라루바르 해변가에서 노랑촉수류의 물고기를 낚으려고 했다. 그는 미끼로 쓰기 위해 해변가에 모래구멍을 파서 모래게를 잡았다. 해가 수평선 너머로 질 무렵, 그는 연안 전체가 노랑촉수 물고기로 가득한 것을 보았다. 그는 얼른 낚싯대를 바다에 던졌다. 곧 입질이 왔고 그는 짧은 시간에 5마리를 낚았다.

그런데 도중에 낚싯바늘이 산호에 걸리고 말았다. 그곳 전설에 의하면 낚싯바늘이 산호에 걸리면 연안으로 눈을 돌려서는 안 되었다. 그리고 빨리 그곳을 떠나야 했다. 그러나 할아버지는 이를 잊고 뒤를 돌아보았다. 그의 뒤에는 두 명의 여자가 서 있었다. 그들은 몸 하나에 머리가 2개 있는 귀신이었는데, "에콥콥, 에콥콥, 키젠 자쿤네(Ekkobkob, ekkobkob kijjen Jaakunne)"라는 주문을 외웠다. 당황한 할아버지는 여자들을 보고 낚싯대를 놓쳤다. 그리고 얼른 섬으로 돌아와 자기 집에 숨어 버렸다.

그러나 주문 소리는 계속 들려왔다. 할아버지는 돗자리를 하나 더 덮어 귀를 막으려 하였으나 주문 소리는 계속 들렸고, 점점 집 가까이 오고 있었다. 할아버지는 겁을 먹고 또 도망을 갔다. 카빈 섬 남쪽에는 에네자브록(Ene Jabrok)이라는 다른 섬이 있는데, 어두워지기 바로 직전에 할아버지는 수영을 하여 남쪽 섬으로 향했고 에네자브록 마을의 해변가에 도착했다.

그래도 주문 소리는 계속 들려왔다. 할아버지는 또다시 수영을 하여 에넨 엠마안(Eneen Emmaan)이라는 다른 섬에 도착했다. 그 섬에는 노부부가 살고 있었다. 시각이 밤이라 노부부는 불을 쬐고 있었다. 할아버지는 노부부가 있는 곳에 도착하자마자 "살려 주세요, 죽을 것 같아요"라고 외쳤다. 그때 노부부 중 할머니가 그에게 "무슨 소리 안 들려요?" 하고 물었다. 노부부 중 할아버지는 "잠깐 무슨 소린지 들어 볼까?"라고 하였다. 도망 온 할아버지는 다시 "살려 주세요, 죽을 것 같아요"라고 외쳤다. 노부부 중 할아버지는 횃불을 들고 해변가로 나가 보았다. 그리고 한 노인이 해변가에 쓰러져 있는 것을 발견했다. 노부부는 도망 온 할아버지를 집으로 데려가 어떻게 된 일인지 물어보았다. 그는 카빈 섬에서 일어난 일에 대해 이야기했고 불행하게도 이야기를 마친 다음 숨을 거두었다.

마주로의 지역시장

해안에서 놀고 있는 마살 제도의 아이들

© 박흥식

155
마샬 제도의 이해

05 경제와 산업

개요[53]

마샬 제도는 대부분 지대가 낮고 면적이 좁은 환초섬들로 되어 있어 국가 경제를 지탱할 만한 부존자원이 거의 없다. 또 세계대전의 격전지 및 미 신탁통치령가 되었던 역사적 배경으로 인해 외부 지원에 대한 의존도가 매우 큰 편이다.

미 신탁통치령에 속해 있던 마샬 제도는 1986년 독립 후에도 경제적으로 미국에 크게 의존하고 있다. 독립과 더불어 마샬 제도는 미국과 자유연합협정(Compact of Free Association)을 체결했는데, 그 요지는 미국으로부터 경제적 지원을 받으면서 동시에 미국에 마샬 제도의 국방을 일임하고 마샬 제도 내 군사기지 운영을 허용한다는 것이었다. 이 외에도 마샬 제도는 우방 선진국, 국제개발기금 등의 지원을 받으면서 재정적 안정은 이룬 상태이나 재정 자립도는 낮은 실정이다.

현재 마샬 제도는 국가경제의 자립도를 높이기 위해 경제구조의 다양화를 꾀하고 있으며 수출 장려를 위해 해외 투자 장벽을 낮추는 작업을 하고 있다. 2014년 기준 세계은행이 전세계 183개국을 대상으로 조사한 사업 및 창업 여건에 관한 통계에 따르면, 마샬 제도는 사업하기 좋은 나라 114위, 사업 시작에 유리한 나라 56위, 건축허가 받기 용이한 나라 순위 32위로 평가되어 있다.[54]

---

53) Pacific Islands Training Initiative, 2011, Republic of the Marshall Islands Fiscal Year 2010 Economic Review, Us Department of the Interior Office of Insular Affairs (http://econ.pitiviti.org)
54) World Bank, 2013, Doing Business 2014: Understanding Regulations for Small and Medium-Size Enterprises.

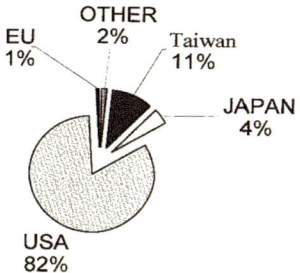

마샬 제도에 대한 국가별 지원비율(2006)[55]

마샬 제도 경제구조의 특징

경제활동 현황

마샬 제도에서 가장 많은 고용을 창출하는 곳은 정부이다. 마샬 제도 노동력의 약 30~40%가 정부에 고용되어 있는데, 그 주요 재원은 미국의 자유협력협정 지원금이다.

마샬 제도의 경제기반은 크게 소규모 생계경제와 현대적 화폐경제로 이원화되어 있다. 소규모 생계경제는 어업, 빵나무, 바나나, 타로, 판다누스 농업을 대상으로 하며, 외곽 섬에서는 코프라 및 수제품 생산을 하기도 한다. 한편, 현대적 화폐경제는 대부분 서비스업을 중심으로 발달했는데, 수도인 마주로와 이베예 섬에 집중되어 있다. 이 외에 콰잘렌 환초에 설치된 미 군사시설 지원 서비스업, 마주로와 콰잘렌의 공항 관련 서비스업이 발달되어 있다.

또한 마샬 제도는 부존 자원이 부족해 수입이 수출보다 훨씬 많다. 소도서국으로서 대부분의 생필품과 식량, 기기류, 석유류 등을 수입하고 있는 실정이다.

마샬 제도의 관광업은 아직 미비한 편인데, 2005년 기준 마샬 제도의 수도인 마주로를 방문한 관광객은 총 9,173명에 불과하다. 이 중 1,590명은 스톱 오버로 마주로를 들렀으며 비즈니스 목적은 3,061명, 휴가 및 여행은 2,727명, 친구나 친지 방문이 931명, 기타 목적이 864명이었다.[56] 마샬 제도 방문객의 대부분은 미국 시민이며, 이 외에 일본인, 태평양 도서국민 등이 있다.

---

55) European Community, RMI Country Strategy Paper and National Indicative Programme (2008~2013), https://ec.europa.eu/europeaid/sites/devco/files/csp-nip-marshall-islands-2008-2013_en.pdf
56) RMI Economic Policy, Planning and Statistics Office, Tourism Statistics, 2007 https://www.spc.int/prism/country/mh/stats/Tourism/vis_purpose_new.htm

우방 선진국에 의존적인 경제구조

마샬 제도 경제는 외부의 지원에 크게 의존하고 있다. 특히 미국과 체결한 자유연합협정(Compact of Free Association)[57]이 마샬 제도 경제의 중추를 이루고 있으며, 이 외에 호주, 일본, 대만, 유럽연합 등의 지원도 무시하지 못할 부분이다.

자유연합협정(Compact of Free Association)은 마샬 제도와 미국 간에 체결된 협정으로 1986년 마샬 제도의 독립과 더불어 발효되었다. 그 주요 골자는 미국이 마샬 제도를 경제적으로 지원하고 마샬 제도가 미국에 국방을 일임한다는 것이다. 즉, 마샬 제도는 경제적 이익을, 미국은 군사기지 설치를 통해 국제안보 및 태평양 방위와 관련된 전략적 이익을 얻게 된다. 처음에 협정은 마샬 제도가 독립한 1986년부터 2001년까지 15년을 기한으로 하였으나, 2003년 20년이 연장되어 2023년까지 이어지게 되었다.

미국이 1987년부터 2003년까지 마샬 제도에 지원한 총 금액은 약 9억 4,400만 달러 이상인 것으로 추정된다. 세부 지원 항목을 보면 현금 지원이 가장 많았고, 이 외에도 통신 하드웨어, 군사설비, 에너지, 해상감시, 보건, 교육 등에 지원했다.

---

[57] Department of Interior-Office of Insular Affairs-Marshall Islands : http://www.doi.gov/oia/islands/marshallislands.cfm The United States Department of the Interior, Budget Justifications and Performance Information Fiscal Year 2012, http://www.doi.gov/budget/appropriations/2012/upload/FY2012_OIA_Greenbook.pdf

자유연합협정에 따른 미국의 지원액(마샬 제도, 마이크로네시아 연방국, 1987~2001) (단위 : 천 달러)[58]

연 도	마샬 제도	마이크로네시아 연방국
1987	199,035	92,747
1988	54,116	102,773
1989	52,268	92,711
1990	72,620	102,649
1991	68,739	101,212
1992	64,341	91,347
1993	65,438	89,066
1994	46,170	91,233
1995	50,791	93,342
1996	43,803	92,957
1997	63,811	77,569
1998	40,533	78,907
1999	40,918	78,907
2000	40,747	79,353
2001	41,372	80,245
총합	944,702	1,345,018

한편, 2003년부터 2023년까지 20년 동안은 약 12억 달러(한화로 1.5조) 이상을 지원할 예정이다.[59] 2003년 새로 체결한 협정에서도 협정의 기본 골자는 유지되고 있는데, 미국이 경제적 원조를 하며 마샬 제도의 안보를 담당하고 마샬 제도는 미국에게 영토 및 해역에 대한 자유로운 전략적 접근을 허용한다는 것이다.

다만 2003년 자유연합협정에 따르면 마샬 제도는 미국 지원금의 30% 이상을 국가 인프라 개발에 사용해야 하며, 마샬 제도가 자유연합협정이 완료되는 2023년에는 자립이 가능하도록 신탁자금을 마련하기로 했다. 또 2024년부터

---

[58] 미 내무부 소도서청 자료에서 발췌, 작성
http://www.doi.gov/budget/appropriations/2012/upload/FY2012_OIA_Greenbook.pdf

[59] United States General Accounting Office(GAO). 2003. Compact of Free Association_ An assessment of the amended compacts and related agreements. Testmony before the subcommittee on Asia and the Pacific, committee on International Relations, House of Representatives. http://www.gao.gov/new.items/d03890t.pdf

미국이 콰잘렌 환초의 미사일 기지를 2086년까지 임대, 운영하는 대가로 31억 달러가량을 제공할 수 있다는 내용도 포함되어 있다.

미국 지원액의 구체적인 사용처를 살펴보면, 2012년 미국은 마샬 제도에 약 3,300만 달러($33,015,493)를 지원했다. 그 세부적인 사용 내역은 다음와 같다.

마샬 제도의 자유연합협정 지원액 사용 내역(2012)[60]	
부 문	지원 금액(미 달러)
교육(Education)	11,839,151
보건(Health)	6,834,858
역량강화(Capacity Building)	300,000
인프라 구축(Infrastructure)	9,958,191
환경(Environment) (쓰레기 처리)	325,000
이베예 지역 특별지원(Ebeye Special Needs)	3,515,400
콰잘렌 환초 환경영향평가(Kwajalein Environmental Impact)	242,893

현재 마샬 제도와의 자유연합협정이나 미국의 태평양 지역 관할 섬들을 담당하는 미 정부 부서는 미 내무부의 소도서청(The United States Department of the Interior, Office of Insular Affairs)이다. 워싱턴 DC 및 마샬 제도 주미 대사관 현황은 다음과 같다.

미 내무부, 소도서청(Office of Insular Affairs) 담당자 (2014년 9월 기준)	
워싱턴 DC 사무실	마샬 제도 주미 대사관
Joseph McDermott5 Desk Officer for the Marshall Islands Office of Insular Affairs Washington, DC 20240 전화 : (202) 219-0037 Joseph_McDermott@ios.doi.gov	Alan Fowler Field Officer - DOI Insular Affairs C/O American Embassy P.O. Box 1379 Majuro, MH 96960 전화 : 011 (692) 247-4011/ 팩스 : 247-5371

---

60) The United States Department of the Interior, Budget Justifications and Performance Information Fiscal Year 2012. http://www.doi.gov/budget/appropriations/2012/upload/FY2012_OIA_Greenbook.pdf

호주와의 경제발전 파트너십 협정(Partnership for Development Agreement)

마샬 제도는 2010년 8월, 호주 정부와 경제 발전 파트너십 협정을 체결했는데, 거버넌스, 경제 인프라에 대한 투자, 의료, 교육 시스템의 체계적 발전을 위한 지원을 주 내용으로 하고 있다. 여기에는 마샬 제도의 국가계획 2018(Vision 2018)과 새천년 개발목표 (Millennium Development Goal) 달성을 위해 협력한다는 내용이 포함되어 있다.

분류	내용
주요 목적	지속적 경제발전을 위한 전략 수립 기술적·정책적, 재무적 지원을 위한 협력 프로그램 개발 환경 변화에 대한 체계적 대비
세부 목표	세금 제도 개혁에 중점을 둔 마샬 제도의 재정적 안정과 경제적 발전 법 제도 개선을 통한 환경 관리 해외 원조의 효율적인 코디네이션
중점 사업	에너지와 식수의 안정적 공급을 위한 시스템 구축

마샬 제도의 시장 규모

마샬 제도 시장규모의 주요 척도인 인구수는 2014년 기준 7만 983명이며, 1960년대 이후 꾸준한 증가세를 보이고 있다. 최근 10여 년간 인구의 절대증가율은 감소하고 있으나 도시 인구는 꾸준히 증가 중이다.

2011년 프랑스의 Insead 대학이 마샬 제도에서 가장 많이 소비된 제품 산업군의 규모를 연간 1인당 소비금액 순으로 제시했는데, 이는 마샬 제도의 현 산업별 시장잠재력을 보여 준다.

마샬 제도의 산업별 소비규모(2011)[61]

순위	산업	연간 1인당 소비량(미 달러)
1	일반 서비스 산업	21.68
2	비식품류 소매업	15.42
3	비내구재 제품(Non-Durable Goods)	10.62
4	내구재 제품(Durable Goods)	7.46
5	개인 건강 관련 제품	6.82
6	가맹점 영업(Franchising)	5.81

---

[61] Parker, P. M., "The 2011 Marshall Islands Economic and Product Market Databook," ICON Group International, 2011.

순위	산업	연간 1인당 소비량(미 달러)
7	비농장 서비스(Non-Farm Housing Services)	5.52
8	레저 교육(Leisure Education)	4.28
9	주택 건설(Residential Construction)	4.25
10	교육 훈련 서비스(Education and Training Services)	3.79
11	우주 항공 방위산업 장비(Aerospace and Defense Equipment)	3.51
12	신용금고업(Depository Credit Intermediation)	3.15
13	자동차 딜러	3.13
14	화학 약품	3.11
15	개인주택 건설(Private Residential Construction)	2.91
16	운송장비	2.90
17	자산 및 재해 보험(Property and Casualty Insurance)	2.81
18	전기, 에너지 등 공익 사업	2.76
19	병원의료 서비스(Hospital Care)	2.37
20	은퇴연금 플랜	2.30
21	건설 엔지니어링 서비스	2.17
22	무연 휘발류	2.03
23	할인 매장	1.93
24	음식점 및 술집(Eating and Drinking Places)	1.69
25	경트럭/다용도 트럭	1.60
26	외과의료 서비스	1.49
27	여신업(Non-Depository Credit Intermediation)	1.40
28	약국(Drug Stores and Pharmacies)	1.39
29	외식업(Dining Out)	1.33
30	백화점(Department Stores)	1.21

마샬 제도의 산업구조

마샬 제도는 지리적 고립, 국내 생산과 수출 규모의 영세성, 열악한 인프라, 많은 생필품의 수입 의존 등의 장애가 있어 무역이 용이한 국가는 아니다. 무역 규모는 1990년대 이후 증가세를 보이고 있지만 적자폭이 계속 늘어나고 있다. 특히 2005년 참치 가공 공장을 폐쇄한 이후 수출이 급감했고 아직도 이를 회복하지 못하고 있다. 또 수입의존도가 매우 높아 전체 무역량 중 수입물량 규모가 수출물량 규모의 약 5배에 달한다(2009년 기준).

주요 수입품은 식료품, 기계/장비류, 연료, 음료수, 담배 등이며 주요 수입국은 미국, 호주, 유럽연합 등이다. 또 주요 수출품은 코프라, 코코넛 오일, 수공예품, 어류 등이며, 특히 어류 수출이 2010년 이후 크게 증가했다.

마샬 제도에서의 사업 및 창업여건

마샬 제도는 일반적으로 해외 기업이 사업을 수행하기 용이한 국가는 아니지만 현재 정부가 해외 투자 및 사업 유치를 위해 제도적 개혁을 시도하고 세금 인센티브를 제공하는 등의 노력을 하고 있어 투자 및 사업 환경이 점차 개선되고 있다. 아래에 나타난 바와 같이 2012년 세계은행이 전 세계 185개국을 대상으로 조사한 사업 및 창업 여건 관련 통계에 따르면, 마샬 제도는 사업하기 좋은 국가 101위로 평가되었다. 이는 2011년 106위에서 5단계 높아진 수치이다.

마샬 제도의 사업 여건 평가[62]

창업 여건(순위)	48	납세 편의성(순위)	92
절차(단계수)	5	연간 납세 횟수	21
소요시간(일)	17	납세 소요 시간(연간)	128
창업 비용(1인당 수입 대비 %)	13.6		
최소 창업 비용(1인당 수입 대비%)	0	무역 편의성(순위)	65
건설허가 편의성(순위)	4	수출 관련 문서(문서 수)	5
절차(단계수)	8	수출 소요기간(일)	21
소요시간(일)	87	수출 비용 (컨테이너당 비용(미 달러))	$945
비용(1인당 수입 대비 %)	22.3	수입 관련 문서(문서 수)	5
전력공급 편의성(순위)	73	수입 소요기간(일)	25
절차(단계수)	5	수입 비용 (컨테이너당 비용(미 달러))	$970
소요시간(일)	67	위반시 법률적 집행 편의성(순위)	66
비용(1인당 수입 대비 %)	772.4	절차(단계 수)	36
신용확보 편의성(순위)	83	소요시간(일)	476
법적 권리 수준(0~10)	9	비용 (계약금액 대비(%))	27.4
신용정보 수준(0~6)	0	파산처리 편의성(순위)	140
투자자 보호제도 우수성(순위)	158	소요시간(년)	2.0
정보 투명성(0~10)	2	비용 (파산금액 대비(%))	38
사업책임자에 대한 책임 정도(0~10)	0	손실 복구 금액(1달러당)	17.4¢
투자자 법적대응 편의성(0~10)	8	자산등록 편의성(순위)	185
투자자 보호 수준(0~10)	3.3	자산 등록 허가 안 함	—

상대적으로 높은 건설허가 편의성(4위), 창업 여건(48위) 등은 마샬 제도 사업 여건 중 긍정적 요인으로 평가되나, 세계 185개국과 비교 시 투자자 보호제도(158위), 납세 편의성(92위), 재산 등록 용의성(185위), 파산 처리 제도 편의성(140위) 등 사업 관련 법률 및 제도의 인프라가 상대적으로 부족한 것으로 평가된다.

---

62) World Bank, Doing Business 2012, Economy Profile : Marshall Islands

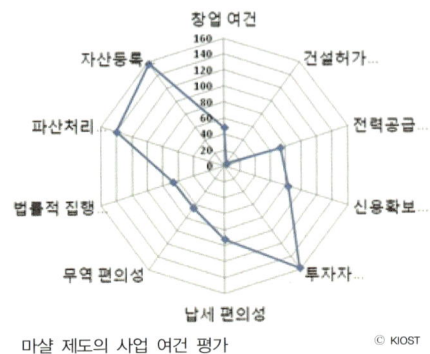
마샬 제도의 사업 여건 평가 ⓒ KIOST

마샬 제도의 발전 가능 산업 및 현황

산업	현황
해저 광물 개발	• 최근 발견된 고품질의 해저 광물 개발에 많은 외국 기업이 관심을 보이고 있어 발전이 예상됨. • 미국, 일본, 독일 등은 최근 마샬 제도의 배타적 경제수역에서 고품위 코발트와 망간을 발견함.
관광업	• 태평양 도서국들 중에서 가장 개발이 덜 된 국가로 천연환경이 잘 보존되어 있고 제2차 세계대전의 유적 및 고유의 문화유산을 보유하고 있음. 생태관광, 문화유산관광 등의 신개념 관광상품과 해저에 보존된 제2차 세계대전 유적과 다이빙을 결합한 레저 관광상품 등의 개발이 기대됨.
수산업	• 최근 기존의 조업인가 수수료에 대한 전적인 의존에서 벗어나 직접적인 참치 조업을 확대하고 있으며, 이는 마샬 제도의 경제회복을 견인하고 있음. • 참치잡이 조업에 대한 조업권 가격 인상을 위해 지역 국가들과 공동으로 대응을 하고 있어 이로 인한 수입도 증가할 전망임.

ⓒ KIOST

마샬 제도의 산업 인프라

마샬 제도의 기초 인프라는 수도인 마주로에 집중되어 사업상의 편의를 제공하고 있다. 교통의 경우 하와이와 괌에서 마샬 제도로 운행하는 직항 노선이 있고, 호주의 브리스번, 피지의 난디에서도 항공편이 운영된다. 마샬 제도 국내에서는 에어 마샬(Air Marshall Islands) 항공사가 섬들 간 수송을 담당하는데 재정형편에 따라 운영을 멈추기도 한다.

도로의 경우 마주로 섬에 약 60km, 이베예 섬에 약 11.2km의 포장도로가 있다. 통신의 경우 전화, 휴대폰, 인터넷, 장거리 전화 등이 가능하나 대부분 큰 도시에서만 사용할 수 있다.

에너지 인프라의 경우 수도인 마주로와 이베예 등의 도시에 전기가 공급되고 있으며 마주로 섬에는 디젤 연료도 공급된다. 운송 인프라를 살펴보면 국제 해운은 미국 선사인 맷슨(Matson)사가 담당하며, 섬들 간 운송은 정부 또는 민간 기업들이 담당하고 있다. 주요 항구와 화물 컨테이너 시설은 수도인 마주로에 있다.

경제 인프라

마샬 제도의 경제력은 미국의 원조에 크게 의존하고 있으며 미국 달러를 국가 공식 화폐로 쓰고 있다. 독립 후 미국의 지원으로 경제가 비교적 안정되었으나, 최근 세계 경제 위기로 인해 자국 경제의 취약성이 노출되면서 마샬 제도 정부도 자립 경제에 대한 필요성을 절감하고 있다.

국내 총생산(GDP) 중 공공부문이 차지하는 비중이 70%로 민간산업의 비중보다 높으며, 공공부문에 유입되는 대부분의 자금은 미국의 지원금이다. GDP에 대한 공공부문의 비중이 높은 이유는 정부/공공기관 근로자의 인건비가 민간 부문 인건비에 비해 2.5배 이상 높기 때문으로 분석된다. 마샬 제도의 민간산업은 자국의 경제활동 및 내수에 의존하는 자체 경제와 원조로 이루어지는 원조 경제로 나뉘는데, 이 중 원조경제의 의존도가 매우 높게 나타난다. 민간산업 경제 규모의 약 67.9%를 차지하기 때문이다.

마샬 제도의 주요 산업은 농업(코프라 및 코코넛 오일 생산), 수경 재배업, 어업/수산가공업, 호텔/리조트 건축업, 관광업 등이며, GDP 기여 정도는 농업이 31.7%, 제조업 14.7%, 서비스업 53.4%로 서비스업 비중이 크다(2004년 기준). 특히 관광업은 정부의 관광청(Marshall Islands Visitors Authority)이 관심을 가지고 지원하고 있는 발전 초기 단계 산업으로 성장 가능성이 크다. 유람선 관광, 생태관광, 제2차 세계대전 관련 역사 및 유적 관광, 스쿠버 다이빙, 스포츠 낚시 등이 주요 관광 상품이 될 전망이며, 관련 호텔/리조트 건축 산업의 확대도 예상된다.

이 외에 해양자원청(Marshall Islands Marine Resources Authority)의 적극적인 지원하에 수경 재배업이 발전하기 시작했다. 주요 재배 품종은 산호초, 장식용 조개, 흑진주 등이며, 전 세계적으로 수십억 달러 규모의 수족관 시장이 존재하여 산호를 비롯한 해양 식물 산업 면에서도 전망이 밝다. 또 어업 및 관련 서비스 산업들이 마샬 제도의 큰 수입원 중의 하나인데, 외국 어선의 마샬 제도 수역권에서의 조업인가 수수료가 주요 수입원이다.

대체 에너지에 대한 수요도 증가하고 있으며, 정부도 관심을 가지고 적극적으로 지원하고 있어 관련 산업의 성장이 예상된다. 전기가 들어오지 않는 외곽 섬에서는 코코넛 오일이 대체 에너지원으로 사용되고 있으며, 태양열 에너지 시설도 설치되고 있다. 또 미 국방부의 지원으로 미국 기업들이 온도차발전(OTEC) 등의 개발을 시도하고 있다.

금융인프라를 보면 민간은행인 마샬 제도 은행(Bank of Marshall Isnads)과 마샬 개발 은행 (Marshall Islands Development Bank)이 상업 활동을 위한 대출을 담당하고 있으며, 특히 마샬 제도 은행은 외곽 섬의 소규모 기업을 위한 소액 융자를 하고 있다. 이 외에 괌 은행(Bank of Guam)이 수도 마주로에 지점을 두고 민간 기업에게 대출을 제공하고 있으며, 미국의 중소기업청(Small Business Administration)은 마주로에 마샬 제도 중소기업발전센터(Small Business Development Center)를 운영하고 있다.

인적 자원 인프라

2006년 기준 마샬 제도의 전체 인구 5만 2,709명 중에 노동 가능한 인구는 절반이 안 되는 2만 5,706명이고 그중 39%가 직업을 가지고 있다. 고용 인구 중에서 46%가 정부기관에, 41%가 민간기업에, 그리고 나머지 13%가 마샬 제도 내에 있는 미국이나 외국기관에 고용된 것으로 나타났다. 산업별로는 농업 분야 21.4%, 제조업 14.9%, 서비스업 57.7%의 고용분포를 보이고 있다.

인적 자원의 수준을 살펴보면, 영어를 사용할 수 있는 풍부한 가용 노동력이 존재하며 최저 임금은 2012년 기준 월 414.1달러이고 노동자에 대한 보호 규정은 제대로 마련되어 있지 않다. 최대 근무일수는 주당 7일이며, 야근 및 주말 초과 근무에 대한 특별한 제한이나 의무 보상 규정은 없다.

미국과의 자유연합협정에 의해 제공되는 펀드가 마샬 제도의 숙련공 양성을 위한 교육과 훈련을 지원하고 있어 향후 숙련공의 수가 증가할 것으로 기대된다. 마샬 제도 대학(The College of Marshall Islands) 역시 지역 시장을 위한 직업훈련 서비스와 관광산업 발전을 위한 서비스 훈련 프로그램을 제공하며, 점차 해양 자원과 경영학 분야까지 확대할 예정이다. 이 외에 마샬 제도 국립교육원(The National Training Councils)도 마샬 제도 주민들을 대상으로 미래 직업을 위한 전문 교육을 제공하기 위해 해외 직업 훈련원들과 협력하고 있다.

운송 · 교통 인프라

마샬 제도의 운송 · 교통 인프라 현황은 다음과 같다(2012년 기준).

운송 수단	내 용
도로	• 마주로에 60km, 이베예에 11.2km의 도로를 보유하고 있음.
항공	• 미국 하와이의 호놀룰루와 괌에서 Continental Airline 직항이 있고 호주의 브리즈번, 피지의 난디에서 Air Nauru가 운행 중임. 2007년부터 한 달에 두 번 JAL 전세기 운행이 시작됨. • Air Marshal Islands가 마샬 제도 내 여러 섬들 간의 수송을 담당함.
해운 항만	• 마주로와 콰잘렌 환초에 상업용 부두가 있음. • 심해항과 화물 컨테이너 시설들이 마주로에 있음. • 50개가 넘는 계류장이 있음. 이들 항구에서 출발하는 무역선의 주요 목적지는 호주와 싱가포르임.
철도	• 현재 운영 중인 철도는 없음.

수자원 인프라

산호섬 국가인 마샬 제도는 만성적인 식수 및 폐수 문제로 고민하고 있으나 국가 전체의 물 문제를 총괄하는 기구가 없어 적절한 수자원 관리가 이루어지지 않고 있다. 도시에서의 담수원으로는 빗물, 지하수, 담수화, 수입 생수 등이 있으며, 수도 마주로의 경우 연간 평균 강우량은 약 3,275mm이다. 마주로 섬에서는 지자체가 빗물 집수를 하여 1,100가구에 공급하고 있으며, 이 외에 라우라 샘(Laura wells)에서 매일 10만 갤런의 물이 나온다. 공공 및 상업용수는 해수 담수화를 이용하나 생수의 수입량은 계속 증가하고 있다.

외곽 섬들의 경우 남쪽 섬은 약 2,500mm, 북쪽 섬은 1,250mm 정도의 강우량을 기록하고 있다. 각 가정에서 빗물 집수 및 지하수를 이용하고 있으며, 도시 지역에서는 생수를 수입하기도 한다.

정보통신 인프라

2010년 기준 무선전화, 인터넷, 일반전화 사용자의 수는 각각 5,000명 미만이나 무선전화와 인터넷 사용자의 수가 빠른 속도로 증가하고 있다. 2006년 시큐어 인터넷 서버(Internet Secure Server)가 처음으로 도입되었으며, 2010년에는 6대로 증가하였다(한국은 약 2,500대 보유).

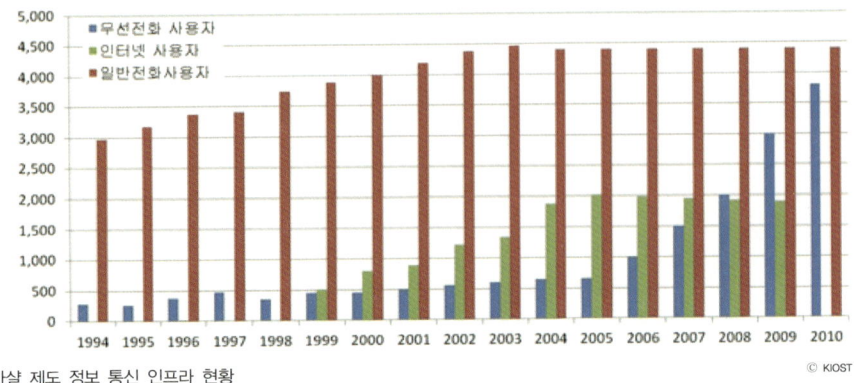
마샬 제도 정보 통신 인프라 현황

마샬 제도의 정보통신 인프라는 상대적으로 낙후되어 있으며, 국영 기업이 관련 산업을 비효율적 경영방식으로 운영하고 있어 산업 활성화가 어려운 상태이다. 현재는 국영 기업인 마샬 제도 통신국(Marshall Islands National Telecommunication Authority)이 인터넷, 유무선 전화(국제전화코드 692), 팩스, TV 등의 서비스를 제공하고 있다. 최근 세계은행이 마샬 제도의 정보통신 산업을 활성화 하려는 목적으로 경쟁을 도입하여 기존의 독점체제를 깨고 사업을 민영화하는 조건으로 정보통신 인프라 구축 사업을 지원하고 있어 향후 발전이 예상된다.

마샬 제도의 주요 산업
수산업
마샬 제도는 200만km² 이상의 배타적 경제수역을 보유한 나라로 어류가 주요 자원이며 어업이 주 산업이다. 마샬 제도의 수산업 규모는 2004년에서 2010년까지 평균 872만 달러 규모이다. 이는 2010년 기준 전체 GDP의 8.7%를 차지하는 수치이다. 대부분의 수산물은 해외로 수출되며 전체 생산량 중 일부가 국내에서 유통된다.

마샬 제도의 수산업 부문 주요 수입원은 배타적 경제 수역에서 외국 어선에게 받는 조업 인가 수수료이며, 주요 대상국은 미국, 일본, 대만 중국, 한국 등이다. 현재 마샬 제도 해양 자원청(MIMRA)은 세금 면제 등을 통해 근해 및 원양

어업을 통한 수출 증대를 모색하고 있다.

이와 더불어 어업 관련 서비스업, 수산 가공업 분야가 발전 가능성이 있다. 배타적 경제 수역 내의 활발한 어업 활동으로 인해 선박 수리업과 기타 어업 관련 서비스업의 시장이 크게 형성되어 있으며, 어분과 참치 관련 공정사업의 경험이 있는 투자자들에게 내국인 민간 부문과의 제휴 기회가 존재한다.

마샬 제도의 수산업 규모[63]

연 도	연간 생산(단위: 미화 백만 달러)	GDP 비중(%)
2004	8.2	6.3%
2005	7.2	5.2%
2006	7.7	5.4%
2007	8.2	5.5%
2008	8.0	5.2%
2009	9.9	6.6%
2010	14.2	8.7%

2000년대 이후 마샬 제도는 외국 어선들의 참치 조업에 대한 통제를 강화하고 조업권 가격인상을 위해 노력 중이다. 2011년 Greenpeace 보고서에 따르면 전 세계 참치의 수요가 현재 어획량을 초과하고 있어, 공해상에서만 조업해야 하는 선박들이 인근 도서 국가들의 수역에서 불법조업을 하는 경우가 있다는 사실을 지적하고 있다. 이에 마샬 제도를 포함한 태평양 도서국들은 참치잡이에 대한 통제권을 강화하기 위해 공동 대응하고 있다. 특히 태평양 8개 도서국이 참여한 (PNA) 나우루 협약 당사국들은 참치잡이 조업 허가일수를 30% 감소하기로 합의하고 조업권 가격인상을 위해 노력 중이다. 이 외에 2011년 마샬 제도는 자국 해역 내에 약 199만 km²에 달하는 상어보호구역을 지정하여 상어 조업 및 거래를 금지한 바 있다.

---

63) ICON Group International, "The 2011 Marshall Islands Economic and Product Market Databook," 2011.

양식업(Aquaculture)

마샬 제도는 최근까지도 사회적 부패, 자원 부족, 지역민들의 무관심 등의 요인으로 양식업 부문에서는 투자자들의 관심을 끌지 못했으나 이러한 장애물들이 제거되기 시작했다. 양식업은 마샬 제도가 보유한 자연 석호와 광대한 해양자원 등 천혜의 조건으로 인해 경쟁력이 높으며, 마샬 제도의 수출을 견인하는 중요 산업이기도 하다.

2000년대 들어 마샬 제도 정부는 흑진주 산업을 적극적으로 지원하고 있으며, 마샬 제도에서 생산되는 흑진주는 국제시장에서 고품질로 평가되어 향후 발전 가능성이 있는 산업으로 평가된다. 조개, 진주와 함께 바다달팽이(Trochus shells) 양식의 발전 잠재력이 큰 것으로 평가되어 이에 대한 투자유치가 진행되고 있고, 몇몇 마샬 제도 기업이 양식을 시작하여 미국과 일본에 바다달팽이를 수출하기 시작했다.

마샬 제도의 주요 양식산업 현황

산 업	현 황
양식업	스플래시(Splash)라는 호주의 마케팅 회사가 마샬 제도 양식업에 진출하여 황다랑어(Yellowfin Tuna), 자리돔류, 수족관용 물고기 등을 양식하고 있음. 이들은 마샬 제도 노동자를 고용하여 현지인 고용 인센티브를 받고 정부의 보조금으로 이들을 훈련시키고 있음.
수족관 산업	미국 플로리다에 기반을 둔 Ocean Reefs and Aquariums(ORA)사는 자회사인 마주로의 마샬 제도 해양목장(MIMF : Marshall Islands Mariculture Farm)에서 수족관 시장을 위해 열대어와 무척추동물, 수족관 먹이, 그리고 산호와 장식용 조개 수경 재배를 하고 있음.
흑진주 생산	로버트 레이머스(RRE : Robert Reimers Enterprises)사와 ㈜마이크로네시아 흑진주(Black Pearl of Micronesia)가 외곽 섬들에 흑진주 농장을 운영 중임.
관련 교육 사업	마샬 제도 관광 진흥청(MIMRA)의 후원과 하와이 대학의 태평양 양식 연안자원 센터(Pacific Aquaculture and Coastal Resources Center), 그리고 마이크로네시아 폰페이 해양환경연구소(Marine and Environmental Research Institute of Pohnpei) 등의 기술 지원을 받아 2010년 11월에 진주 세공 및 마케팅 교육 과정이 마샬 제도에서 진행됨.

해저 광물 개발 사업

마샬 제도는 육지면적이 좁고 지대가 낮은 환초섬 국가로서 육상 광물자원은 빈약한 편이다. 육상에서도 비금속광물 채굴 사업이 진행 중이지만 규모는 연간 20만 달러 정도 수준에 지나지 않는다.

그러나 빈약한 육상 광물자원에 비해 마샬 제도는 고품질의 풍부한 해저 광물을 보유하고 있다. 최근 미국, 일본, 독일 등의 조사에 의해 마샬 제도의 배타적 경제수역 안에 고품위 코발트와 망간이 존재하고 있다는 것이 확인되었다. 이에 해저 자원의 중요성 증가와 이에 대한 관심 고조로 해외 국가들과 기관의 관심이 증가하고 있는 추세이다.

국제적 관심의 증가에 따라 자신들의 이익을 지키려는 지역 공동체의 관심 및 대응이 강화됨에 따라, 2011년 6월에는 마샬 제도를 포함한 15개의 적도 태평양 국가들(마이크로네시아 연방국, 쿡 제도, 피지, 키리바시, 마샬 제도, 나우루, 니우에, 팔라우, 파푸아뉴기니, 사모아, 솔로몬 제도, 동티모르, 통가, 투발루, 바누아투)은 피지에서 해저 광물 워크숍을 개최하고 파푸아뉴기니 해저 열수광상 개발 사업의 사례를 바탕으로 해저 광물 개발과 관련된 법령, 규제, 산업 여건, 환경보전 및 심해저 광물자원 관리 등의 주요 이슈들을 논의한 바 있다.

또 태평양 도서국 정부들의 지역 협력 조직인 태평양지역사무국(SPC : Secretariat of the Pacific Community)은 EU의 지원을 받아 전문 변호사를 선임하여 심해저 채광과 관련한 태평양 도서국들의 법률을 강화하고 있는데 마샬 제도도 이러한 움직임에 적극 동참하고 있다.

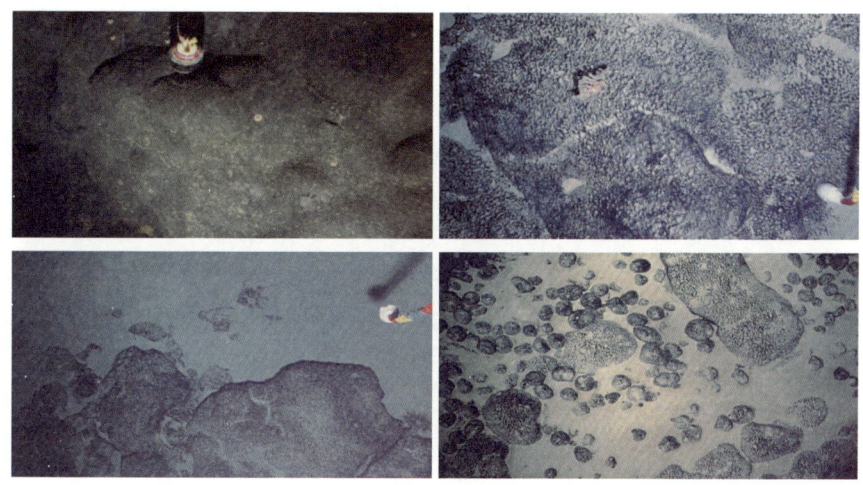

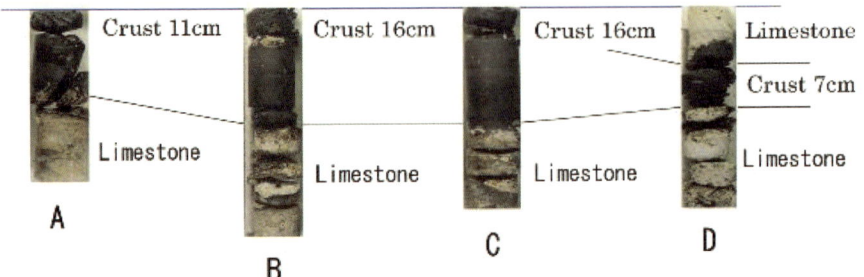

마샬 제도 심해저의 망간각(Cobalt-rich Crust) 현황.
아래는 좌측 위에서부터 시계 방향으로 각 망간각의 두께를 나타낸 것이다.[64]

최근 동향을 살펴보면 2014년 10월 2일 마샬 제도 정부가 해저 광물 관련 법률, 정책 개발을 위해 국립해저광물관리위원회(Interim National Seabed Minerals Management Board)를 창설했다. 이는 마샬 제도 정부의 해저광물에 대한 관심이 증대되고 있음을 잘 보여 주는 것으로, 위원회 임원은 정부 및 민간 출신 인사로 구성되어 향후 마샬 제도 심해저 광물의 적절한 거버넌스를 위한 대책을 논의할 예정이다.[65]

관광업

마샬 제도의 관광업은 주변 태평양 도서국들에 비해 상대적으로 발전이 늦지만, 최근 정부의 적극적인 지원이 이루어지고 있는 분야이다. 외국인 관광수입 및 방문객 수는 점차 증가하다가 2008년 세계 금융위기 발발 이후 감소세로 돌아섰으며, 최근 감소율이 주춤하며 반등의 기미를 보이고 있다. 특히 마샬 제도는 전 세계에서 5개뿐인 산호섬 국가 중의 하나로서 투자, 개발, 관광 패키지 개발 등의 다양한 사업 기회가 존재한다.

마샬 제도의 관광 담당 부서는 마샬 제도 관광 진흥청(MIVA : Marshall Islands Visitors Authority)인데, 이는 1997년 아시아 개발은행(ADB)의 지원으

---

64) Secretariat of the Pacific Community, Applied Geoscience and Technology Division(SOPAC), Deep Sea Minerals and Mining in the Pacific Islands region, 2012 (사진 및 그림출처)
http://www.sopac.org/dsm/public/files/countries/DSM%20in%20the%20Pacific%20Islands%20region_DSM%20Workshop.pdf
65) Marianas Variety, Seabed minerals board launched in Marshall Islands, October 14, 2014,
http://www.mvariety.com/cnmi/cnmi-news/local/70024-seabed-minerals-board-launched-in-marshall-islands

로 마샬 제도 관광업 진흥을 위해 정부와 민간 부분이 함께 구성한 기구이다.

2010년 발간된 마샬 제도 관광산업 연구 보고서[66]에 따르면 마샬 제도의 문화유산 관광에 큰 잠재력이 있는 것으로 조사되었다. 이 보고서는 열대 섬 지역에 대한 기존의 관광 패러다임인 4S(Sun, Sea, Sand, Sex)에서 벗어나, 4I(Intellectual Curiosity, Inspiration, Investigation, Involvement)에 초점을 둔 새로운 산업적 관점을 강조했다. 마샬 제도의 독특한 문화, 해양 자원, 역사, 예술, 수공예품, 항해 기술, 전통 카누, 만파(maanpa : 마샬 제도의 전통 호신술), 제2차 세계대전 유적 및 핵실험 테스트 유적 등이 주요 관광상품으로 개발될 수 있다는 것이다. 또 2010년에는 유네스코에서 마샬 제도 비키니 환초 핵실험 지역을 세계문화유산으로 등재했는데, 향후 이 지역이 중요한 관광명소로 개발될 가능성이 높다고 할 수 있다.

지역별 특색을 살펴보면 마샬 제도 최대의 두 도시인 마주로와 이베예는 인구 밀도가 높고 관광 인프라가 잘 개발되어 있다. 한편, 나머지 소규모 섬에는 여전히 전통적인 생활방식과 문화적 풍습이 남아 있다. 마주로, 비키니, 롱겔랍 환초 지역에는 다이빙과 스포츠 낚시 산업이 개발되어 있으나, 시장 규모는 작은 편이다.

2000년대 들어 프린세스 크루즈(Princess Cruise Lines)사의 "태평양 제도 24박 코스"에 마샬 제도가 포함되면서 관광산업에 활기를 띠게 되었으며, 이에 고무된 마샬 제도 관광청은 마샬 제도의 유람선 관광을 확대하려고 노력 중이다.

마샬 제도의 관광 레저산업 관련 시장 규모[67] (단위: 미화 백만 달러)

연 도	오락/레크리에이션 서비스	도박 및 카지노	레저산업 교육/훈련
2007	1.58	0.8	7.68
2008	1.63	0.83	7.90
2009	1.68	0.87	8.13
2010	1.73	0.91	8.37
2011	1.78	0.96	8.61

---

66) Fredrick M. Collison and Daniel L. Spears, International Journal of Culture, *Tourism and Hospitality Research* vol. 4, no. 2, 2010.
67) ICON Group International, *"The 2011 Marshall Islands Economic and Product Market Databook,"* 2011.

연 도	오락/레크리에이션 서비스	도박 및 카지노	레저산업 교육/훈련
2012	1.83	1.00	8.85
2013	1.88	1.05	9.11
2014	1.93	1.10	9.37
2015	1.99	1	9.63
2016	2.04	1.20	9.91
2017	2.10	1.26	10.19

에너지 산업 (Fuel/Gas/LPG)

에너지 산업은 경제 및 환경적 차원에서 태평양 도서국들과 이들을 지원하고 있는 국제 기구들이 가장 중점을 두고 있는 사업 중의 하나이다. 마샬 제도는 화석 연료의 거의 대부분을 수입하고 있는데, 이는 마샬 제도 경제의 대외 의존도를 높이는 가장 큰 요인이 되고 있다. 이에 마샬 제도 정부는 이를 대체할 재생에너지에 관심을 가지고 사업을 추진 중이다.

마샬 제도 자원개발부(Minitry of Resources & Development)는 에너지 문제를 중요한 정책 대상으로 보고 2002년 마샬 제도 에너지 정책(Marshall Islands Energy Policy 2002)을 발표했다. 에너지와 관련한 마샬 제도 정부의 두 가지 중점목표는 에너지 효율 제고와 재생 에너지 개발이다.

세부적인 노력 사항을 살펴보면 마샬 제도는 세계 101개 회원국으로 결성된 국제재생에너지기구(IRENA)에 가입하여 신재생 에너지 기술 도입 및 보급을 추진하고 있다. 그리고 세계은행, 아시아개발은행 등의 국제기구들로부터 에너지 관련 기술 지원을 받고 있다. 이를 통해 육지에서 멀리 떨어진 외곽 섬들에 가정용 태양광 시스템(Solar Homes Systems)을 구축해 오고 있으며, 태양열 이외에도 풍력 시스템, 하이브리드 시스템, 코코넛 기름을 이용한 바이오 연료 시스템 등의 개발을 진행 중이다.

한편, 마샬 제도의 화석연료 에너지 분야, 즉 가솔린, 증류 연료유, LPG 등의 비재생 에너지 산업 관련 시장의 규모는 총 7억 3천만 달러 규모로, 연간 7%에 가까운 높은 성장률을 보이고 있다(2012년 기준). 원유 및 천연가스

추출 시장은 1억 6천만 달러 규모이며, 성장률은 연간 2.8% 정도로 예상된다. 다음에 제시한 표는 2011년까지의 마샬 제도 에너지 및 전력 소비량 추세와 향후 전망을 나타낸 것이다.

마샬 제도 주요 에너지원의 연간 수요[68]

연 도	가솔린	증류 연료유	액화 석유가스
2007	3.14	1.60	0.92
2008	3.35	1.70	0.97
2009	3.58	1.81	1.03
2010	3.82	1.92	1.10
2011	4.07	2.04	1.16
2012	4.35	2.16	1.23
2013	4.64	2.29	1.31
2014	4.96	2.43	1.39
2015	5.29	2.58	1.48
2016	5.65	2.74	1.57
2017	6.03	2.91	1.66

천연 미용 및 건강 상품

마샬 제도가 원산지인 코코넛과 노니(noni) 등의 열대 식물은 미용과 건강에 효과가 있음을 인정받아 현재 개발 초기 단계에 있으며, 이는 향후 발전 잠재력이 큰 사업으로 보인다. 미국 내 노니 상품의 가장 큰 유통회사인 타히티안 노니 인터내셔널사(Tahitian Noni International, Inc)는 마샬 제도에서 노니를 이용한 주스, 추출액, 화장품, 헤어케어, 스킨케어, 건강보조식품 등의 상품을 개발하여 마케팅, 유통 중이다. 2012년에는 타히티안 노니 인터내셔널사가 모린다 바이오액티브(Morinda Bioactives)사로 이름을 바꾸고 약용 식물에 함유된 천연 생리활성 성분을 이용한 건강식품 사업에 보다 더 적극적으로 진출하고 있다. 아래 그림은 마샬 제도, 마이크로네시아 연방국, 키리바시, 나우루 공화국 등 마샬

---

[68] ICON Group International, "The 2011 Marshall Islands Economic and Product Market Databook," 2011.

제도와 주변 4개국의 총 농산물 부가가치 규모를 비교한 것으로, 이중 마샬 제도는 전체 생산의 약 13%를 차지하고 있다. 이를 살펴보면 주변국들과 비교해 마샬 제도의 부가가치 농산물 생산량이 상대적으로 적은 편인데, 이는 비교적 개발이 늦게 시작된 데에도 원인이 있다.

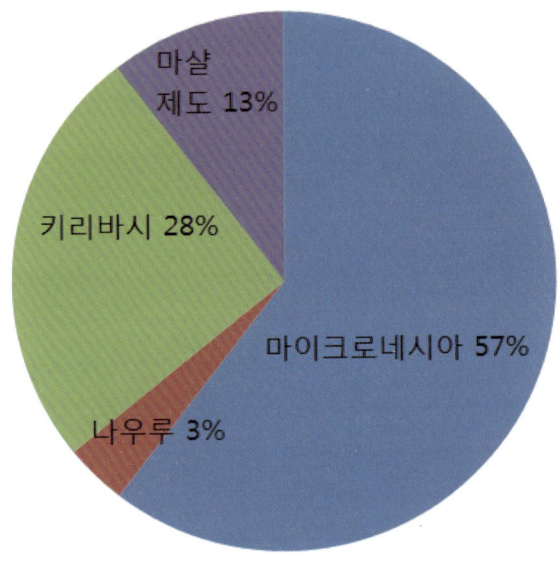

마샬 제도와 주변 4개국의 농산물 생산 부가가치 비교 ⓒ KIOST

노니 외에도 코코넛 퍼시픽사(Kokonut Pacific Pty Ltd.)는 마샬 제도의 코코넛 농장에서 1시간 안에 직접 손쉽게 순수 오일을 짜낼 수 있는 미세직접추출법(Direct Micro Expelling)을 통해 코코넛 오일을 생산하고 있다. 이들은 마샬 제도 코코넛 농장 농민들이 직접 코코넛 오일을 생산할 수 있도록 도와주고 자신들은 마케팅과 유통에 집중하는 파트너십을 통해 상호 윈윈할 수 있는 전략을 활용하고 있다. 또 마샬 제도는 태평양 도서국들 및 아프리카 지역의 여러 나라에 있는 코코넛 농장 농민들과 제휴를 맺고 있다. 코코넛 오일은 바이오 연료로도 사용할 수 있어 재생에너지로 이용되기도 한다.

별첨 1
마샬 제도 주요 경제지표[69]

표 1. 마샬 제도 주요 경제지표(2004~2010)

항 목	2004	2005	2006	2007	2008	2009	2010
실질 GDP	-0.1	2.6	1.9	3	-1.9	-1.3	5.2
소비자 가격	2	3.5	5.3	2.6	14.7	0.5	1.6
중앙정부재정 (Central government finances (in percent of GDP))							
수입 및 무상원조(Revenue and grants)	58.0	62.2	66.1	72.3	70.2	69.2	67.0
국내 총수입(Total domestic revenue)	25.5	25.8	25.4	25.8	25.6	25.0	24.7
무상원조(Grants)	32.5	36.4	40.8	46.5	44.5	44.3	42.3
지출(Expenditure)	59.4	65.6	64.8	72.0	66.4	67.8	62.4
경상지출(Current)	50.9	56.3	54.6	54.9	54.3	56.7	51.7
자본지출(Capital)	8.5	9.3	10.1	17.2	12.1	11.2	10.7
종합수지(Overall balance)	-1.4	-3.4	1.4	0.2	3.7	1.4	4.6
자유연합협정 신탁기금 (Compact)Trust Fund (in millions of US$; end of period)	32	45.1	63.1	85.7	75.7	90.9	112.8
국제수지 (Balance of payments (in)millions of US$)							
무역수지(Trade balance)	-53.2	-61.7	-64.1	-69.6	-69.8	-73.3	-93.3
순서비스(Net services)	-33.8	-38.9	-36.3	-39	-39.5	-54	-42.8
순이익(Net income)	36.6	40.7	40.8	43.1	43.2	40.8	34.5
외채(External debt (in millions of)US$; end of period) 3/	94.7	92.1	99.7	99.1	94.6	106.8	113.4
(In percent of GDP)	72.2	66.9	69.6	66.2	62.0	70.4	69.6
외채서비스(External debt service)(in millions of US$)	3.7	4.5	6.4	16.8	7.5	7.8	9.7
(In percent of exports of goods and services)	12.5	13.4	22.8	59.4	24.7	24.8	22.2
환율(Exchange rate)							
실질실효환율(2000 =100)	94.6	94.6	97	96.5	102.7	104.5	101.8

출처 : RMI authorities and Fund staff estimates.

---

[69] Asian Development Bank, Pacific Studies Series, Tonga: Economic Update and Outlook 2012, June 2013
http://www.adb.org/publications/tonga-economic-update-and-outlook-2012

표 2. 마샬 제도 산업부문별 GDP(2004~2010)

항목	2004	2005	2006	2007	2008	2009	2010
	(단위 : 미화 백만 달러)((In percent)of GDP)						
농업, 수렵, 임업(Agriculture, Hunting and Forestry)	3.9	4	4.1	4.6	5.1	4.9	4.7
수산업(Fisheries)	8.2	7.2	7.7	8.2	8	9.9	14.2
제조업(Manufacturing)	3.6	3.8	3.8	4.5	5.1	4.6	4.1
전기, 가스, 수자원 공급(Electricity, Gas and Water Supply)	1.9	2.4	2.1	2.3	2.6	2.6	2.6
건설(Construction)	7	7.3	11	9.8	10.2	9.5	9.3
도소매 및 수리업(Wholesale and Retail Trade and Repairs)	19.2	19.9	18.5	19.4	20	19.4	21
호텔 및 레스토랑(Hotels and Restaurants)	4	4.3	3.5	4.4	4.2	4.2	3.9
운송, 저장, 통신(Transport, Storage and Communications)	12.1	11.7	12.2	14.1	11.3	11.9	12.7
금융 중개(Financial Intermediation)	6.1	6.2	6.6	7.3	8.1	8.4	9.0
부동산, 임대, 비즈니스 (Real Estate, Renting, Business Activities)	9.7	10.0	10.3	10.6	11.1	11.6	11.9
행정(Public Administration)	21.2	22.3	23.4	23.4	25.0	24.1	24.4
교육(Education)	17	18.7	19.4	21	21.5	22.1	23.9
보건 및 사회사업(Health and Social Work)	8.4	9.4	10	10.2	10.3	9.9	10.7
지역, 사회, 개인서비스 (Other Community, Social, Personal Services)	0.6	0.6	0.7	0.7	1.1	1.2	1.4
명목GDP(Nominal GDP)	131.1	137.6	143.4	149.7	152.6	151.6	162.9
	GDP 내 비율						
농업, 수렵, 임업(Agriculture, Hunting and Forestry)	3	2.9	2.9	3	3.3	3.2	2.9
수산업(Fisheries)	6.3	5.2	5.4	5.5	5.2	6.6	8.7
제조업(Manufacturin)	2.8	2.7	2.6	3.0	3.3	3.0	2.5
전기, 가스, 수자원 공급(Electricity, Gas and Water Suppl)	1.5	1.7	1.5	1.5	1.7	1.7	1.6
건설(Construction)	5.4	5.3	7.7	6.6	6.7	6.3	5.7
도소매 및 수리업(Wholesale and Retail Trade and Repairs)	14.6	14.4	12.9	13.0	13.1	12.8	12.9
호텔 및 레스토랑(Hotels and Restaurants)	3.0	3.1	2.4	2.9	2.8	2.7	2.4
운송, 저장, 통신(Transport, Storage and Communication)	9.3	8.5	8.5	9.4	7.4	7.9	7.8
금융 중개(Financial Intermediatio)	4.6	4.5	4.6	4.9	5.3	5.5	5.5
부동산, 임대, 비즈니스 (Real Estate, Renting, Business Activities)	7.4	7.2	7.2	7.1	7.3	7.6	7.3
행정(Public Administration)	16.2	16.2	16.3	15.6	16.4	15.9	15
교육(Education)	13	13.6	13.5	14	14.1	14.6	14.7
보건 및 사회사업(Health and Social Work)	6.4	6.8	7	6.8	6.7	6.5	6.6
지역, 사회, 개인서비스 (Other Community, Social, Personal Services)	0.5	0.5	0.5	0.5	0.7	0.8	0.8
1인당 명목 GDP(Nominal GDP per capita (in U.S. dollars))	2,611.1	2,703.2	2,803.7	2,913.4	2,932.4	2,927.1	3,111.2
실질 GDP 성장률(Real GDP growth rate (in percent))	-0.1	2.6	1.9	3.0	-1.9	-1.3	5.2
실질 GDP(Real GDP (in FY04 millions U.S. dollars))	131.1	134.5	137.1	141.3	138.5	136.7	143.8

출처 : RMI authorities and IMF staff estimates.

표 3. 마샬 제도 산업 부문별 고용 및 임금 현황(2004~2010)

항 목	2004	2005	2006	2007	2008	2009	2010
(단위 : 명)							
총 고용(Total employment)	10,149	9,755	10,137	10,380	10,340	10,218	10,506
공공 부문(Total public sector)	4,343	4,509	4,621	4,677	4,641	4,595	4,607
마샬 제도 정부(RMI Government)	2,003	2,116	2,421	2,407	2,412	2,353	2,392
지방 정부(Local Government)	1,055	1,083	1,090	1,041	1,007	960	899
정부기관(Government Agencies)	596	609	407	465	435	471	523
공기업(Public Enterprise)	690	702	704	765	787	812	794
민간 부문(Private Sector)	4,043	3,463	3,705	3,923	4,031	4,036	4,331
of which:							
농업, 수렵, 임업(Agriculture, Hunting and Forestry)	2	2	1	0	0	0	0
수산업(Fisherie)	947	218	267	235	396	642	1,062
제조업(Manufacturing)	44	66	67	75	66	48	50
건설(Construction)	522	557	729	857	820	681	593
도소매업(Wholesale and Retail Trade)	1,744	1,805	1,819	1,810	1,826	1,715	1,738
호텔 및 레스토랑(Hotels and Restaurants)	183	149	163	189	181	162	150
운송, 저장, 통신(Transport, Storage and Communications)	257	299	318	404	344	356	324
금융 중개(Financial Intermediatio)	16	16	19	24	20	21	20
부동산, 임대, 비즈니스 (Real Estate, Renting and Businesss Activities)	223	241	202	211	215	233	221
보건 및 사회사업(Health and Social Work)	20	27	37	39	56	67	47
지역, 사회, 개인서비스 (Community, Social & Personal Service Activities)	78	79	81	74	95	94	114
자영업(Private Households With Employed Person)	8	5	3	4	13	16	12
은행(Banks)	153	158	175	184	191	186	202
NGO 및 비영리 기관(NGO's and Non-Profits)	366	403	383	387	365	356	359
외국 공관(Foreign Embassies)	14	15	16	17	16	16	29
콰잘렌 미군 기지(Kwajalein US Base)	1,229	1,208	1,239	1,193	1,097	1,028	978
(In U.S. dollars)							
공공 부문 평균 임금(Average public sector wage)							
마샬 제도 정부(RMI Governmen)	13,221	12,997	12,490	12,523	12,614	13,025	12,982
지방 정부(Local Government)	7,134	7,311	7,543	7,930	8,165	7,704	7,517
정부기관(Government Agencies)	12,867	13,164	15,727	14,578	15,527	15,653	15,338
공기업(Public Enterprise)	11,348	11,601	11,658	11,276	11,938	12,131	13,066
민간 부문 평균 임금(Average private sector wage)	4,213	4,736	4,790	4,879	4,966	5,038	4,854
은행 평균 임금(Average banks wage)	14,824	16,840	17,046	17,509	16,547	17,506	17,025
NGO 및 비영리 기관 평균 임금 (Average NGO's and non-profits wage)	4,837	5,040	4,992	5,059	5,254	5,521	5,942
외국 공관 평균 임금(Average foreign embassies wage)	12,489	12,523	12,860	13,392	13,185	12,637	10,775
콰잘렌 미군 기지 평균 임금 (Average Kwajalein US Base wage)	14,555	15,249	16,243	16,114	15,559	16,817	16,627

출처 : RMI authorities and Fund staff estimates.

표 4. 마샬 제도 소비자 물가지수(2004~2010)

구 분		총합 (Total)	식료품 (Food)	주류 (Alcoholic Beverages)	주택, 공공 설비, 기기 (Housing, Utilities, Appliances)	의류 (Apparel)	운송 (Transport)	보건 (Medical Care)	여가 (Recreation)	교육 (Education and Comm.)	기타 재화 및 서비스 (Other Goods and Services)
					(2003=1000)						
2004	Qtr 1	102.2	106.3	102.3	99	105.7	98	100	99.6	100	100.8
	Qtr 2	102.5	106.6	102.3	99.4	103.7	99.2	100	100.9	100	100.4
	Qtr 3	103.4	105.8	102.3	100.4	103.6	102.2	100	96.7	111.1	101
	Qtr 4	104.4	106.3	120.3	98.9	102.4	106.9	100	94.2	111.1	102.1
2005	Qtr 1	105.1	105.3	120.3	104.8	102.8	107.1	100	92.6	111.1	102.4
	Qtr 2	106.7	106.7	123.5	105.9	102.4	110.7	100	95.2	111.1	104.2
	Qtr 3	108.3	107.3	126.4	107.1	103.8	118.4	100	94.5	113.8	103.1
	Qtr 4	110.8	107.1	128.6	119.5	103.5	121.7	100	90.3	115.9	103.3
2006	Qtr 1	111.3	110	131.7	119.5	104	121.3	100	91.3	115.9	99.3
	Qtr 2	111.6	110.2	133.4	120.9	110	123.1	100	90	115.9	96.3
	Qtr 3	113	108.1	135.6	128.4	106.1	131.3	100	83.7	115.9	96.4
	Qtr 4	113.7	110.3	130.6	127.7	104.3	131.7	100	84.9	115.9	96.9
2007	Qtr 1	113.2	110.6	133.1	127.9	105.8	126.3	100	85.6	115.9	96.9
	Qtr 2	115.1	112	134.3	129.9	102.9	138.5	100	85.5	115.9	96.8
	Qtr 3	116.4	109.2	136.2	142.3	103.1	138.6	100	85.6	115.9	94.7
	Qtr 4	118.6	112.6	136.2	143.5	105.3	141.5	100	83.7	115.9	96.7
2008	Qtr 1	122	113.3	137	148.4	113.1	153	100	83.7	115.9	98.7
	Qtr 2	134.5	126	138.3	192.3	104	159.4	100	83.7	115.9	98.6
	Qtr 3	150.6	143	134.5	230.3	108.1	196.9	100	85.6	117.1	87.2
	Qtr 4	138.3	138.8	143.8	197	108.4	158.2	100	83	117.1	87.7
2009	Qtr 1	129.6	137.3	143.8	157.5	105.7	148	100	83	117.1	88.4
	Qtr 2	130.2	135.4	142.7	157.1	102	156.9	100.2	84	117.1	90
	Qtr 3	130.1	133.7	142.7	158	103.8	158.5	100.2	85.3	117.1	90.1
	Qtr 4	130.3	134.4	143.2	158.8	104.7	155.5	100.2	85.3	117.1	90.1
2010	Qtr 1	133.2	131.8	143.2	180.3	104.7	158.4	100.2	85.3	117.1	90.1
	Qtr 2	137.3	137.7	143.2	192.5	100.7	158.8	100.2	85.3	117.1	90.1
	Qtr 3	136.7	133.2	145	194	103	155.5	100.2	85.3	117.1	91.1
	Qtr 4	137.1	137.9	145.7	204	103.6	141	100.2	85.3	117.1	90.1
					(Four-quarter percent change)						
2007	Qtr 1	1.7	0.5	1.1	7.1	1.7	4.1	0	-6.3	0	-2.4
	Qtr 2	3.2	1.7	0.7	7.4	-6.5	12.5	0	-5	0	0.5
	Qtr 3	3.1	1	0.5	10.8	-2.8	5.6	0	2.3	0	-1.8
	Qtr 4	4.3	2.1	4.4	12.3	1	7.4	0	-1.4	0	-0.3
2008	Qtr 1	7.7	2.4	2.9	16	6.9	21.1	0	-2.1	0	1.8
	Qtr 2	16.8	12.5	2.9	48	1.1	15.1	0	-2.1	0	1.9
	Qtr 3	29.4	30.9	-1.3	61.8	4.9	42.1	0	0	1.1	-7.9
	Qtr 4	16.6	23.2	5.5	37.3	2.9	11.8	0	-0.9	1.1	-9.3
2009	Qtr 1	6.3	21.2	5	6.1	-6.5	-3.3	0	-0.9	1.1	-10.4
	Qtr 2	-3.2	7.4	3.2	-18.3	-1.9	-1.6	0.2	0.4	1.1	-8.6
	Qtr 3	-13.6	-6.5	6.1	-31.4	-4	-19.5	0.2	-0.4	0	3.2
	Qtr 4	-5.8	-5.2	-0.4	-19.4	-3.4	-1.1	0.2	2.7	0	2.7
2010	Qtr 1	2.8	-4	-0.4	14.5	-0.9	7.1	0.2	2.8	0	1.8
	Qtr 2	5.5	1.7	0.4	22.5	-1.3	1.2	0	1.5	0	0
	Qtr 3	5.1	-0.3	1.6	22.8	-0.7	-1.9	0	0	0	1.1
	Qtr 4	5.2	2.6	1.8	28.4	-1.1	-10	0	0	0	0
Memorandum item: Weight in RMI total		100	35.9	1.7	17.1	4.3	13.7	2.2	2.3	6.6	16.2

Source: RMI authorities and Fund staff estimates.

표 5. 마샬 제도 경제활동 지표(2007~2011)

항목	2004	2005	2006	2007	2008	2009	2010
(단위 : 미화 백만 달러)							
수입(Revenue)	76.1	85.6	94.8	108.2	107.1	104.9	109.2
세금(Taxes)	22.5	24.3	25.1	27.1	26.2	24.3	25.2
소득세, 수익세, 자본취득세 (Taxes on income, profits, and capital gains)	14.6	14.8	15.9	17.1	16.8	16.6	17.0
국제무역 및 거래세(Taxes on international trade and transactions)	6.7	8.8	8.6	9.4	8.7	7.1	7.7
기타 세금(Other taxes)	1.2	0.6	0.6	0.6	0.7	0.6	0.5
기부(Social contributions)	6.3	6.2	6.4	6.3	6.9	6.7	7.2
무상원조(Grants 2/)	42.6	50.1	58.5	69.6	68.0	67.1	68.9
기타 수입(Other revenue)	4.6	5.0	4.8	5.2	6.0	6.8	7.9
재산소득(Property income)	1.1	1.4	1.6	1.5	1.9	1.6	2.1
재화 및 서비스판매(Sales of goods and services)	1.4	1.4	1.3	1.2	1.5	1.4	1.5
기타 수입(Miscellaneous and unidentified revenue)	2.1	2.2	1.8	2.4	2.7	3.8	4.3
지출(Expenditure)	77.8	90.2	92.9	107.8	101.3	102.8	101.7
경비(Expense)	66.7	77.5	78.3	82.1	82.9	85.9	84.3
고용인 보수(Compensation of employees)	30.1	32.8	34.1	33.5	34.2	34.3	35.0
임금 및 수당(Wages and salaries)	30.1	32.8	34.1	33.5	34.2	34.3	35.0
재화 및 서비스 이용(Use of goods and services)	26.8	31.2	32.9	31.7	34.9	37.5	33.3
이자(Interest)	0.8	0.9	0.9	0.9	1.3	0.9	0.9
보조금(Subsidies)	3.1	2.7	4	7.9	6.9	7.5	6.7
지원금(Grants)	5.9	9.8	6.4	8.2	5.6	5.7	8.4
비금융자산 총 취득(Net acquisition of nonfinancial assets)	11.1	12.7	14.5	25.7	18.5	16.9	17.5
총 대출/차용 (Net lending(+)/borrowing(-))	-1.8	-4.7	1.9	0.4	5.7	2.1	7.5
금융자산 총 취득(Net acquisition of financial assets)	0.3	-4.1	1.3	-3.1	4.6	0.0	5.0
총 부채발생(Net incurrence of liabilities)	2.1	0.5	-0.6		-1.1	-2.2	-2.4
순금융(Net financing 3/)	-1.8	-4.7	1.9	0.4	5.7	2.1	7.5
(GDP 내 비율)							
수입(Revenue)	58	62.2	66.1	72.3	70.2	69.2	67
세금(Taxes)	17.2	17.6	17.5	18.1	17.1	16.1	15.5
기부(Social contributions)	4.8	4.5	4.5	4.2	4.5	4.4	4.4
무상원조(Grants)	32.5	36.4	40.8	46.5	44.5	44.3	42.3
기타 수입(Other revenue)	3.5	3.7	3.3	3.4	4	4.5	4.9
지출(Expenditure)	59.4	65.6	64.8	72.0	66.4	67.8	62.4
경비(Expense)	50.9	56.3	54.6	54.9	54.3	56.7	51.7
비금융자산 총 취득(Net acquisition of nonfinancial assets)	8.5	9.3	10.1	17.2	12.1	11.2	10.7
총 대출/차용(Net lending/borrowing)	-1.4	-3.4	1.4	0.2	3.7	1.4	4.6
자유연합협정 신탁기금 수지 (Compact Trust Fund balances (in millions of US$))	32.0	45.1	63.1	85.7	75.7	90.9	112.8
정부 미지불부채(Outstanding government debt (in millions of US$) 4/)	62.6	63.1	63.0	61.7	60.6	58.8	69.3
명목 GDP(Nominal GDP (in millions of US$))	131.1	137.6	143.4	149.7	152.6	151.6	162.9

출처 : RMI authorities and Fund staff estimates.

표 6. 마샬 제도 국제수지(2004~2010)

(단위 : 미화 백만 달러)

항목	2004	2005	2006	2007	2008	2009	2010
경상수지(Current account balance)	-5.7	-8.9	-5.1	-3.5	-3.9	-26.4	-40.7
무역수지(Trade balance)	-53.2	-61.7	-64.1	-69.6	-69.8	-73.3	-93.3
재화 수출(Exports of goods)	18.8	23.5	17.9	18.3	20.2	20.8	32.3
재수출(Re-exports)	17.5	20.4	17.0	15.5	15.1	15.9	21.1
코프라/야자기름(Copra/coconut oil)	0.9	2.6	0.4	2.2	4.4	2.0	2.4
어류(Fish)	0.4	0.4	0.4	0.7	0.8	2.8	8.8
재화 수입(Imports of goods f.o.b. 2/)	72	85.1	82	87.9	90	94.1	125.5
서비스 수지(Services balance)	-33.8	-38.9	-36.3	-39	-39.5	-54	-42.8
서비스 수출(Exports of services)	10.8	10.2	10.2	10.0	10.2	10.5	11.3
어류 가공(Fish processing)	3.7	2.0	2.3	2.3	3.0	3.3	3.7
교통(Transport)	2.2	3.2	2.8	2.6	2.3	2.3	2.6
정부 서비스(Government services)	1.0	1.1	1.1	1.2	1.3	1.4	1.4
여행(Travel)	3	3.1	3.1	2.9	2.7	2.8	2.8
원격통신(Telecommunication)	0.9	0.8	0.9	0.9	0.9	0.8	0.8
서비스 수입(Imports of services)	44.5	49.1	46.5	49.0	49.8	64.6	54.1
교통(Transport)	22.5	25.5	26.0	27.2	28.0	25.9	25.6
건설 서비스(Construction services)	0.0	0.0	0.0	0.0	0.0	12.9	1.8
비즈니스 서비스(Business services)	6.7	7.4	7.7	8.7	8.2	9.5	11.9
진료의뢰 프로그램(Medical referral programme)	1.9	2.1	2.2	2.6	2.7	2.9	2.0
기타 여행(Other travel)	11.7	12.2	8.7	8.7	8.9	9.8	10.4
기술지원(Technical assistance)	0.5	0.5	0.5	0.6	0.6	0.6	0.6
기타(Other)	1.2	1.3	1.3	1.2	1.3	1.6	1.8
주요 소득수지(Primary income balance)	36.6	40.7	40.8	43.1	43.2	40.8	34.5
주요 소득, 유입(Primary income, inflows)	46.4	51.2	55.2	56.8	56.1	52.9	51.2
고용인 보수(Compensation of employees)	20.6	21.2	23.3	22.3	19.9	20.1	19.0
콰잘렌 토지 임대비(Rent receipts for use of Kwajalein land 3/)	15.0	15.2	15.4	15.8	16.2	17.1	16.7
선박등록비(Ship registration fees)	1.0	1.0	1.0	1.8	2.0	3.3	3.3
조업허가료(Fishing licence fees)	0.9	1.4	1.6	0.8	1.7	1.4	1.0
외국계 회사에 대한 과세(Taxes on foreign-owned businesses)	0.7	0.8	0.9	0.8	0.9	1	1.3
배당금 및 이자(Dividends and interest)	8.2	11.6	13	15.4	15.4	10.1	9.8
주요 소득, 유출(Primary income, outflows)	9.8	10.5	14.4	13.7	12.9	12.1	16.6
콰잘렌 비거주 토지소유주(Non-resident Kwajalein land owners)	2.0	2.0	2.0	2.1	2.1	2.3	2.23
직접투자 관련 배당금(Dividends related to direct investment)	5.1	5.9	8.9	7.7	7.2	6.5	10.
대출이자(Interest on loans)	2.5	2.5	3.3	3.7	3.4	3.1	3.7
고용인 보수(Compensation of employees)	0.2	0.2	0.2	0.2	0.2	0.3	0.5

2차 소득수지(Secondary income balance)	44.6	50.9	54.4	62	62.2	60.2	60.9
2차 소득, 유입(Secondary income, inflows)	48.0	54.5	58.1	65.8	66.3	64.6	66.2
정부 원조(Government grants)	40.1	46.2	49.9	53.7	57.2	54.4	56.2
콰잘렌 근무 미국인 대상 과세소득 (Income tax from Kwajalein US workers)	2.3	2.4	2.6	2.5	2.6	2.7	2.2
마샬 제도 대학(College of Marshall Islands)	3.2	3.3	2.9	3.3	3.2	3.9	4.4
2차소득, 유출(Secondary income, outflows)	3.4	3.6	3.7	3.9	4.1	4.4	5.3
가사 송금(Household remittances)	3.2	3.3	3.5	3.6	3.8	4.2	5.0
비생명보험, 순보험료(Non-life insurance, net premiums)	0.2	0.3	0.3	0.3	0.3	0.2	0.2
자본수지(Capital account balance)	10.3	22.7	35.6	34.7	30.1	36.2	31.6
자본유입(Capital inflows)	10.3	22.7	35.6	34.7	30.1	36.2	31.6
자유연합협정 무상원조(National Gov't, Compact capital grants)	3.2	4.7	9.5	16.6	11.3	13.2	13.3
자유연합협정 신탁기금 원조 (National Gov't, Compact Trust Fund grants)	7.0	14.1	10.7	11.4	10.5	14.9	13.5
기타 정부에 대한 자본원조(Other capital grants to government)	0.2	2.1	13.6	4.9	8.4	8.0	4.8
자본 유출(Capital outflows)	0.0	0.0	0.0	0.0	0.0	0.0	0.0
총 대출/차용(경상수지 + 자본수지) 〔Net lending/Borrowing(Curr + Cap)〕	4.6	13.8	30.4	31.1	26.2	9.8	-9.1
재정수지(Financial account balance)	16.7	-16.5	8.2	-14.1	8.8	14.4	19.7
직접투자(Direct investment)	1.1	3.3	-1.1	7	5.7	14.6	37.1
순투자 〔Portfolio investment (increase in assets: -)〕	17.9	-14.6	3.2	-16.5	4.1	-4.9	-5.3
기타 투자 〔Other investment (increase in assets: -)〕	-2.3	-7.9	6.1	-4.6	-1.1	4.7	-12.2
오차 및 누락(Error)	21.3		38.6	17.0	35.0	24.2	10.6

출처 : RMI authorities and Fund staff estimates.

별첨 2
마샬 제도 방문 정보

공항

1) 공항 이름 : 아마타 카부아 국제공항(Amata Kabua International Airport)
2) 공항세 : 출국 시 20달러(12세 미만 또는 60세 이상은 제외)
3) 여행거리
   - 뉴욕 : 1만 1,400 km, 14시간
   - 로스앤젤레스 : 7,700 km, 9~10시간
   - 괌 : 2,400km, 8 시간
   - 동경 : 4,800km, 11시간
   - 호놀룰루 : 3,700km, 4.5시간
   (우리나라에서는 직항편이 없어 괌이나 하와이를 경유하여 가야 한다. 비행시간은 10시간 이상.)
4) 항공사
   에어 마샬(Air Marshall Islands)
   - http://www.airmarshallislands.com
   - 34석의 Dash 8 그리고 16석의 Donier 비행기를 운영
   - http://www.continental.com/
   - 매주 괌에서 3회, 호놀룰루에서 3회 운항한다.

아우어 항공(Our Airline) (나우루 항공사)

출입국[70]

미국, 팔라우, 마이크로네시아 연방국 국민들은 마샬 제도 입국 시 비자가 필요없다. 이 외 유럽연합, 호주, 뉴질랜드, 한국, 일본 및 태평양 도서국 국민들은 공항에 도착해 입국 비자를 받을 수 있다. 여기에 해당되지 않는 다른 모든 국가의 국민들은 관광비자를 신청해야 하며 신청 비용은 미화 100달러이다(2014년 10월 기준). 사업 비자 신청비용은 미화 300달러이며 모든 방문객은 마샬 제도를 떠날 때 출국세 20달러를 내야 한다.

마샬 제도 이민국	마샬 제도 관광청
P.O. Box 890 Majuro, Republic of the Marshall Islands, 96960 Tel : (692) 625-8633 / 4572 Fax : (692) 625-4246 Email : rmiimmig@ntamar.net	(Marshall Islands Visitors Authority(MIVA)) P.O. Box 5 Majuro, MH 96960 Tel : (692) 625-6482 Fax : (692) 625-6771 Internet : www.visitmarshallislands.com Email : tourism@ntamar.net

대한민국 국민은 마샬 제도를 관광목적으로 방문할 때 도착비자를 받을 수 있다. 체류 허용기간은 30일이다. 필요시 마샬 제도 이민국(Director of the Immigration Division)에 60일 체류 연장을 신청할 수 있는데 신청비용은 미화 10달러이다(2014년 10월 기준).

항구를 통해 입항할 경우 선장이 마샬 제도 이민국에 입항일자와 선원, 승객 현황을 최소한 24시간 전에 신고해야 한다.

통관 요건을 보면 18세 이상 성인은 담배 2.5보루, 술 2리터, 씹는 담배 8온스 등을 가지고 들어올 수 있다. 출국 시 산호나 바다거북 껍질 등 금지된 품목을 가지고 나갈 수 없다.

현지인의 특성

마샬 제도인은 온화한 성격으로 수줍음이 많으며, 다른 사람의 부탁을 면전에서 거절하는 것을 어려워하므로 무리한 부탁을 하지 않는 것이 좋다.

또 마샬 제도에서는 지금도 추장이 큰 영향력을 가지고 있으며 모계사회가 많아 인척관계 가 중요하게 작용한다. 마샬 제도 방문 시에는 노출이 심한 복장을 삼가는 것이 좋다.

---

70) http://www.visitmarshallislands.com/travel-to-the-marshall-islands
Visa policy of the Marshall Islands, http://en.wikipedia.org/wiki/Visa_policy_of_the_Marshall_Islands

박물관
- 1) 국립 알렐레 박물관(The Alele Museum)
  - 홈페이지 : http://alelemuseum.tripod.com/Museum.html
  - 주소 : Alele Museum, Library and National Archives
    Post Office Box 629
    Majuro, Republic of the Marshall Islands 96960
    Tel : (692) 625-3372/3550 Fax : (692) 625-3226
    E-mail : alele@ntamar.com
  - 운영시간 : 월~금 9:00 am ~ 4:00pm / 토 9:00 am ~ 12:00pm
  - 교통 : 택시로 이동

마주로에 위치한 국립 알렐레 박물관 ⓒKIOST

- 2) 마샬 문화센터(The Marshallese Cultural Center)
  - 주소 : US Army Kwajalein Atoll/Regan Test site(USAKA/RTS)
    Marshallese Cultural Society,
    P.O. Box 1702, APO AP 96555
    Kwajalein, Kwajalein Atoll
  - 개소일 : 1997년

콰잘렌 환초에 있는 마샬 문화센터 ⓒ KIOST

숙박시설

1) 마주로 시

- 플레임 트리 호스텔(Flame Tree Backpacker's Hostel, Delap)

    2성급, 객실 수 21

    Telephone : (692) 625-4229

    Email : journal@ntamar.net

    Fax : (692) 625-3136

    Rates : $15 - $45 /night

- 롱아일랜드 호텔(Long Island Hotel, Majuro)

    3성급, 객실 수 32

    Telephone : (692) 247-6789

    Email : lihotel@ntamar.net

    Fax : (692) 247-6780

    Address : P.O. BOX 671, Majuro, 96960, Marshall Islands

    Rates : $62.40 single, $85.08 double, $108.36 Luxury

    특이사항 : lagoon view

- 로버트 레이머스 호텔(Hotel Robert Reimers, Majuro)

    3성급, 객실 수 36

    Telephone : (692) 625-3250, 625-7323

    Email : administration@rreinc.com / hotelrr@rreinc.com

    Fax : (692) 625-3783, 625-3505

    Address : P.O. Box 1, Majuro, 96960, Marshall Islands

    Rates : $75 ~ 150

- 마샬 제도 리조트(Marshall Islands Resort, Majuro)

    4성급, 객실 수 140

    Telephone : (692) 625-2525

    Email : mirhtl@ntamar.com or
    reservations@marshallislandsresort.com

    Fax : (692) 625-2555

    Address : P.O. Box 3279, Mieco Beach Front,

Amata Kabua Blvd., Majuro, 96960 MI

Rates : $130 ~ 235

2) 마주로 라군 내(보트로만 이동 가능)

- 에네코 섬 리조트(Eneko Island Getaway, Majuro)

  개인소유 섬으로 섬 전체를 렌트, 3개의 방갈로 있음.

  Telephone : (692) 625-6474

  Email : administration@rreinc.com

  Fax : (692) 625-3783, 625-3505

  Rates : $50 / single, $55 / double per night + tax

- 비켄드릭 섬 리조트(Bikendrik Island Hideaway, Majuro)

  개인소유 섬으로 섬 전체를 렌트, 3에이커 규모의 대지에 2명이 숙박할 수 있는 방갈로 있음.

  Telephone : (692) 455-0787, 625-2525

  Fax : (692) 625-2555

  Rates : $500 + tax

- 스리 백 섬 리조트(Three Bag Island, Majuro)

  개인소유 섬으로 섬 전체를 렌트, 2층 숙소빌딩 있음.

  Telephone : (692) 625-3251

  Rates : 연락 요망

3) 콰잘렌 환초, 이베예 섬

- 안로하사 호텔(Anrohasa Hotel Ebeye)

  4성급, 객실 수 22

  Telephone : (692) 329-5230

  Address : P.O. Box 539, Kwajalein, Ebeye Island, 96970 Marshall Islands

  Rates : $93 ~ 156

4) 외곽 섬

- 아르노 숙소(Arno B&B)

  방갈로식 숙소

  Telephone: (692) 625-3250 ext. 202; (692) 455-8910;
  (692) 247-7027; 오후 5시 이후 (692) 247-4448

  Email: francistreimers@hotmail.com

  Rates: $25 /person /night

- 비키니 다이브 리조트(Bikini Dive Resort, Bikini Atoll)

  3성급, 객실 수 7

  Telephone: (692) 625-4265

  Email: saratoga@ntamar.net

  Fax: (692) 625-3330

  Rates: packaged rates available

- 에네드릭 섬(Enedrik Island, Arno Atoll)

  개인소유 섬으로 섬 전체를 렌트, 2개의 캐빈(cabin) 있음

  Telephone : (949) 675-7579

  Email : RicmKover@yahoo.com

  Fax : (692) 625-2555

  Address : Attn: Ric Kover,

  P.O. Box 88323, Honolulu, HI 96830

  Rates : 11월 1일~4월 30일 $695 / week;

  5월 1일~10월 31일 $395 / week.

  $200 reservation deposit.

  Boat Transfer R/T $250 ~ 450

- 자워즈 호텔(Jawoj Hotel, Jaluit Atoll)

  2성급 호텔, 객실 수 4

  Telephone : (692) 625-3829

  Email : meccorp@ntamar.net

  Fax : (692) 625-3397

  Rates : $50

치안 현황[71]

- 마샬 제도에서 테러, 인질사태 등은 발생하지 않고 있으며 국내정세도 비교적 안정적이어서 정세불안으로 인한 대규모 소요사태나 폭력사태는 없다.
- 마샬 제도 주민들은 대부분 친족관계로 얽혀있기 때문에 흉악 범죄의 발생률이 낮고 전반적인 치안 상황은 좋다. 그러나 마샬 제도는 저지대 환초섬 국가로 수산자원 이외에는 부존자원이 없고 산업이 발달되지 않아 미국의 원조에 대한 의존도가 높고 주민들의 실업률도 높으므로 절도, 폭행 등과 같은 일반적 범죄 피해 발생 가능성에 주의할 필요가 있다.
- 범죄발생률은 낮은 편이나 발생 범죄유형으로는 주로 가정집, 호텔객실 등을 대상으로 하는 소규모 절도 및 차량 절도 등이 있다.
- 치안 상황이 양호하긴 하나 야간에 혼자서 외출하는 것은 피해야 하고, 시내 이동은 호텔에서 예약한 택시 등을 이용하며, 택시 탑승의 경우에도 되도록 합승은 피하는 것이 좋다. 특히 야간에 나이트클럽 등지에서 음주 후 발생하는 취객 간 폭력이 보고되고 있으며 음주운전도 빈발하므로 주의가 필요하다.
- 공항, 식당 등에서 남의 눈에 띄는 귀중품을 착용하지 않도록 하며, 많은 금액의 현찰을 소지하지 않는 것이 바람직하다. 호텔이나 주거의 안전에 주의해야 하며, 항상 문을 잠가 두는 것이 필요하다. 여권, 항공권, 여행자수표 등의 복사본을 따로 보관하여 만약의 사태에 대비해야 한다.
- 수도 마주로에는 일직선 도로가 있지만 횡단보도 및 신호기 등이 설치되어 있지 않으므로 도로를 횡단할 때 주의하여야 하며, 가로등이 없으므로 야간 운전은 피해야 한다.
- 마샬 제도에서 말라리아는 발생하고 있지 않으나 모기를 통해 감염되는 여타 열병의 발생 가능성이 있으므로 모기에 물리지 않도록 유의해야 한다. 또한 일부 섬 지역에는 물이 부족하고 수돗물은 빗물을 이용하므로 식수는 따로 생수를 구입하여 음용하는 것이 좋다.
- 마샬 제도의 섬 가운데 있는 콰잘렌 섬은 미국 미사일 기지가 위치하여 일반인의 출입이 제한되고 있으며(사전허가제), 비키니 섬은 과거 미국이 핵 실험을 시행했던 지역이므로 방문 시 유의해야 한다.

교통 수단

- 수도인 마주로에서는 택시가 가장 편리한 교통수단이다. 거리에 따라서 약 50센트에서

---

71) 주 피지 대한민국 대사관. 해외안전여행정보-마샬 제도. http://fiji.mofat.go.kr/

20달러 정도이며 많은 현지인이 택시 이용시 합승을 한다. 외국인의 경우 손해를 볼 수 있으므로 주의해야 한다.
- 마주로에는 섬 전체를 순환하는 셔틀버스도 있으며 1회 기준 약 2.5달러 정도의 경비가 소요된다. 셔틀버스는 매 2시간마다 RRE Parking Lot에서 출발한다.
- 렌트카도 이용할 수 있다. 마샬 제도는 대한민국과 같이 우측 주행 국가이며 수도 마주로 시에서는 약 50km의 일직선 도로가 섬 전체를 관통하고 있다. 차량 렌트는 호텔 등을 통하여 가능하며 가격은 1일 약 80달러 정도이다.

마주로의 자동차렌트 업체	전화
RRE Hotel Car Rental	625-5131
Pacific Wheels	247-7497
MGAS Rentals	625-6559
Elm Motors	625-3466
G&L Rental Cars	625-3965
DAR Car Rentals	625-3174
Majuro Motors, Inc.	625-4422
Frank K's Rental	625-4025

상점
다음은 마주로 시의 대형 쇼핑몰 또는 슈퍼마켓이다.
- Payless : Capital Building 근처 델랍(Delap)에 위치해 있으며 도매물건이 많다.
- Formosa Supermarket : 우체국 옆 울 리가(Uliga)에 위치해 있다.
- Pacific Basin Wholesale : The Flame Tree 옆 해안가 근처 델랍(Delap)에 있다.
- Formosa : The Flame Tree 옆 델랍(Delap)에 있다.
- Cost Price : G&L Midtown 반대 라군 쪽으로 울 리가(Uliga)에 위치해 있다.

식당
- 다음은 마주로 시의 식당 종류이다. 팁은 의무는 아니며 개인의 선택사항이다.

식당 이름	요리 종류	위치	전화	수용 인원
Aliang Restaurant	Chinese	Uliga	625-8318	30
Flight Line Grill	Western &Local	Airport	247-4745	75
CFC Restaurant	Western &Asian, buffets	Delap	625-6057	80
Chit Chat (MIC)	Western &Local, Fast food type	Oceanside Uliga at the Hotel Marshall Islands, Behind the RRE Supermarket	625-5699	100
Dar Coffee Corner	Western, Local, Take – away	Oceanside Uliga	625-3174	40
Enra Restaurant	Western; Wednesday &Friday lunch buffets; Sunday Brunch, Full bar.	Marshall Islands Resort, Delap	625-2525	116
Flame Tree	Western; Full bar + live music.	Between Payless Supermarket & the Marshall Islands Resort, Delap	625-4229	35
KLG	Fast Food	Uliga	625-3529	50
La-Bojie's Fast Food	Filipino Food, take away	Next to National Police Station, Uliga	629-2357	12
Lathbern Restaurant	Western, Local, Asian, Indo – Lankan, Take – away	Uliga	625-6024	20
Long Island Restaurant	Western, Local, Asian & French; Fine Dining; Lunch buffet on Thursday &Sunday	Long Island, Rairok	247-6789	100
Monica's Restaurant	Asian, Take – away	Uliga	625-6686	20
Oriental Noodle Restaurant	Chinese	Delap	625-2088	45
Payless Deli	Fast Food	Delap	625-3123	10
Special Restaurant	Asian	Batkan, Long Island	625-4771	30
Stone House	Japanese	Batkan, Long Island	247-3392	16
Tide Table	Mexican, Japanese; lunch specials	RRE Hotel, Uliga	625-3250 ext 248	80
Uliga Restaurant	Asian	Across the Alele Museum, Uliga	625-5858	60
Won Hai Shien	Asian	Opposite Alele Museum, Uliga	625-6641	60

별첨 3
마샬 제도의 대 대만 및 중국 관계[72] [73] [74]

다른 태평양 도서국들처럼 마샬 제도 역시 대만을 인정할 것인가, 중국의 '하나의 중국(One China Policy)' 정책을 인정할 것인가를 놓고 고민하지 않을 수 없었다.

마샬 제도는 1998년부터 중국 대신 대만을 인정해 왔다. 즉, 대만을 진짜 중국으로 여겼다. 그러나 2011년 6월 마샬 제도 의회 대표단이 중국 북경을 방문했다. 이들의 중국 본토 방문은 마샬 제도와 대만 정부 사이에 약간의 긴장을 불러 왔다. 마샬 제도 대표단 단장은 이 방문이 중국 의회의 초청에 의한 것으로 중국 의회 대 마샬 제도 의회 간의 상호활동이라고 했다. 그러나 대만 정부는 마샬 제도의 정치 성향에 변화가 있는 것은 아닌지 우려하고 있다.

마샬 제도에게는 대만이 미국 다음으로 투자와 지원을 많이 하는 국가이다. 매년 약 1,000만 미화 달러(약 115억 원)를 직접 원조로 지원하기 때문이다. 또한 대만은 2011년에 80만 미화 달러(약 10억 원)의 신용자금을 마샬 제도 은행에 제공하였으며, 마샬 제도 농부들을 위한 농업활동 지원도 수행하고 있다. 이 외에도 대만은 마샬 제도의 신탁기금에 300만 달러(약 35억 원)를 지원하고 있으며, 다양한 정부 공무원, 양식전문가들이 마샬 제도에 파견되어 활동하고 있다.

2010년에는 대만 대통령인 천수예벤이 마샬 제도를 방문했고, 마샬 제도의 케사이 노테 대통령도 2010년 4월에 대만을 방문했다.

마샬 제도 의회 대표단이 중국을 방문하던 시기에 대만은 마샬 제도에 대규모 원조를 제공했다. 13명으로 구성된 의료진을 파견하는가 하면, 주 마샬 제도 대사가 마샬 제도 외교부에 55만 달러(약 6억 원)짜리 수표를 전달하기도 했다. 이와 별도로 3주 전에는 약 37만 달러(약 4억 원)를 외곽 섬 개발 프로젝트를 위해 기부한 적도 있었다.

한편, 2012년 4월에는 대만의 새로운 마샬 제도 대사인 리(Li)대사가 275만 달러(약 30억 원)을 마샬 정부에 전달했다. 이는 마샬 제도에서의 우선 프로젝트 지원을 위한 것으로 그 세부 내용은 다음과 같다.

1. 일반 예산지원(US$900,000.00)
2. 재해지원(US$56,238.50)

---
72) Pacific Islands Report. http://archives.pireport.org/archive/2006/june/06-05-11.htm
73) Pacific Islands Report. http://archives.pireport.org/archive/2006/june/06-23-07.htm
74) Pacific Islands Report. Taiwan Donates $2.75 Million t5o Marhsall Islands. http://archives.pireport.org/archive/2012/april/04-09-08.htm

3. 외곽 섬 활주로 개선(US$80,487.00)
4. 농촌개발 프로그램(US$56,250.00)
5. 인프라 구축 지원(US$128,704.00)
6. 마샬 제도-남태평양대학 지원기금(US$12,500.00)
7. 마샬 제도 관광청 지원(US$52,500.00)
8. 법률 서비스 지원(US$20,000.00)
9. 아시아 개발은행 대여금 지불 지원.US$263,813.25)
10. 마샬 제도 해운사의 선박수리 지원(US$75,000.00)
11. 국가 에너지기금 지원(US$217,080.25)
12. 국제컨벤션센터 관리 지원(US$12,500.00)
13. 마주로 감옥 지원(US$57,500.00)
14. 정부청사 사업 지원(US$50,000.00)
15. 신탁기금 지원(US$100,000.00)
16. 이베예 공공사업 지원(US$62,500.00)
17. 마주로 도시개선 지원(US$357,427.00)
18. 수도권 건물의 에어컨 개선 사업 지원(US$12,500.00)

2012년 5월에는 마샬 제도 크리스토퍼 로익(Christopher Loeak) 대통령이 대만의 새로운 대통령인 마용저우(Ma Yong Jeou)의 취임식에 참석하기 위해 대만을 방문했다. 취임식 후 로익 대통령은 마용저우 대통령을 마샬 제도에 초청했으며, 대만 내 마샬 제도 학생들과의 만남을 가졌다.

2012년, 대만에서 유학 중인 마샬 제도 학생들을 만난 크리스토퍼 로익 대통령(사진 중앙의 화환을 건 인물)[75]

---

75) Marshall Islands Journal, May 25, 2012. Taiwan students visit the RMI President. http://www.marshallislandsjournal.com/Archive%205-25-12-page.html (사진 출처)

별첨 4
일본과의 관계[76]

마샬 제도를 포함한 태평양 도서국에 대한 일본의 지원은 대부분 일본국제협력기구(JICA)를 통해 이루어진다. 2010년 기준 JICA의 대 마샬 제도 총 지원액은 미화 약 1,000만 달러(약 120억 원)였으며, 기술협력 규모는 약 234만 달러(약 27억 원)였다. 이 외에 총 67명의 일본 인력이 마샬 제도 현지 지원에 참여했다. 아래는 2010년 기준 태평양 도서국별 JICA의 지원 내역이다.

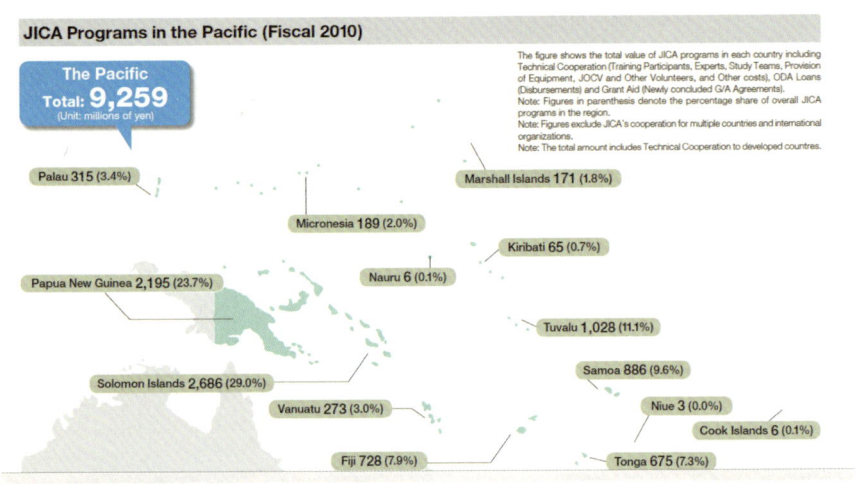

태평양 도서국에 대한 JICA의 지원 현황(2010년, 2012년)[77]

일본은 광물자원이 풍부한 파푸아뉴기니, 솔로몬 제도 등에 꾸준히 지원하고 있으며, 지정학적 가치가 높은 피지, 통가 등에도 일정 수준의 관심을 보이고 있다.

---
76) JICA. http://www.jica.go.jp/marshall/english/index.html
77) JICA Annual Report 2011. http://www.jica.go.jp/english/publications/reports/annual/2011/pdf/15.pdf
   JICA Annual Report 2013. http://www.jica.go.jp/english/publications/reports/annual/2013/c8h0vm00008m8edo-att/07_02.pdf

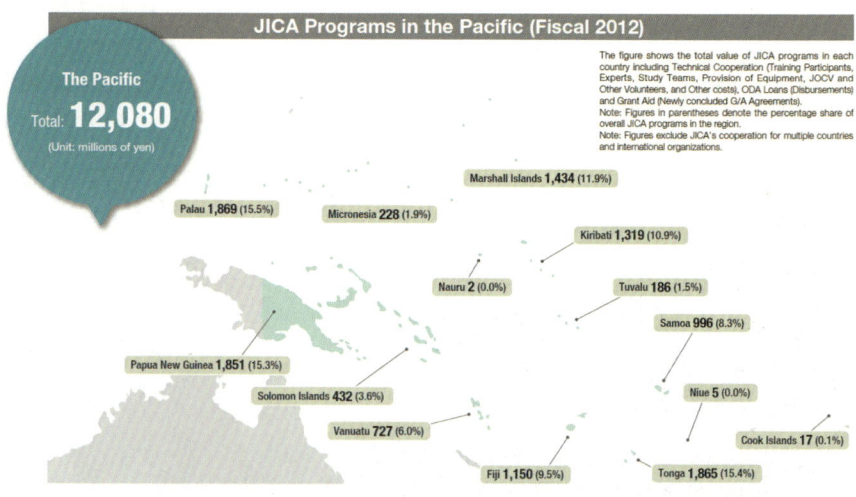

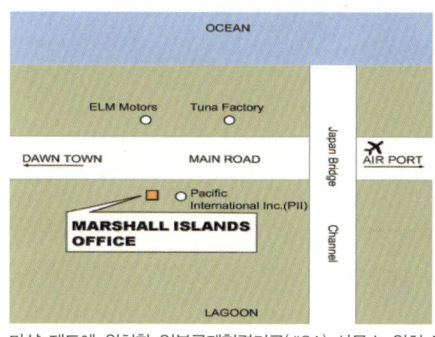

마샬 제도에 위치한 일본국제협력기구(JICA) 사무소 위치 및 전경

출처 : JICA 홈페이지

마샬 제도 내 일본국제협력기구(JICA) 사무소

주소 : JICA Marshall Islands Office
1st Floor, PII Complex, Delap Village, Majuro Atoll, MH96960
The Republic of the Marshall Islands
우편주소 : P.O. Box F, Majuro, MH 96960
The Republic of the Marshall Islands
전화 : (+692) 625-5437, 625-5438/ 팩스 : (+692) 625-5439

마샬 제도의 윌리엄 리히터 박사[78]

© KIOST 해양정책연구소

    JICA는 직접원조뿐 아니라 일본으로 전문가들을 초대하여 훈련시키는 인력 양성도 실시하고 있다. 2012년 초에는 에너지 전문가 양성을 위해 마샬 제도 대학의 윌리엄 리히터(William Reiher) 박사를 일본에 초대하여 한 달간 태양광에너지 및 풍력에너지에 대한 훈련을 집중적으로 실행했다. 이때 마이크로네시아 연방국, 몰디브, 투발루, 통가, 수단, 몽골 등에도 총 8명의 인력이 참여했다.

    일본은 JICA 외에도 다양한 직·간접 루트를 통해 마샬 제도를 지원하고 있다. 2012년 6월에는 일본이 약 1,600만 달러(약 190억 원)를 들여 마샬 제도에 해운 및 여객용 선박 2척을 지원하기로 협약했다. 마주로에 위치한 일본 대사관은 협약이 계획대로 성사된다면 16개월 이내에 마샬 제도에 2척의 선박이 인도될 것이라고 했다. 마샬 제도의 기존 선박들이 노후화된 가운데 이 선박들은 마샬 제도의 섬들 간 운송 및 수송 서비스를 크게 개선시킬 수 있을 것으로 보인다.[79]

---

78) Yokweonline, College of the Marshall Islands' Reiher Returns from Japan Solar Training Program with New Ideas, http://www.yokwe.net/index.php?module=News&func=display&sid=2973 (사진 출처)
79) Pacific Islands Report, Marshall Islands to Buy New Transport Vessels Thanks to Japan, http://archives.pireport.org/archive/2012/june/06-01-07.htm

또 2009년에는 일본이 220만 달러(약 25억 원)의 기금을 제공하여 콰잘렌 환초 지역 에너지 공급을 위한 연료 구입을 지원했다. 그리고 마주로 환초섬의 쓰레기 문제를 해결하기 위해 1,200개의 쓰레기통을 지원했는데, 이는 "풀뿌리 가정보안 프로젝트(Grant Assistance for Grassroots Home Security Projects)"의 일환으로 약 1억 3천만원이 소요된다. 일본은 그다음 해인 2010년에도 1,100개의 쓰레기통을 지원했다.

일본과 마샬 제도의 돈독한 관계는 2010년에 취임한 마샬 제도 로익의 대통령의 취임사에서도 언급되었다. 또 일본 언론 *Japan Times*은 새로 취임하는 로익 대통령을 위한 축하광고를 내보냈고 로익 대통령의 연설 전문을 게재하기도 했다. 로익 대통령은 취임사에서 "마샬 제도의 사회경제적 개발 및 성장은 일본의 꾸준한 협력과 지원, 신뢰 덕분이다"라고 언급했다.[80]

---

80) Marshall Islands Journal, May 4, 2012. Pres. Loeak, RMI Issues features in Japan Times. http://www.marshallislandsjournal.com/Archive%205-4-12-page.html

별첨 5
마약 및 국제범죄[81]

마샬 제도는 독립국이지만 군대가 없다. 마샬 제도의 국방은 미국이 책임지며 콰잘렌 환초에는 미국의 미사일 기지가 있다. 미국 외에도 호주에서 태평양 순찰선(Pacific Patrol Boat)을 보내어 마샬 제도 근해를 순찰하고 있다. 그러나 광대한 마샬 제도의 해역을 순찰선으로 모두 감시하는 것은 불가능하다. 이러한 이유로 마샬 제도 내에는 대마초와 코카인을 중심으로 마약산업이 형성되어 있다. 특히 2004~2005년에는 콰잘렌 환초 일대에서 코카인이 대량으로 적발되었는데, 처음에는 이것이 미 군사기지를 기반으로 밀수입되는 것이 아닌가 생각되었다.

한번은 27kg이나 되는 코카인 뭉치가 콰잘렌 환초 남동쪽의 이베예 해안으로 쓸려왔다. 이전에는 이러한 코카인 뭉치들이 중남미 대륙에서 바다를 타고 마샬 제도로 쓸려왔다고 생각되었다. 그러나 미 해군 해양학연구소에서 해류모델을 분석해 본 결과, 그렇게 되기 위해서는 3년 정도가 걸리는데 3년이 지나면 코카인 뭉치의 포장은 썩어서 없어지기 때문에 중남미에서 온 것은 아니라고 판명되었다.

이러한 사건들은 코카인 마약거래가 마샬 제도 근해에서 대규모로, 그리고 의도적으로 일어나고 있음을 시사한다. 호주 정부는 이러한 마약 거래에 대해 이미 알고 있었으며 2005년에는 마약 거래 루트도 파악하고 있었던 것으로 알려졌다. 그러나 호주 정부 관계자들은 이에 대해 아무런 대응을 하지 않았고 최근 여러 관계자들의 우려를 샀다.

지금까지 파악된 항로에 따르면 코카인은 중남미 대륙에서 중국으로 이동한다. 10~50톤 규모의 코카인을 실은 컨테이너선이 마샬 제도 동쪽의 외곽 섬에 도착하면, 이것이 수 톤씩 매매되어 비교적 작은 상선이나 어선으로 옮겨지는 것이다. 선박 간 화물은 눈에 띄는 것을 최소화하기 위해 보통 빠르고 작은 보트로 수송하는데 이때 소형 보트로 마약을 옮기면서 사고나 실수 때문에 바다에 떨어뜨리면 이것들이 마샬 제도의 해변으로 밀려오는 것이다.

마샬 제도 내에서는 대마초 거래가 활발하며 인신매매와 불법이주도 심각한 문제가 되고 있다. 가장 많은 불법이주자는 중국인이다. 중국인들은 특히 인신매매를 통해 대규모 윤락업을 진행하고 있는데, 그 고객층은 대형 어선의 선원들과 외국 관광객들이다. 문제는 마샬 제도가 이러한 상황을 제지할 역량이 없다는 것이다. 또 마주로의 경우 환초에서 항구로 들어오는 입항로(entry passage)가 길어 대기 시간이 긴 편인데, 이 틈을 타서

---

81) Michael Yui, Asia-Pacific Defense Reporter/Australian Defense in a global Context, Micronesia And Its Law Enforcement Problems: Part 2. http://www.asiapacificdefencereporter.com/articles/198/Micronesia-and-its-Law-Enforcement-Problems-Part-II

소형 보트들이 모선으로 가 사람들과 물자들을 불법으로 실어 오기도 한다.

여기에는 마샬 제도의 자체적인 잘못도 있다. 마샬 제도는 1993년부터 1996년까지 중국인들에게 마샬 제도의 여권을 팔았다. 이때 약 3,000개의 여권이 팔렸는데 2,000개의 여권은 합법적으로 팔려 그 소재가 파악되었으나, 약 1,000개의 여권은 당시 마샬 제도 이민국 국장이 불법적으로 유통시킨 것으로 나타났다. 마샬 제도의 여권을 가진 사람은 미국과의 자유연합협정에 따라서 미국 본토에 가서 살거나 일을 할 수도 있는데 이것 역시 문제가 되고 있다.

돈세탁도 빈번하게 일어나고 있다. 마샬 제도에는 세 종류의 은행이 있는데 그중 2개는 산업은행이다. 일반적인 수법을 보면 중국 사업가들은 대리인을 고용해서 그들의 이름으로 돈을 세탁한다. 마샬 제도에서는 미화 1만 달러 이상의 거래가 있을 경우에는 정부 감사를 받거나 세금을 내야 하기 때문이다. 이렇듯 불법적으로 세탁되는 돈들은 다시 마샬 제도 국외로 빠져나가기 때문에 마샬 제도의 경제에도 전혀 도움이 되지 않는다. 이러한 상황은 마샬 제도 역시 다른 태평양 도서국과 마찬가지로 초국가적 범죄 집단의 영향에 아주 취약하다는 점을 시사한다.

별첨 6
마샬 제도의 비즈니스 관련 법 목록[82]

- 은행 및 신용법(Banking and Credit Laws)
  - Banking Act 1987
- 파산 및 담보관련법(Bankruptcy and Collateral Laws)
  - Real and Personal Property Act
- 민사소송법(Civil Procedure Codes)
  - Rules of Civil Procedure
- 상법 및 회사법(Commercial and Company Laws)
  - Revised Partnership Act
  - Business Corporations Act
  - Business Regulations Act
  - Enforcement of Judgments Act
  - Foreign Investment Business License Act of 1990
  - Unfair Business Practices Act
- 헌법(Constitutions)
  - Constitution of Marshall Islands
- 노동법(Labor Laws)
  - Labor (Minimum Conditions) Inquiry Act 1983
  - Protection of Resident Workers Act
  - Minimum Wage Act 1986
- 토지 및 건물법(Land and Building Laws)
  - Planning and Zoning Act 1987
  - Real and Personal Property Act
  - Land Acquistion Act 1986
  - Land Recording and Registration Act 2003
- 보안법(Securities Laws)
  - Securities and Investment Act
- 세법(Tax Laws)
  - Social Security Act of 1990

---

82) http://www.doingbusiness.org/law-library/marshall-islands

- Tax Collection Act
- Income Tax Act
• 무역법(Trade Laws)
- Regulation and Control of Shipping Act
- Ports of Entry Act
- Seaport Charges Act 1983 별첨 6

별첨 7
마샬 제도의 섬별 인구 현황(1978~1999)[83]

구분 섬	육지면적 (단위: 제곱마일)	1973		1980		1988		1999	
		인구	인구밀도	인구	인구밀도	인구	인구밀도	인구	인구밀도
총합	70.1	25,045	357	30,873	441	43,380	619	50,840	726
Ailinglaplap	5.7	1,100	194	1,385	244	1,715	302	1,959	346
Ailuk	2.1	335	162	413	200	488	236	513	248
Arno	5	1,120	224	1,487	297	1,656	331	2,069	414
Aur	2.2	300	138	444	205	438	202	537	247
Bikini	2.3	75	32	-	-	10	4	13	6
Ebon	2.2	740	333	887	400	741	334	902	406
Enewetak	2.3	-	-	542	240	715	316	853	377
Jabat	0.2	70	318	72	327	112	509	95	432
Jaluit	4.4	925	211	1,450	331	1,709	390	1,669	381
Kili	0.4	360	1,000	489	1,358	602	1,672	774	2,150
Kwajalein	6.3	5,469	864	6,624	1,632*	9,311	1,471	10,902	1,722
Lae	0.6	154	275	237	423	319	570	322	575
Lib	0.4	98	272	98	272	115	319	147	408
Likiep	4	406	102	481	121	482	121	527	133
Majuro	3.8	10,290	2,744	11,791	3,144	19,664	5,244	23,676	6,314
Maloelap	3.8	432	114	614	162	796	210	856	226
Mejit	0.7	271	376	325	451	445	618	416	578
Mili	6.2	538	87	763	124	854	139	1,032	168
Namorik	1.1	431	403	617	577	814	761	772	721
Namu	2.4	493	204	654	270	801	331	903	373
Rongelap	3.1	165	54	235	77	-	-	19	6
Ujae	0.7	209	290	309	429	448	622	440	611
Ujelang	0.7	342	510	-	-	-	-	-	0
Utirik	0.9	217	231	336	357	409	435	433	461
Wotho	1.7	61	37	85	51	90	54	145	87
Wotje	3.2	425	134	535	169	646	204	866	274
Not stated	4.1	19	-	-	-	-	-	-	-

---

83) Land Area and Population Density by Atolls and Islands (persons per square mile): 1973 to 1999
http://www.spc.int/prism/Country/mh/Stats/CensusSurveys/area_density.htm

별첨 8

마샬 제도 개황 (출처: 외교부)

일반사항
- 국명 : 마샬군도공화국
  (Republic of the Marshall Islands)
- 수도 : 마주로(약 2만 5천 명 거주)
- 인구 : 6만8천 명(12)
- 면적구성 : 181㎢의 29개 산호초섬
- 민족 : 대부분 마샬인
- 언어 : 영어, 마샬어(대부분)
- 종교 : 대부분 기독교(개신교)
- 독립일 : 1986.10.21.

정치 현황
- 정부형태 : 대통령제 겸 의원내각제
  - 의회구성 : 양원제(임기 4년)
    * 하원(Nitigela) : 33명의 의원(senator)을 24개 선거구에서 선출
    * 상원(Council of Iroji) : 12명의 추장으로 구성되는 자문기관
  - 대통령은 하원 의회에서 선출되며, 대통령은 하원의 승인을 받아 내각 구성
- 정당 : 우리섬당(AKA), 국민연합당(UPP), (이상 여당), 민주연합당(UDP) 등
- 주요 인사 성명
  - 대통령 : Christopher J. Loeak
  - 외교장관 : Phillip H. Muller
- 특기사항
  - 1986년 10월 21일 미국과 체결한 '자유연맹협약(Compact of Free Association)'에 따라 상당 규모의 경제원조를 수혜하는 등 미국과 특별한 관계에 있음. 현재는 제3차 협약이 체결된 상태
    ※ 미국은 과거 마샬 비키니 섬에서 수차례 핵실험을 수행하였으며, 현재도 콰잘렌 섬에 미사일 실험기지를 두고 있음.

경제 현황
- GDP(2007) : 1억 4,900만 달러
- 1인당 GDP(2007) : 2,851 달러
- 성장률 : 1.2%
- 수출입 현황(2006)
  - 수출 : 890만 달러, 수입 : 6,770만 달러
- 주요자원 : 수산자원, 해저광물, 열대식물

우리나라와의 관계
- 수교일 : 1991.4.5.
- 공관 : 우리 대사관 없음(주피지대사관 겸임)
- 교역(2010)
  - 수출 : 46억 달러
    ※ 양국간 실제 교역 수준은 미미하나, 선박 수출 시 편의 선적지인 마샬 군도가 목적지로 표시되므로 통계상 수치가 커짐.
  - 수입 : 100만 달러

- 투자(2010년 12월 누계) : 6억 달러
- 교민 현황 : 30여 명
- KOICA 원조실적(91-10간) : 40만 달러
- 주요 인사 상호 방문 현황
  - 방 한
  1994.4   카부아 대통령 방한
  1998.9   뮐러 외무장관 비공식 방한(마샬개발측 초청)
  1998.10 카부아 대통령 비공식 방한(마샬개발측 초청)
  2000.11 노태 대통령 비공식 방한
  2004.5   노태 대통령 비공식 방한(순천향대학 초청)
  2006.6   노태 대통령 비공식 방한
  2008.8   Langidrik 보건장관, 태평양 도서국 보건장관 회의 방한
  - 방 문
  1992.2   백영기 대사 신임장 제정차 방문
  1993.5   강근택 대사 신임장 제정차 방문
  1996.5   문병록 대사 신임장 제정차 방문
  1996.9   정태익 제1차관보 제8차 PIF 대화상대국 회의 참석차 방문
  1997.1   문병록 대사, Kabua 대통령장례식 참석차 방문
  2002.4   박병연 대사 신임장 제정차 방문
  2005.6   김봉원 대사 신임장 제정차 방문
  2007.7   김봉원 대사 이임인사차 방문
  2009.2   전남진 대사 신임장 제정차 방문
  2010.7   전남진 대사 업무협의차 방문
  - 정상회담
  1995.10 한·마샬정상회담(유엔총회 계기)

북한과의 관계(미수교)
주요 국내정세 및 특기사항
- 마샬 군도의 대추장이며 '건국의 아버지'로 불리는 아마타 카부아(Amata Kabua)가 1979년 독립 이래 1996년 사망 시까지 대통령직을 역임
  - 동인 사망 후에는 아들인 이마타 카부아(Imata Kabua)가 대통령으로 선출됨(1997~1999년)
  - 1999년 선거에서 첫 평민 출신 대통령인 케사이 노테(Kessai H. Note)가 당선, 2000~2007년간 대통령으로 재임
- 이전 정권은 우리섬당(AKA)과 국민연합당(UPP) 간의 연합정권으로서 2007년 선거에서 과반수 획득
  - 그러나 2008년 1월에 취임한 리토콰 토메잉(Litokwa Tomeing) 대통령은 2009년 10월 야당의 불신임안 통과로 임기를 채우지 못하고 사임
  - 이에 따라 2009년 10월에 실시된 선거에서는 여당측 후보인 주렐랑 제드카이아 당시 하원의장이 야당 후보(노테 전 대통령)를 제치고 당선되어 2009년 11월 2일 제5대 대통령으로 취임
- 현 정권은 독립당으로서 제드카이아와 접전 끝에 12:11로 승리하여 2012년 1월에 6대 대통령으로 취임

별첨 9
태평양 도서국별 200해리 배타적 경제수역 현황[84]

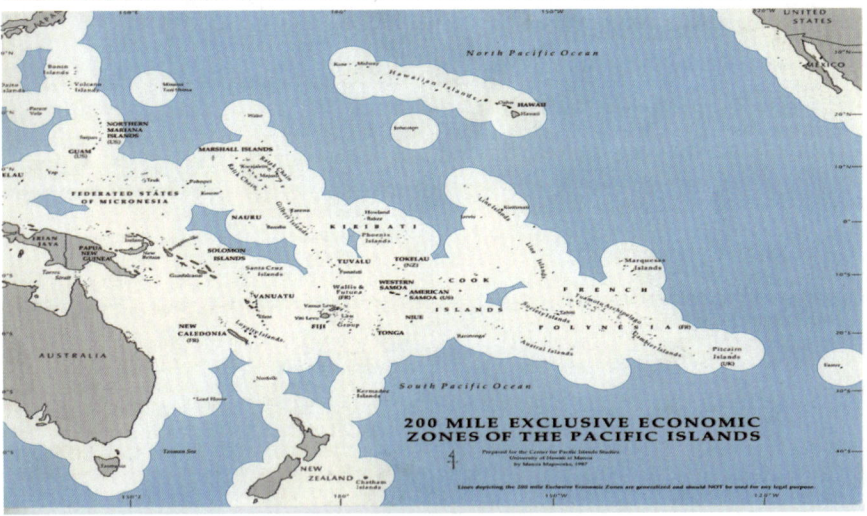

84) Center for Pacific Island Studies, University of Hawaii at Manoa by Manoa, Mapworks, 1987 Pacific ACP States Regional Workshop on Deep Sea Minerals Law and Contract Negotiations -Session 2, http://www.sopac.org/dsm/public/files/meetings/050313_March_law_workshop_presentation_1_hl.pdf

별첨 10
산호초 보전 이니셔티브 (Coral Reef Initiative : CRI)[85]

건강한 산호초 자원은 대서양의 미국령 버진 아일랜드(US Virgin Islands)에서부터 태평양 괌에 이르기까지 미국의 해외 소도서지역에서 경제적·환경적으로 매우 중요한 것이다. 산호초는 지구에서 가장 다양하고 복잡한 생태계를 구성하고 있으며, 연안침식 및 태풍을 막아 주고 다양한 생물종에게 서식지를 제공하며, 도서지역의 중요한 관광 및 여가활동 자원이 되어 주고 있다. 그러나 현재 세계의 산호초는 다양한 위협을 받고 있는데, 수질 저하, 남획, 연안개발, 질병, 백화현상 등이 그 원인이다. 최근의 추정에 따르면 지구 산호초의 25%가 사라졌거나 심각하게 피해를 입은 것으로 알려져 있다.

미국은 대통령령 13089(Executive Order 13089)가 1998년 6월에 발효되면서 미국 산호초 전담팀(US Coral Reef Task Force)이 만들어졌다. 이를 계기로 연방, 주정부, 지역 정부들이 협력하여 산호초의 당면 위기를 해결하기 위한 특별 프로그램을 시작했다. 이 산호초 이니셔티브의 위원장은 미 내무부 및 통상부(Secretaries of the Interior and Commerce) 장관이 겸임하게 된다. 이 위원회의 목적은 산호초에 대한 장기적 관리와 보호를 위한 미국 내 및 국제 아젠다를 만들고 중요한 지침이나 방향을 제시하는 것이다.

한편, 미국 대부분의 산호초가 해외의 소도서 미국 영토에 위치해 있기 때문에 미 소도서청(OIA : Office of Insular Affairs) 역시 산호초 자원의 지속 가능한 관리와 보호를 위한 효과적인 프로그램을 개발하는 데 중요한 역할을 한다. 미 소도서청은 도서지역과 긴밀히 협력하여 관리를 위한 보호지역 지정과 교육, 대중인식 제고, 하구역 복원에 이르기까지 광범위한 임무를 진행하고 있다. 각 도서지역은 자체 지역자문위원회를 구축하여 전략계획을 세우고 우선순위를 확정하는 등의 일을 진행하고 있다.

미 소도서청은 자유연합협정 국가들의 해역에서 다양한 지원을 하고 있는데, 마이크로네시아 연방국(FSM)의 국가보호구역 설정을 위한 청사진 구축, 마샬 제도 환초섬의 천연자원 평가, 팔라우 연방국의 주요 해양자원 보호 등이 여기에 포함된다.

미 소도서청에서 추진 중인 프로그램 중 하나는 마이크로네시아 챌린지 프로그램(Micronesia Challenge)이다. 이는 2005년 팔라우에서 각 도서국 정상들이 개최한 회의에서 만들어졌는데 2020년까지 연안의 해양자원 30%, 삼림 20%를 보전하자는 목적을 가진 프로그램이다. 이 프로그램의 목표는 통상적인 국제협약보다 높으며, 마이크로네시아 지역 지도자들의 환경 이슈에 대한 깊은 관심을 잘 보여준다.

---

85) US Department of the Interior, Budget Justifications and Performance Information Fiscal Year 2013, Office of Insular Affairs p.75-78.

이 외에 마이크로네시아 연방국(FSM)의 "생물다양성 보전을 위한 청사진 구축(A Blueprint for Conserving the Biodiversity of the Federated States of Micronesia)" 프로그램 개발도 지원하고 있다. 이 계획은 마이크로네시아 연방국 최초의 국가보호구역 지정을 위한 것으로 향후 보전활동 수행, 코스레 및 폰페이 지역에서의 해양자원평가 등을 포함하고 있다.

지금까지의 프로그램 세부 결과는 아래와 같다.

1. 미국 국립공원공단(National Park Service) 미국 대학들(Rutgers University, University of North Carolina/Wilmington, University of the Virgin Islands, University of South Carolina) 간의 협력을 기반으로 카리브 해 해양공동연구소(Joint Institute for Caribbean Marine Studies)를 미국 버진 아일랜드(Virgin Islands)에 설립
2. 마이크로네시아 해역에서의 해양보전실천계획(Conservation Action Planning, CAP) 지원
3. 마샬 제도에서의 지역기반 해양보전계획 및 관리 지원. 대상 지역은 마주로(Majuro), 아르노(Arno), 아일링기나에(Ailinginae), 롱겔랍(Rongelap), 남드릭(Namdrik), 밀리(Mili), 아일룩(Ailuk) 환초 등임.
4. 퇴적, 침식, 태풍/폭우 등으로 인한 육상기인 퇴적물 유입이 인접한 산호초에 미치는 영향 완화를 위한 하구역 관리계획 개발, 지원. 괌과 사이판을 대상으로 함.
5. 마이크로네시아 연방국과 아메리칸 사모아 지역에서 산업경제적으로 중요한 산호초 어류자원에 대한 평가 수행
6. 북마리아나 제도 및 괌에서 에코캠프 및 환경 교육을 위한 e-교육 프로그램 실시. 아메리칸 사모아에서 인구증가 압력이 해양자원에 미치는 영향에 대한 환경교육 프로그램 지원
7. 기후변화가 지역 산호초에 미치는 영향 평가. 산호초의 회복능력 향상 및 스트레스 완화 지원
8. 괌에서의 군사시설 확장이 산호초에 미칠 수 있는 위협요소 파악, 완화책 모색 지원

별첨 11
태평양 국가들의 대륙붕 확장 신청 현황(2012년 기준)[86]

Pacific coastal State (PICS)	UNCLOS Ratified	Potential Continental Extension (CSE)	for Shelf	Revised and [Original] Deadlines for Claim Submission to CLCS**
Australia	5 October 1994	YES		13 May 2009 [16 November 2004]
Cook Islands	15 February 1995	NO		
Federated States of Micronesia	*29 April 1991*	*YES*		*13 May 2009 [16 November 2004]*
Fiji	*10 December 1982*	*YES*		*13 May 2009 [16 November 2004]*
Guam				
Kiribati	*24 February 2003*	*YES****		*26 March 2013*
Marshall Islands	9 August 1991	NO		
Nauru	23 January 1996	NO		
New Zealand	19 July 1996	YES		
Niue*		NO		
Palau	*30 September 1996*	*YES****		*13 May 2009*
Papua New Guinea	*14 January 1997*	*YES*		*13 May 2009 [14 January 2007]*
Samoa	14 August 1995	NO		
Solomon Islands	*23 June 1997*	*YES*		*13 May 2009 [23 June 2007]*
Tonga	*2 August 1995*	*YES*		*13 May 2009 [2 August 2005]*
Tuvalu	*9 December 2002*	*YES****		*8 January 2013*
Vanuatu	*10 August 1999*	*YES*		*13 May 2009*

---

86) Pacific Islands Regional Maritime Boundaries Project – Future Directions" by Emily Artack, presented at the World Maritime Technology Conference, WMTC, Queen Elizabeth II Conference Centre, London, 6~10 March 2006.

참고문헌

Australian Bureau of Meteorology and Commonwealth Scientific and Industrial Research Organisation (CSIRO). 2011. Climate Change in the Pacific: Scientific Assessment and New Research. Volume 1 : Regional Overview. Volume 2: Country Reports. Ch.7. Marshall Islands. http://www.cawcr.gov.au/projects/PCCSP/Nov/Vol2_Ch7_Marshallislands.pdf. Last accessed on 23 August 2012.

Australian Bureau of Meteorology and Commonwealth Scientific and Industrial Research Organisation (CSIRO). 2011. International Climate Change Adaptation Initiative — Pacific Climate Change Science Program: Current and Future Climate of the Marshall Islands. http://www.cawcr.gov.au/projects/PCCSP/pdf/8_PCCSP_Marshall_Islands_8pp.pdf. Last accessed on 23 August 2012.

Bazaar Planet. The Marshall Islands—Photos. http://www.bazaarplanet.com/micronesia/rmi/photo1_marshall_islands.html. Last accessed on 23 August 2012

Beger, M., Jacobson, D., Pinca, S., Richards, Z., Hess, D., Harriss, F., Page, C., Peterson, E., Baker, N.. 2008. The State of Coral Reef Ecosystems of the Republic of the Marshall Islands. Waddell, J. E. and A.M. Clarke(ed.). pp. 387~417 In The State of Coral Reef Ecosystems of the US and Pacific Freely Ass. States. NOAA. http://ccma.nos.noaa.gov/ecosystems/coralreef/coral2008/#products. Last accessed on 23 August 2012.

Bikini Atoll. A Short History of the People of Bikini Atoll. http://www.bikiniatoll.com/history.html. Last accessed on 23 August 2012.

Brij V. Lal & Kate Fortune, *The Pacific Islands : an encyclopedia*, University of Hawai'i Press, 2000.

Bikini Atoll. U.S. Reparations for Damages—2006/2007/2008/2009/2010 People of Bikini vs. U.S. Lawsuit Court Filings & Updates. http://www.bikiniatoll.com/repar.html. Last accessed on 23 August 2012.

Countries and Their Cultures. Marshall Islands. Social Stratification—Classes and Castes. http://www.everyculture.com/Ma—Ni/Marshall—Islands.html. Last accessed on 23 August 2012.

Economic Policy, Planning, and Statistics Office/Office of the President. Republic of the Marshall Islands—The RMI 2011 Census of Population and Housing summary and Highlights Only. 2012.

FOTW Flags of the World. Marshall Islands—Republic of the Marshall Islands. http://flagspot.net/flags/mh.html. Last accessed on 23 August 2012.

Genz, Joseph. 2011. Navigating the Revival of Voyaging in the Marshall Islands : Predicaments of Preservation and Possibilities of Collaboration. *The Contemporary Pacific*, Vol. 23. No.1. pp. 1~34. The University of Hawaii Press.

Geoffrey Irwin, *The Prehistoric Exploration and Colonisation of the Pacific*, Cambridge University Press, 1992.

Geography. Marshall Islands. http://geography.about.com/library/cia/blcmarshall.htm. Last accessed on 23 August 2012.

Gowty, David. 2011. Consultancy to Assist the SPREP Secretariat in Exploring Options for Establishing a Sub-regional Presence in the Pacific Region. August/September 2011. SPREP Doc. no. 22SM/WP.6.1/Att.1.

Greenpeace International. The Evacuation of Rongelap. http://www.greenpeace.org/international/en/about/history/mejato/. Last accessed on 23 August 2012.

Hanson, Fergus. 2008. Analysis : The Dragon Looks South. Lowy Institute for International Policy. June 2008. www.lowyinstitute.org. Last accessed on 23 August 2012.

Honorable Robert J. Torres, Jr., Utilizing Tradition and custom in Decision making, *University of Hawai'i* Law Review Vol.35, 2013, pp. 909~921.

Indes Mundi. Marshall Islands Environment— current issues. http://www.indexmundi.com/marshall_islands/environment_current_issues.html. Last accessed on 23 August 2012.

Infoplease. Marshall Islands. http://www.infoplease.com/ce6/world/A0831963.html. Last accessed on 23 August 2012.

Infoplease. Marshall Islands—More Facts & Figures. http://www.infoplease.com/ipa/A0107767.html?pageno=5. Last accessed on 23 August 2012.

Jane's Oceania Travel Page. Micronesian Stick Charts. http://www.janesoceania.com/micronesian_stick_chart/. Last accessed on 23 August 2012.

Japan International Cooperation Agency (JICA). Marshall Islands. http://www.jica.go.jp/marshall/english/index.html. Last accessed on 23 August 2012.

Japan International Cooperation Agency (JICA). Region—Specific Activities and Initiatives—The Pacific : Overcoming Vulnerabilities of Island Countries. Annual Report 2011. http://www.jica.go.jp/english/publications/reports/annual/2011/pdf/15.pdf. Last accessed on 23 August 2012.

Jocelyn Linnekin & Lin Poyer, *Cultural Identity and Ethnicity in the Pacific*, University of Hawai'i Press, 1990.

Johnson, Giff. 2006. Marshalls Lawmakers Buck 'One China' Policy. Pacific Islands Report. Press from Marianas Variety, 5 June 2006. http://archives.pireport.org/archive/2006/june/06-05-11.htm. Last accessed on 23 August 2012.

Johnson, Giff. 2006. Taiwan, China Butt Heads in Marshall Islands. Pacific Islands Report. Press Report from Marianas Variety. 23 June 2012. http://archives.pireport.org/archive/2006/june/06-23-07.htm. Last accessed on 23 August 2012.

Johnson, Giff. 2012. Marshall Islands to Buy New Transport Vessels Thanks to Japan. Pacific Islands Report. 1 June 2012. http://archives.pireport.org/archive/2012/june/06-01-07.htm. Last accessed on 23 August 2012.

Johnson, Giff. 2012. U.S. Provides $2.3 Million To Restore Marshall Islands Generator. Pacific Islands Report. 12 June 2012. http://archives.pireport.org/archive/2012/june/06-12-06.htm. Last accessed on 23 August 2012.

Johnson, Giff. 2012. Marshall Islands Alternative Energy Projects Hinges On Donor Aid. Press Release. 15 June 2012. Pacific Island Report. http://archives.pireport.org/archive/2012/june/06-15-04.htm. Last accessed on 23 August 2012.

Johnson, Giff. 2012. EU recognizes Marshalls' performance with additional $1.2M. Press Release. Marianas Variety. August 17, 1212. http://www.mvariety.com/regional-news/palaupacific-news/48912-eu-recognizes-marshalls-performance-with-additional-12m.php. Last accessed on 23 August 2012.

Johnson, Giff. 2012. RMI Loses Aid by Voting with US at UN: Foreign Minister. Pacific Island Report. http://archives.pireport.org/archive/2012/february/02-06-08.htm. Last accessed on 23 August 2012.

Kendall, Matthew, Timothy Battista, Charles Menza. 2012. Majuro Atoll, Republic of the Marshall Islands Coral Reef Ecosystems Mapping Report. US Department of commerce, National Oceanic & Atmospheric Administration, National Ocean Service, National Centers for Coastal Ocean Science, Center for Coastal Monitoring & Assessment, Biogeography Branch. NOAA Technical Memorandum NOS NCCOS 144.

Kirch, Patrick V. 2003. Oceanic Archaeology Laboratory at the University of California, Berkeley. Background-Introduction to Pacific Islands Archaeology. http://arf.berkeley.edu/projects/oal/background/pacislands.htm. (file:///C|/public_html/pdf/pacislands.htm (5 of 5) [1/17/03 2:00:22 PM]). Last accessed on 23 August 2012.

Kojima, Kazuhiro. 1999. Report on the Cobalt-rich Manganese Crust Resources in the Waters of the Republic of the Marshall Islands. SOPAC Technical Report 293.

Kupferman, David W. 2011. Political Reviews- Micronesia: Marshall Islands. *The Contemporary Pacific*. 23:1 Spring 2011 pp. 184~190 | 10.1353/cp.2011.0032 University of Hawaii Press. http://muse.jhu.edu/journals/contemporary_pacific/toc/cp.23.1.html. Last accessed on 23 August 2012.

Marshall Islands Journals(The). http://www.marshallislandsjournal.com/. Last accessed on 23 August 2012.

Marshall Islands Journal(The). 2012. Pres. Loeak, RMI Issues features in Japan Times. May 4, 2012. http://www.marshallislandsjournal.com/Archive%205-4-12-page.html. Last accessed on 23 August 2012.

Marshall Islands Journal(The). 2012. Taiwan students visit the RMI President. May 25, 2012. http://www.marshallislandsjournal.com/Archive%205-25-12-page.html. Last accessed on 23 August 2012.

Marshall Islands Journal(The). July 5, 2012. Sea mining back on RMI's plan. http://www.marshallislandsjournal.com/Archive%207-6-12-page.html. Last accessed on 23 August 2012.

Marshall Islands Marine Resources Authority. http://www.mimra.com/. Last accessed on 23 August 2012.

Marshall Islands Marine Resources Authority. Annual Reports. http://www.mimra.com/links/reports&publications.htm. Last accessed on 23 August 2012.

Marshall Islands Story Project. Traditional Tales. http://mistories.org/tales.php. Last accessed on 23 August 2012.

Marshall Islands Visitors Authority. http://www.visitmarshallislands.com/. Last accessed on 23 August 2012.

Marshall Islands Visitors Authority. History. http://www.visitmarshallislands.com/history.html. Last accessed on 23 August 2012.

Micronesian Seminar (MICSEM). http://www.micsem.org/pubs/counselor_subj.htm. Last accessed on 23 August 2012.

Mirconesian Seminar(MicSem), Francis X. Hezel's Articles, http://micsem.org/pubs/articles.htm

Moshe Rapaport, *The Pacific Islands : Environment & Society*, The Bess Press, 1999

National Anthems. Marshall Islands-Forever Marshall Islands. http://www.nationalanthems.info/mh.htm. Last accessed on 23 August 2012.

Pacific Islands Applied Geoscience Commission (SOPAC). Member Countries-Marshall Islands. Community Lifelines Programme for the Marshall Islands. http://map.sopac.org/tiki-index.php?page=Community Lifelines Programme for the Marshall Islands#Current_Issues_for_Marshall_Islands. Last accessed on 23 August 2012.

Pacific Islands Report. Compact of Free Association Renegotiations. Pacific Islands Development Program/East-West Center. http://pidp.eastwestcenter.org/pireport/special/cofa_special.htm. Last accessed on 23 August 2012.

Pacific Islands Report. 2012. RMI Welcomes Peer Review Recommendations. Yokwe Press Report 17 February 2012. http://archives.pireport.org/archive/2012/february/02-20-08.htm. Last accessed on 23 August 2012.

Pacific Islands Report. 2012. Marshall Islands College Opens New Research Training Laboratory.

6 May 2012. http://archives.pireport.org/archive/2012/may/05-10-rl.htm. Last accessed on 23 August 2012.

Pacific Islands Report. 2012. Taiwan Donates $2.75 Million to Marshall Islands. Press Report from Yokewe. 6 April 2012. http://archives.pireport.org/archive/2012/april/04-09-08.htm. Last accessed on 23 August 2012.

Pacific Wrecks. Maloelap Atoll. http://www.pacificwrecks.com/people/visitors/gajda/taroa/. Last accessed on 23 August 2012.

PacLII. Marshall Islands Consolidated Legislation. Constitution of the Marshall Islands. http://www.paclii.org/mh/legis/consol_act/cotmi363/. Last accessed on 23 August 2012.

PacLII. Marshall Islands Consolidated Legislation. Marshall Islands Revised Code 2004 Edition. http://www.paclii.org/mh/indices/legis/MIRC_2004_TOC.htm. Last accessed on 23 August 2012.

PhraseBase. Marshall Islands Facts. http://www.phrasebase.com/countries/marshall-islands/. Last accessed on 23 August 2012.

PITI-VITI. Graduate School USA, Pacific & Virgin Islands Training Initiatives. Economic Reporting in the RMI, FSM & Palau. http://econ.pitiviti.org/. Last accessed on 23 August 2012.

PITI-VITI. Pacific Islands Training Initiative. 2011. Republic of the Marshall Islands Fiscal Year 2010 Economic Review. Us Department of the Interior Office of Insular Affairs. http://econ.pitiviti.org. Last accessed on 23 August 2012.

Project Guttenberg. A Narrative of the Mutiny, on Board the Ship Globe, of Nantucket, in the Pacific. http://www.gutenberg.org/catalog/world/readfile?fk_files=1554732. Last accessed on 23 August 2012.

Republic of the Marshall Islands. Office of the President. Treaty Between the Federated States of Micronesia and the Republic of the Marshall Islands Concerning Maritime Boundaries and Cooperation on Related Matters. 5 July 2006. http://marshall.wetserver.net/livefiles/maritimeboundarytreatybetweenthermi,fsmandrop_documents_29.pdf. Last accessed on 23 August 2012.

Republic of the Marshall Islands. Office of the President. http://rmigovernment.org/about_your_government.jsp?docid=3. Last accessed on 23 August 2012.

Republic of the Marshall Islands - European community EDF 10. Country Strategy Paper and National Indicative Programme for the Period 2008-2013. http://ec.europa.eu/development/icenter/repository/scanned_mh_csp10_en.pdf. Last accessed on 23 August 2012.

Republic of the Marshall Islands Biodiversity Clearing House Mechanism. RMI Office of Environmental Planning and Policy Coordination (OEPPC). http://biormi.org/index_navmap.shtml?en/worthy.shtml. Last accessed on 23 August 2012.

Rimajol. A Tale from the Marshall Islands. http://www.rimajol.com/forums/viewtopic.php?t=246.

Last accessed on 23 August 2012.

Robert C. Kiste & Mac Marshall, *American Anthropology in Micronesia*, University of Hawa'i Press, 1999.

Roth, Ariel A. 1979. Geoscience Research Institute. Coral Reef Growth. Origins 6(2):88−95(1979). http://www.grisda.org/origins/06088.htm. Last accessed on 23 August 2012.

Rulers. http://rulers.org/index.html. Last accessed on 23 August 2012.

Rulers. Kabua. http://rulers.org/indexk1.html#kabua. Last accessed on 23 August 2012.

Rulers. Marshall Islands. http://rulers.org/rulm1.html#marshall_islands. Last accessed on 23 August 2012.

Rulers. Marshall Islands. Traditional Politics. http://rulers.org/marstrad.html. Last accessed on 23 August 2012.

Spennemann, Dirk HR (General Editor). Marshalls. Digital Micronesia. Marshall Islands Atoll Information. http://marshall.csu.edu.au/Marshalls/html/atolls/ailuk.html. Last accessed on 23 August 2012.

Spennemann, Dirk HR (General Editor). Marshalls. Digital Micronesia. Mili Island, Mili Atoll a brief overview of its WWII sites. http://marshall.csu.edu.au/Marshalls/html/WWII/Mili.html. Last accessed on 23 August 2012.

Spennemann, Dirk HR (General Editor). Marshalls. Digital Micronesia. The Japanese seaplane base at Wotje Island, Wotje Atoll. http://marshall.csu.edu.au/Marshalls/html/WWII/Wotje.html. Last accessed on 23 August 2012.

Stage, Anson H. 1999. Forgotten Campaign: The Dutch East Indies Campaign 1941−1942. During a little−known raid, Japan's newest four−engine flying boat was put to a challenging test: a flight of more than 3,000 miles to attack Hawaii. http://www.dutcheastindies.webs.com/pearl_harbor_2.html. Last accessed on 23 August 2012.

Statoids. Municipalities of the Marshall Islands. http://www.statoids.com/ymh.html. Last accessed on 23 August 2012.

Swimsuit Style. History of the Bikini. http://www.swimsuit−style.com/bikini.html. Last accessed on 23 August 2012.

Tobin, Jack A. 2002. Stories from the Marshall Islands. University of Hawaii Press. 405p. (ISBN. 0824820193, 9780824820190) http://books.google.co.kr/books?id=yUSHbrkbYSwC&printsec=frontcover&hl=ko&source=gbs_ge_summary_r&cad=0#v=onepage&q&f=false. Last accessed on 23 August 2012.

US Coast Guard Navigation Center. http://www.navcen.uscg.gov. Last accessed on 1 November 2012.

US General Accounting Office (GAO). 2003. Compact of Free Association_ An assessment of the amended compacts and related agreements. Testimony before the subcommittee on Asia and the Pacific, Committee on International Relations, House of Representatives.

US Department of Interior. 2011. Re-emerging communicable diseases in the United States Affiliated Pacific Islands. HHS Paper for March 2011. IGIA Senior Plenary Session. http://www.doi.gov/archive/oia/Firstpginfo/igiaPDF/15.Re-emerging_communicable_DiseasesHHS.pdf. Last accessed on 23 August 2012.

US Department of Interior. 2011. Crisis with non-communicable disease in the United States Affiliated Pacific Islands. HHS Paper for March 2011, IGIA Senior Plenary Session. http://www.doi.gov/archive/oia/Firstpginfo/igiaPDF/16.Crisis_with_NonCommunicable_Diseases_in_USAPI-HHS.pdf. Last accessed on 23 August 2012.

US Department of the Interior. Office of Insular Affairs and PITI-VITI Graduate School USA Pacific Islands Training Initiative. 2011. Republic of the Marshall Islands Fiscal Year 2010 Economic Review. http://pitiviti.org/files/other/RMI_EconReview_FY10_web.pdf. Last accessed on 23 August 2012.

US Department of the Interior. Office of Insular Affairs. Budget Justifications and Performance Information Fiscal Year 2013. p.120. http://www.doi.gov/budget/appropriations/2013/upload/FY2013_OIA_Greenbook.pdf. Last accessed on 23 August 2012.

US Department of the Interior. Office of Insular Affairs. The Marshall Islands-Insular Area Summary for the Marshall Islands. http://www.doi.gov/oia/islands/marshallislands.cfm. Last accessed on 23 August 2012.

US Department of the Interior. Office of Insular Affairs. Compact of Free Association Act of 1985. http://www.doi.gov/oia/islands/compact.cfm. Last accessed on 23 August 2012.

US Department of the Interior. Office of Insular Affairs. Budget Justifications and Performance Information Fiscal Year 2013.

US Department of State. Diplomacy in Action-Background Note: Marshall Islands. Bereau of East Asians and Pacific Affairs. http://www.state.gov/r/pa/ei/bgn/26551.htm. Last accessed on 23 August 2012.

Weatherbase. Marshall Islands. http://www.weatherbase.com/search/search.php3?query=Marshall+Islands. Last accessed on 23 August 2012.

Wikipedia. Dominion of Melchizedek. http://en.wikipedia.org/wiki/Dominion_of_Melchizedek. Last accessed on 23 August 2012.

Wikipedia. Geography of the Marshall Islands. http://en.wikipedia.org/wiki/Geography_of_the_Marshall_Islands. Last accessed on 23 August 2012.

Wikipedia. Kingdom of Enenkio. http://en.wikipedia.org/wiki/Kingdom_of_EnenKio. Last accessed on 23 August 2012.

Wikipedia. Marshall Islands. http://en.wikipedia.org/wiki/Marshall_Islands. Last accessed on 23 August 2012.

Wikipedia. Marshall Islands Stick Chart. http://en.wikipedia.org/wiki/Marshall_Islands_stick_chart. Last accessed on 23 August 2012.

Wikipedia. Pandanus. http://en.wikipedia.org/wiki/Pandanus. Last accessed on 23 August 2012

Wikipedia. Remios Hermios. http://en.wikipedia.org/wiki/Remios_Hermios. Last accessed on 23 August 2012.

Wikipedia. Unincorporated Territories of the United States. http://en.wikipedia.org/wiki/Unincorporated_territory. Last accessed on 23 August 2012.

Wikipedia. Wake Island. http://en.wikipedia.org/wiki/Wake_Island. Last accessed on 23 August 2012.

World Bank. Economy Profile-Marshall Islands. http://www.doingbusiness.org/data/exploreeconomies/marshall-islands. Last accessed on 23 August 2012.

World Bank. Doing Business 2012-Marshall Islands. http://www.doingbusiness.org/~/media/fpdkm/doing%20business/documents/profiles/country/MHL.pdf. Last accessed on 23 August 2012.

World Intellectual Property Organization (WIPO). Marshall Islands. http://www.wipo.int/wipolex/en/profile.jsp?code=MH. Last accessed on 23 August 2012.

Yokwe Online. http://www.yokwe.net/. Last accessed on 23 August 2012.

Yokweonline. 2012. New Marshall Islands Ambassadors Take Oath of Office. http://www.yokwe.net/index.php?module=News&func=display&sid=3009. Last accessed on 23 August 2012.

Yokweonline. 2012. College of the Marshall Islands' Reiher Returns from Japan Solar Training Program with New Ideas. 29 February 2012. http://www.yokwe.net/index.php?module=News&func=display&sid=2973. Last accessed on 23 August 2012.

Yokweonline. 2012. Four Marshallese to Train in Taiwan as Fleet Observers. YokweOnline. 20 July 2012. http://www.yokwe.net/index.php?module=News&func=display&sid=3068. Last accessed on 23 August 2012.

Yui. Michael. 2011. Micronesia And Its Law Enforcement Problems: Part 2. Asia-Pacific Defense Reporter. Australian Defense in a global Context. 2 November 2011. http://www.asiapacificdefencereporter.com/articles/198/Micronesia-and-its-Law-Enforcement-Problems-Part-II. Last accessed on 23 August 2012.

Young, James Lyle. Private Journal, 6 January 1875 - 31 December 1877. Pacific Manuscripts Bureau, Microfilm no 21. Entry for 25 July 1876. Excerpt from the Digital Micronesia - Marshall

Islands, Introduction by Dirk H.R. Spennemann. http://marshall.csu.edu.au/Marshalls/html/history/Young_Ebon.html. Last accessed on 23 August 2012.

국가법령정보센터. 조약정보. 대한민국 정부와 마샬군도공화국 정부 간의 조세에 관한 정보교환을 위한 협정. http://law.go.kr/trtyInfoPWah.do?trtySeq=5535. Last accessed on 23 August 2012.

두피디아 (Doopedia). 마샬 제도(Marshall Islands). http://doopedia.co.kr/m/doopedia/master/master.do?_method=view&MAS_IDX=101013000881105#MGROUP_101015000155275. Last accessed on 23 August 2012.

외교통상부 남아시아태평양국 서남아태평양과 마샬 군도 개황. http://www.mofat.go.kr/countries/southasia/countries/20110808/1_22919.jsp?menu=m_40_20_20#contentAction2.

외교통상부. 마샬군도 약황. http://www.mofat.go.kr/webmodule/htsboard/template/read/korboardread.jsp?typeID=6&boardid=235&seqno=289343. Last accessed on 23 August 2012.

주 피지 대한민국 대사관. 해외안전여행정보-마샬. http://fji.mofat.go.kr/. Last accessed on 23 August 2012.

해양한국. 마샬제도 한일선박 치적률 급증. 15 October 2008. http://www.monthlymaritimekorea.com/news/articleView.html?idxno=2903. Last accessed on 23 August 2012.

해양수산부 남서태평양 해양자원 개발조사 최종보고서 1999.12

한국해양연구소 남태평양 해양과학공동연구센터 입지선정 조사연구 2000

한국해양연구원 마이크로네시아 축주 안내서 2001.2

한국해양연구원 한남태평양 해양연구센터 운영 기본계획 2001.4

해양수산부 남서태평양해양 생물자원 개발연구 2002.3

한국해양연구원 남태평양에서의 해양 및 대체에너지 잠재력 조사연구 2005

한국해양연구원 한남태평양 해양연구센터 운영보고서(2000-2003), 2004

한국해양연구원 한남태평양 해양연구센터 운영보고서(2004), 2005

해양수산부 남서태평양 해양생물자원 개발 연구 통합보고서 2007.12

국토해양부 적도태평양 연구인프라 구축사업 최종보고서 2012.6

색 인

나우루 16, 19, 52, 53, 59, 114, 169, 171, 175, 187
남적도 해류 71
남태평양 위임통치령 41
남태평양위원회 52
뉴질랜드 27, 31, 32, 33, 34, 35, 52, 63, 117, 188
느슨한 연계 18, 19
니우에 52, 171
라탁 제도 74, 75, 76, 83, 85, 86, 90, 91, 96, 97
라피타 도기 28, 29, 30, 31, 32
라피타 문화 28, 29, 30, 31, 33, 34
랄릭 제도 74, 76, 77, 78, 79, 80, 82, 87, 88, 89, 90, 93, 96, 97, 102, 149
로로 134
리브웨브웨나토 134
마르키즈 제도 32, 33
마리아나 제도 16, 19, 20, 36, 37, 39, 40, 44, 48, 50, 52, 53, 54, 210
마샬 제도 1, 8, 9, 15, 16, 18, 19, 20, 25, 36, 37, 38, 39, 40, 41, 42, 43, 44, 46, 48, 49, 50, 51, 53, 54, 57, 58, 59, 60, 61, 62, 64, 65, 66, 67, 68, 69, 70, 71, 72, 73, 74, 75, 77, 80, 81, 83, 84, 86, 90, 92, 93, 94, 95, 96, 97, 99, 100, 101, 102, 104, 105, 106, 107, 108, 109, 110, 112, 113, 114, 115, 116, 117, 118, 119, 120, 121, 122, 123, 124, 125, 126, 128, 129, 130, 131, 132, 133, 134, 135, 136, 137, 138, 139, 140, 141, 145, 147, 151, 154, 156, 157, 158, 159, 160, 161, 162, 163, 164, 165, 166, 167, 168, 169, 170, 171, 172, 173, 174, 175, 176, 180, 181, 182, 183, 184, 185, 186, 187, 188, 190, 193, 194, 196, 197, 198, 199, 200, 201, 202, 203, 204, 206, 207, 209, 210, 220
마이크로네시아 1, 8, 13, 14, 15, 16, 17, 18, 19, 20, 21, 22, 23, 24, 26, 36, 39, 40, 43, 44, 45, 46, 47, 48, 49, 50, 51, 52, 53, 54, 59, 60, 65, 102, 103, 114, 125, 128, 159, 170, 171, 175, 188, 200, 209, 210, 220
마이크로네시아 연방국 15, 16, 18, 19, 20, 36, 44, 46, 49, 50, 51, 52, 53, 54, 59, 103, 114, 125, 128, 159, 171, 175, 188, 200, 209, 210
마이크로네시아 인류학 공동조사(CIMA) 45
마이크로네시아 정상위원회 19, 53, 54

마주로 25, 35, 36, 40, 58, 59, 62, 63, 65, 67, 70, 71, 73, 75, 83, 84, 95, 97, 98, 102, 103, 105, 106, 114, 115, 116, 120, 121, 122, 123, 124, 125, 132, 153, 157, 164, 165, 166, 167, 170, 173, 189, 190, 191, 193, 194, 197, 200, 201, 202, 207, 210
막대 해도 136, 137
멜라네시아 14, 15, 16, 18, 27, 29, 31, 52, 53, 54, 132
모계의 바다 18, 20
문신 30, 130, 139, 140, 141
미국 태평양 신탁통치령 16, 41, 43, 44, 46, 47, 48, 49, 51, 52, 62, 65, 156
바누아투 15, 27, 31, 36, 52, 54, 171
북마리아나 제도 50
비스마르크 제도 27, 28, 29, 30
비키니 섬 37, 42, 43, 46, 80, 89, 93, 94, 95, 96, 173, 193, 207
사모아 15, 27, 28, 29, 30, 31, 33, 38, 52, 54, 171, 210
사이판 36, 46, 51, 120, 210
산호초 보전 이니셔티브 9, 209
상어보호구역 69, 169
소시에테 제도 32, 33, 34
솔로몬 제도 14, 15, 27, 28, 31, 36, 52, 54, 171, 198
아웃트리거 카누 29, 137
에네웨탁 섬 40, 41, 42, 43, 44, 46, 77, 78, 84, 94, 97, 109, 128, 131
에네웨탁섬 44, 46
영일동맹 39
오토 본 코체부 37, 136, 139
워드 구디너프 18, 22
워트제 환초 91, 92
웨이크 섬 59, 126, 127, 136
위도항해 34
이베예 섬 67, 80, 81, 114, 124, 157, 164, 191
이스터 섬 27, 31, 32, 33, 35
자유연합협정 18, 49, 50, 51, 52, 62, 65, 80, 100, 110, 156, 158, 159, 160, 166, 180, 184, 186, 203, 209
잴루이트 섬 38, 40, 78, 102
제프리 마크 24
존 마샬 37, 65
쥘 뒤몽 뒤르빌 14

지용유 120, 121, 122
차모로인 37
추측항법 28
캐슬 브라보 작전 89, 90
케사이 노테 102, 103, 106, 114, 117, 196, 207
코스레 36, 50, 128, 210
콰잘렌 섬 36, 41, 42, 49, 50, 70, 73, 80, 81, 82, 94, 95, 102, 124, 125, 157, 160, 167, 189, 191, 193, 201, 202, 207
콰잘렌 환초 42
쿡 제도 27, 33, 34, 52, 69, 171
크리스토퍼 로익 103, 115, 197
키리바시 16, 19, 37, 53, 59, 123, 136, 171, 175
태평양 정체성 51, 52
통가 15, 27, 30, 31, 33, 34, 52, 54, 171, 198, 200
투발루 123, 171, 200
파푸아뉴기니 14, 15, 26, 27, 28, 29, 30, 31, 52, 54, 118, 132, 171, 198
팔라우 15, 16, 18, 19, 20, 36, 39, 40, 44, 46, 50, 51, 52, 53, 54, 114, 171, 188, 209
페르디난드 마젤란 36
폰페이 20, 23, 36, 46, 50, 103, 128, 136, 170, 210
폴리네시아 14, 15, 16, 18, 20, 27, 28, 29, 30, 31, 32, 33, 34, 49, 52, 54, 133, 137
프랑스령 폴리네시아 15
피지 14, 15, 27, 28, 29, 31, 33, 34, 49, 50, 52, 110, 115, 116, 117, 164, 167, 171, 193, 198, 207, 220
하와이 15, 21, 27, 31, 32, 33, 34, 35, 37, 49, 54, 94, 103, 110, 115, 136, 164, 167, 170, 187
항해통로 27, 28
핵실험 42, 43, 48, 65, 80, 89, 90, 93, 94, 95, 109, 120, 173, 207
호놀룰루 37, 167, 187
CIMA 프로젝트 45, 46

태평양 도서국 총서 ④
마샬

2014년 11월 25일 초판 1쇄 인쇄
2014년 11월 28일 초판 1쇄 발행

저　　자	권문상, 이미진, 강대훈
발 행 처	한국해양과학기술원
	426-744 경기도 안산시 상록구 해안로 787
제　　작	㈜ 비전테크시스템즈
	서울특별시 강남구 봉은사로 84길 9
	02-3432-7132
	admin@visionts.co.kr
출판등록	제2009-000300호

ⓒ 한국해양과학기술원
ISBN 979-11-950279-6-5 04960
ISBN 979-11-950279-2-7 (세트)

값 18,000원

이 책은 저작권법에 의해 보호받는 저작물이므로 무단 전재 및 복제를 금합니다.
이 도서의 국립중앙도서관 출판예정도서목록(CIP)은 서지정보유통지원시스템 홈페이지(http://seoji.nl.go.kr)와 국가자료공동목록시스템(http://www.nl.go.kr/kolisnet)
에서 이용하실 수 있습니다.(CIP제어번호: CIP2014033537)